ORACIÓN

EL VEHÍCULO QUE DIOS USA PARA TRANSPORTAR TU BENDICIÓN

Susy.
Dios tiene cosas grandes
para ti. Prepárate
Bendiciones
Gisela Soriano

GISELA SORIANO

Primera Edición 2012

Miami, Florida

ORACIÓN: *EL VEHÍCULO QUE DIOS USA PARA TRANSPORTAR TU BENDICIÓN*

Edición: *Rosa Pugliese*

Portada y diseño interior: *Bravo GD Graphic Design*

Foto de portada e ilustraciones: *Fotolia®.*

ISBN: 978-1-4675-3278-5

Categoría: *Oración / Crecimiento Espiritual*

Para información y contacto:
Ministerio Reparadores de portillos: *www.reparadoresdeportillos.net*
gisela@reparadoresdeportillos.net

Impreso en Colombia.

PALABRAS DE ELOGIO

Queridos lectores, me es un grato honor y privilegio poder referirme a alguien que admiro con todo mi corazón, a la Hna. Gisela Soriano.

Un gran filósofo antiguo, con mucha sabiduría, dijo que para poder apreciar, conocer y valorizar las estatuas hay que mirarlas desde su propio pedestal, no desde la lejanía.

Yo me atrevo a afirmar que, al igual que el filósofo se refería a la estatua, así le plació a Dios permitirme conocer, apreciar y valorizar a la Hna. Gisela desde su propio pedestal.

Habiendo llegado al Mágico Valle del Río Grande en Texas junto a su esposo e hijos, fue para mí un gran gozo conocerles y convivir con ellos. Mientras los meses pasaban y el proceso migratorio se tardaba, pude descubrir a una mujer inteligentísima, muy capaz, efusiva, valiente, excelente cocinera, abnegada esposa, madre ejemplar; pero sin Dios como su Señor y Salvador.

Mi reacción fue rápida y pensé "esta mujer es una joya escondida". Oré por su conversión, pues estaba seguro de que en el momento que le entregara su vida al Señor, la joya escondida, sería pulida por el Gran Artífice de la vida, el cual la haría, deslumbrar con su brillantez espiritual para beneficio de una humanidad perdida, sin Dios, en los laberintos del pecado.

Recuerdo vívidamente el día cuando ella recibió a Cristo como su Salvador personal. Me deslumbraba como pastor por la enorme cantidad de preguntas que me hacía; pero a la vez lo más excitante era ver y aun palpar las grandes manifestaciones de Dios en ella. Dios se le revelaba en sueños y visiones, y le hablaba con claridad sorprendente por medio de versos bíblicos exactos o pasajes sagrados. Llegó un momento cuando le dije: —Gisela, me sorprende y maravilla cómo Dios te quiere tanto que te habla con tanta certeza, y a mí, que tengo tanto tiempo en el evangelio, no me habla así. Pero a la vez me sentía orgulloso de mi hija espiritual.

Estaba seguro de que Dios estaba preparando a una gran profeta, en quien se revelaría con autoridad y poder.

Hoy esa joya se ha dejado pulir por su Gran Creador, quien la ha guiado e inspirado a escribir este magnífico libro que, sin temor a dudas, será de guía y brújula en su vida. La lectura de estos extraordinarios capítulos donde el Espíritu Santo hace patente su inspiración divina, hará que su vida sea alimentada y nutrida con la sabiduría de la santa presencia de Dios, que hará que su ser experimente la gloria palpitante y latente que produce el poder íntimo de la oración. La oración cambia, transforma, vitaliza, nos hace alcanzar las alturas de la presencia del Dios de gloria, que nos dará, iluminación y poder para nuestro diario vivir.

La oración es el conducto por medio del cual hablamos con Dios, y al hablar en intimidad con Él recibimos la gran bendición de la transformación espiritual.

Todos conocemos el proceso de la vida de la mariposa; primero es un gusano, una oruga sin valor, que se convierte en capullo, crisálida, para luego, mediante el proceso de transformación, llegar a la belleza de la exuberante mariposa de resplandecientes colores, que de arrastrarse como gusano se transforma, se levanta a las alturas y vuela exhibiendo su hermosura, sus colores matizados. Esa es Gisela, la predicadora, la sierva, la profeta, la ungida de Dios, que resplandece a través de su vida en las alturas espirituales.

A quien, en un momento dado, tuve el privilegio de enseñar el camino de salvación como su pastor, hoy siento el orgullo cristiano de considerarla mi consejera y mentora en muchas de mis actividades pastorales.

Estimados lectores, mi gran recomendación es que usted lea, ore y practique las enseñanzas reveladoras de este potente libro, que Dios le ha inspirado y manifestado a Gisela, para la nutrición espiritual de nuestras vidas. Hay poder en la oración, y su vida después de la lectura de este libro será otra, de transformación, porque Dios le pulirá hasta llegar a la altura de la gloria de Dios en usted.

Rev. F. Feliberto Pereira,
Pastor Iglesia Cristiana Ebenezer
(Discípulos de Cristo) Los Fresnos, Texas,
y Director del Ministerio del Buen Samaritano
de la Región del Suroeste de Texas, y el Norte
de México.

Gisela, gracias por darme el privilegio de hacer público mi agradecimiento y mi gratitud por todo tu amor, amistad y cuidado para con nosotros. No me cabe duda que de la abundancia del corazón habla la boca, y en este libro puedo ver claramente que no solamente se refleja tu experiencia con Dios; sino que has logrado ser un vehículo de motivación y bendición para que seamos más eficaces en la oración. Este libro nos llevará a conocer y a cristalizar los propósitos de Dios para nuestras vidas de una manera cautivante. Es lo más hermoso que Dios puede demandar a una mujer como tú.

Pr. Freddy Muñoz
Iglesia Ekklesia, Santiago, Chile

Conozco a Gisela desde hace 20 años, en los cuales ha sido mi mentora y amiga. Con su vida me ha ejemplificado a Cristo, por lo cual me hace falta espacio y papel para hablar de ella.

En este libro Gisela ha plasmado el estilo de vida que cada cristiano deberíamos tener para vivir una vida de victoria en Cristo. Una vida de reino aquí y ahora.

Este material te ayudará a experimentar esa vida, y, como bien dice ella, **"tener todas las promesas, pero promesas cumplidas"** y cómo se puede lograr.

Este libro te lo enseñará, porque es sencillo y excelente para poner en práctica.

Alina Muñoz
Pastora Ekklesia, Santiago, Chile

CONTENIDO

DEDICATORIA

Dedico este libro a todas aquellas personas que no son religiosas, sino que tienen hambre de Dios, de su Palabra y de oración.

Deseo que lo que yo he podido aprender en tantos años de oración y búsqueda de Dios, pueda servir para inspirar la vida de otros que quieren aprender a orar y pasar más tiempo con Dios.

AGRADECIMIENTOS

Quiero agradecer primeramente a mi Señor y Salvador Jesucristo, Él es lo máximo para mí, y quiero darle toda la gloria y toda la honra, en público y en privado, porque solo por su gracia y por su misericordia he podido escribir este libro. Reconozco que separada de Él nada hubiera podido hacer, por eso toda la gloria y toda la honra es para Él.

A mi esposo Ismael por su paciencia en cederme su tiempo y darme libertad para que yo pudiera escribir, sobre todo en las madrugadas, horas en la que a él no le gusta que yo esté levantada. Sé que ha sido un gran sacrificio para él.

A mi madre Zenaida y a mi hermano Gabriel, que ya partieron con el Señor, y a mi padre Ángelo, a mis hijos Ismael Jr. y Yismel, Maggie y Jaclyn por ser tan especiales conmigo.

A cada una de mis nietas, a quienes amo con todo mi corazón, Jasmine, mi primogénita, Cassandra, Abigail, Samantha y Amanda.

Estoy agradecida a Dios por cada uno, y a mi familia en general, porque han sido parte de mi entrenamiento en todo lo que he aprendido y puesto en práctica con respecto a la oración. Y ahora por medio de este libro puedo darlo a conocer a otros.

También quiero agradecer al pastor Feliberto Pereira, el hombre que Dios usó para mostrarme el amor de Dios y llevarme a los pies de Cristo. Gracias Pereira, tú has sido bien especial para todos nosotros.

A mis pastores Alberto y Mariam Delgado, por la bendición que siempre han sido para mí y mi familia. Gracias pastor Delgado, porque usted fue el instrumento que Dios usó para dejar de ser una mujer incrédula y temerosa para ser una mujer de fe y guerrera de oración.

A mis hermanos en Cristo lejanos, con quienes nos hemos ido alejando con el paso del tiempo, pero que tuvieron la visión de este libro y me animaron a escribirlo. Gracias por sus oraciones y motivaciones que me impulsaron a creer. Gracias Tere García por ser la primera persona que Dios usó para esto.

A los cercanos, porque todavía permanecen a mi lado. Quiero agradecerles a todos en general, porque en momentos clave me dieron una palabra de aliento y me tuvieron presentes en sus oraciones.

En especial, quiero dar gracias a los pastores Alina y Freddy Muñoz por su grupo de intercesión en Chile, por orar tanto por este proyecto como por mi familia en general.

Gracias Ana María Ledo por tu amistad, por ser como una hermana para mí, por orar por mis manos y por todo lo demás que siempre has hecho por nosotros, sobre todo por mis padres.

Gracias Aliette, por tus oraciones y por estar siempre dispuesta a ayudarme sin importarte la hora, el lugar donde estuvieras, o lo complicada que pudieras estar.

Gracias Nora, Niuvis, María Esther, Sandra y María, por orar e interceder y por poder contar con su apoyo y sobre todo por creer en mí.

Gracias Irina por tu ayuda. Dios te trajo de nuevo en el tiempo correcto.

También quiero agradecerle de una manera especial a Jim Naranjo por su gran ayuda con la computadora. Gracias Jim por tu paciencia y por siempre estar ahí para sacarme de apuros.

Y quiero agradecer también de manera especial a aquellos, cuyos nombres quizás no menciono, pero que han sido personas secretas, intercesores fieles y leales, que Dios levantó en momentos clave y específicos para orar por mí, por mi casa o por este proyecto.

Gracias por ser obedientes al llamado del Señor, los bendigo y bendigo sus familias, y declaro que lo que han hecho en secreto por mí y por otros, Dios lo ha visto y los recompensará en público.

En fin, quiero agradecer y bendecir a todos en general. Gracias por existir, por ser parte de mi vida, por ser parte de este proyecto y, sobre todo, por ser de gran bendición para mí y los míos.

PRÓLOGO

Poder escribir el prólogo de este libro produce en mí una gran satisfacción. A través de los años he podido ver cómo la vida de Gisela se ha ido transformando hasta convertirse en una ferviente mujer de Dios. Su pasión por las Escrituras y su corazón sensible a la voz de Dios la han llevado a lograr lo extraordinario a través de una de las herramientas más poderosas que Dios nos ha dado: La oración.

La oración es el instrumento que Dios utiliza para bendecir a las naciones y en especial a sus hijos. Es por eso que en este libro vas a encontrar una selección especial de citas bíblicas y verdades divinas, que te revelarán cómo utilizar la oración de una manera efectiva frente a cada circunstancia negativa o retadora que puedas encontrar en tu caminar con Dios.

Gisela ha visto la manifestación gloriosa del poder de Dios en su vida, en la vida de su familia y en la vida de cientos de personas que han estado bajo la influencia de su ministerio; esto la ha movido a escribir este libro titulado "Oración: El vehículo que Dios utiliza para transportar tu bendición", donde habla de la importancia de la oración para conocer la voluntad de Dios, discernir los tiempos y vivir una vida victoriosa. También trata los diferentes tipos de oración y cómo emplearla en el tiempo y lugar preciso.

Sé que este libro tocará tu vida grandemente y serás motivado a usar la Palabra de Dios con autoridad y conocimiento. Has hecho una buena elección, no pares de leerlo hasta que hayas recibido todo lo que este libro inspirado por Dios, dispuso para ti.

Rev. Alberto M. Delgado, M. A., Th. D.
Apóstol de la Iglesia Alpha & Omega, Miami, FL

La oración es una de las armas más poderosas que Dios nos ha dado, es el privilegio de poder conectarnos con Él diariamente y de una manera personal. Por eso sé que este libro te dará la oportunidad de reconocer los caminos de Dios, de saber que no estás solo en la tierra, sino que tienes a un Padre Celestial, que te ama y quiere tener comunión contigo a través de la oración.

He conocido muchas personas que han escrito sobre este tema; sin embargo, estoy segura de que lo que está plasmado en este libro va a marcar la diferencia en tu vida y en la vida de tu familia. Conozco a Gisela desde hace más de 20 años; siempre ha sido un ejemplo para mí y para todos los que la conocemos de una verdadera y genuina mujer de Dios. Ella es una mujer íntegra y transparente, que busca cada día cómo puede ser un canal de bendición para todas aquellas personas que Dios trae a su vida, y esto lo digo por experiencia propia. Mi vida cambio gracias a su fidelidad y perseverancia. Gisela fue la persona que Dios usó para hablarme del evangelio y mostrarme la fidelidad de Dios a través de su ejemplo como mujer, esposa, madre y amiga.

Es un privilegio y un honor para mí escribir este prólogo y dejarle saber a cada persona que lea este libro, que no es un libro más, sino que será un manual de vida y un libro de instrucción para toda persona que desee cambiar las circunstancias adversas en que se encuentra y lograr la victoria en todas las áreas de su vida.

Mariam Delgado
Pastora de la Iglesia Alpha & Omega, Miami, FL

INTRODUCCIÓN

Hoy, 28 de mayo de 2011 es un día muy especial para mí, porque ha empezado a cobrar vida un proyecto guardado en mi corazón por muchos años y que por muchas razones no había podido salir a la luz.

Este proyecto es mi primer libro, y el enemigo usó muchas cosas, circunstancias y personas para que esto nunca tuviera lugar; pero cuando Dios está en un asunto, tarde o temprano, se manifiesta porque:

- ***Cuando un sueño es de Dios, como todo lo que es de Dios y es engendrado por Él, crece, tiene vida, se desarrolla y permanece vivo aunque muchas veces hayan querido asesinarlo.***

No importa lo que se presente en contra de tu sueño, incluso hasta tú puedes llegar a pensar que tu bebe está muerto, porque no da señales de vida; pero Dios siempre se las va a ingeniar para hacerte saber que tu sueño está vivo y está creciendo. Quizás no sea con la rapidez que tú quisieras, pero está creciendo y llegará el día del alumbramiento. El bebé nacerá, pero no olvides que todo parto es doloroso. No existe parto sin dolor, porque hasta cuando Dios le habló a Eva le dijo: *"Aumentaré el dolor de tus preñeces".* Él no le dijo que le daría dolor, sino que aumentaría el dolor, lo cual indica que siempre hubo dolor en el proceso de parto; pero al entrar el pecado a la humanidad, como consecuencia del pecado, ese dolor a la hora de parir se intensificó (ver Gn. 3:15-16).

- ***Pero la palabra es clara cuando dice que lo que se obtiene fácilmente, al final no es motivo de alegría. Nunca le darás el valor que, en realidad, tiene y se merece a todo aquello que no te cuesta.***

Dios, en su infinita misericordia, te va a hablar de una manera o de otra para hacerte saber que no has perdido tu bebé, y que aunque no veas ningún crecimiento externo, internamente se está gestando todo lo que ese bebé necesita para poder llegar a ser un niño normal y fuerte.

El Señor me mostró que en esos momentos críticos Él nos hace una especie de examen *o sonograma espiritual*, resonancia magnética o chequeo, para que sepamos que ese bebé aún sigue con vida; ese sueño, esa meta, ese reto, esa visión, eso que está dentro de nosotros y que quizás no nos atrevemos a contarle a nadie ni confesar en voz alta, porque es muy grande a nuestros ojos y porque lo que vemos o sentimos nos asusta. De modo que Él nos hace ese examen o sonograma para demostrarnos que hay vida, crecimiento y desarrollo.

El enemigo trata de desenfocarnos, desanimarnos o distraernos con otras cosas, para que no cumplamos nuestro sueño y no avancemos en los planes que Dios tiene para nosotros. Pero como Dios lo sabe todo, interviene repentinamente en nuestra vida para deshacer las obras del diablo y cambiar nuestra actitud negativa.

- ***Dios puede usar un sueño, una visión, una palabra profética, una cita bíblica, que salte a nuestros ojos***

y nos dé nueva esperanza para seguir creyéndole a Él. Porque la esperanza es la que sustenta nuestra fe y la mantiene viva.

En mi vida, puedo decir que parte de ese sonograma es la cita bíblica de Eclesiastés 11:5: *"Como tú no sabes cuál es el camino del viento, o cómo crecen los huesos en el vientre de la mujer encinta, así ignoras la obra de Dios, el cual hace todas las cosas".*

Esta palabra impactó mi vida cuando, en un momento de desanimo, pensé que escribir este libro no era para mí; quizás era para otros, pero no para mí. Y fue ahí cuando Dios trajo esa palabra a mi memoria y en un segundo mi actitud cambió. ¿Sabes por qué? Porque la Palabra de Dios es viva y eficaz, y cuando algo está vivo imparte vida, y cuando algo es eficaz produce algún resultado positivo y beneficioso en nosotros.

- ***El hecho de no ver que Dios se mueve no quiere decir que Él no se esté moviendo, ni que no esté obrando en nuestra vida o en nuestras circunstancias.***

Solo que sus métodos, sus caminos y sus tiempos no son los nuestros. Así dice la Biblia en Eclesiastés 3:1: *"Todo tiene su tiempo, y todo lo que se quiere debajo del cielo tiene su hora".*

Esperemos el tiempo y la hora de Dios para aquello que Él quiere hacer en nosotros y a través de nosotros, y no nos desesperemos; porque aunque a veces podamos creer que Dios se demora, nunca llega tarde, en sus manos están nuestros tiempos.

"Mas yo en ti confío, oh Jehová; digo: Tú eres mi Dios. En tu mano están mis tiempos; líbrame de la mano de mis enemigos y de mis perseguidores. Haz resplandecer tu rostro sobre tu siervo; sálvame por tu misericordia. No sea yo avergonzado, oh Jehová, ya que te he invocado; sean avergonzados los impíos, estén mudos en el Seol. Enmudezcan los labios mentirosos, que hablan contra el justo cosas duras con soberbia y menosprecio. ¡Cuán grande es tu bondad, que has guardado para los que te temen, que has mostrado a los que esperan en ti, delante de los hijos de los hombres! En lo secreto de tu presencia los esconderás de la conspiración del hombre; los pondrás en un tabernáculo a cubierto de contención de lenguas. Bendito sea Jehová, porque ha hecho maravillosa su misericordia para conmigo en ciudad fortificada" (Sal. 31:14-21).

Dios te esconderá bajo sus alas protectoras, como esconde al bebe en el vientre de su madre hasta que llega el tiempo de mostrarse al mundo.

Nosotros debemos ser como los hijos de Isacar, ***"que eran entendidos en los tiempos de Dios"*** (1 Cr. 12:32). Y no solo debemos saber o conocer los tiempos de Dios, sino que también debemos aprender a movernos en ellos para ser sabios y no dejar pasar el tiempo oportuno de Dios en nuestra vida.

- ***Ten cuidado a quien le cuentas tus sueños, porque hay individuos que son especialistas en asesinar sueños.***

Algunos lo hacen por ignorancia, otros lo hacen por maldad y aun otros lo hacen por celos y envidia. ¿Sabes por qué? Porque tienen falta de identidad y no saben quiénes son en Cristo, ni qué quiere hacer Dios a través de ellos. Pero sea cuál sea la razón, no permitas que nadie cambie la visión que Dios te dio a ti. Al fin y al cabo, Dios te dio esa visión, o sueño a ti, y tú eres el que debes creerlo y entenderlo aunque nadie más lo crea. Si Dios lo puso en tu corazón es porque Él sabe que tú tienes la capacidad y el potencial para poder cumplirlo.

- ***Mueve todos los obstáculos que se presenten, pero no te muevas tú; y sigue firme, creyéndole a Dios. No mires lo grande que pueda ser tu visión, o sueño, sino lo grande que es tu Dios para ayudarte a cumplirlo.***

Tienes que hacer como hizo María, la madre de Jesús, cuando se le apareció el ángel para darle el mensaje de Dios y le dijo: *"María, no temas, porque has hallado gracia delante de Dios. Y ahora, concebirás en tu vientre, y darás a luz un hijo, y llamarás su nombre JESÚS"* (Lc. 1:30-31).

Aunque ella no sabía ni entendía cómo podía suceder, decidió creerle a Dios, y Él no la dejó en vergüenza, porque ella entendió que *"nada hay imposible para Dios"* (Lc. 1:37).

"Entonces María dijo: He aquí la sierva del Señor; hágase conmigo conforme a tu palabra. Y el ángel se fue de su presencia" (Lc. 1:38).

No te preocupes por el cómo y qué hará Dios para cumplir tu sueño. Tú tienes que hacer tu parte para que Dios pueda hacer la suya; y piensa que igual que María, tú has hallado gracia delante de sus ojos y te ha escogido a ti para hacer algo especifico para su Reino en este tiempo crucial en la historia de la humanidad.

Si tú le crees a Dios, como María, tampoco a ti te dejará en vergüenza. Al tiempo señalado, la bendición saldrá a la luz, Dios te visitará como visitó a María, como también visitó a Sara y como ahora me está visitando a mí, para mostrarme que nada es imposible para Él y mucho menos demasiado difícil.

- ***Enfócate solo en lo que Dios tiene para ti.***

En este momento, que estás leyendo estas palabras, abro mi boca para bendecir tu vida, tu familia y tus sueños, y declaro por fe que eres un vencedor o una vencedora; y que nada ni nadie podrá arrebatarte lo que Dios ha puesto en tu corazón. Eso que Él ha puesto en ti, tendrá lugar y nacerá en el tiempo oportuno de Dios.

Al tiempo señalado, Dios te visitará, y la promesa dejará de ser promesa, para ser promesa cumplida.

Mantente firme, porque, si no desmayas, a su tiempo segarás.

Gisela Soriano

CAPÍTULO 1

EL TIEMPO DE DIOS

"Me volví y vi debajo del sol, que ni es de los ligeros la carrera, ni la guerra de los fuertes, ni aun de los sabios el pan, ni de los prudentes las riquezas, ni de los elocuentes el favor; sino que tiempo y ocasión acontecen a todos".
Eclesiastés 9:11

¿Has pensado alguna vez que Dios es un Dios de tiempos?

Eclesiastés 3:1 dice: *"Todo tiene su tiempo, y todo lo que se quiere debajo del cielo tiene su hora".*

A veces nos cuesta reconocer que a menudo los propios animales son más sensibles a los tiempos de Dios y se mueven con más sabiduría para saber qué hacer y qué no hacer, que nosotros mismos, los humanos.

Me impresiona ver cómo acá, en los Estados Unidos, todos los años la gente está pendiente de un animalito llamado marmota, que se mete en su cueva a dormir y no sale de ella hasta que el invierno llega a su fin.

Si la marmota se asoma y, por casualidad, todavía no es el tiempo, retrocede y se vuelve a esconder en su cueva hasta que llega el tiempo.

- ***Mas cuánto trabajo nos cuesta a nosotros, los humanos, entender y conocer los tiempos de Dios y sobre todo aprender a movernos en ellos.***

Dios no solo tiene un tiempo para todo, sino que le da oportunidad a cada ser humano para que tenga su tiempo oportuno y favorable.

Primero, para que lo conozcan a Él y, después, para que puedan desarrollar una verdadera intimidad con Él, que les permita cumplir con su propósito en esta tierra y llegar a su destino.

Mira lo que dice el libro de los Hechos capitulo 17 a partir del verso 24 hasta el 31:

"El Dios que hizo el mundo y todas las cosas que en él hay, siendo Señor del cielo y de la tierra, no habita en templos hechos por manos humanas, ni es honrado por manos de hombres, como si necesitase de algo; pues él es quien da a todos vida y aliento y todas las cosas. Y de una sangre ha hecho todo el linaje de los hombres, para que habiten sobre toda la faz de la tierra; y les ha prefijado el orden de los tiempos, y los límites de su habitación; para que busquen a Dios, si en alguna manera, palpando, puedan hallarle, aunque ciertamente no está lejos de cada uno de nosotros. Porque en él vivimos, y nos movemos, y somos; como algunos de vuestros propios poetas también han dicho: Porque linaje suyo somos. Siendo, pues, linaje de Dios, no debemos pensar que la Divinidad sea semejante a oro, o plata, o piedra, escultura de arte y de imaginación de hombres. Pero Dios, habiendo pasado por alto los tiempos de esta ignorancia, ahora manda a todos los hombres en todo lugar, que se arrepientan; por cuanto ha establecido un día en el cual juzgará al mundo con justicia, por aquel

varón a quien designó, dando fe a todos con haberle levantado de los muertos".

Hay algo que debemos entender: Dios no tiene hijos favoritos y, dado que no hace acepción de personas, Él le da oportunidades a cada uno en su creación para que le conozca y a cada uno de sus hijos para que tenga su tiempo de bendición, como dice en Eclesiastés 9:11: ***"tiempo y ocasión acontecen a todos".***

No es que Dios no nos dé oportunidades; sino que, la mayoría de las veces, no estamos acorde con los tiempos de Él y no sabemos aprovechar esas oportunidades.

- ***No entendemos que Él es un Dios de tiempos, estaciones, épocas, temporadas, en las cuales abre las ventanas de los cielos para bendecirnos.***

Pero dado que no estamos listos para recibir, por no estar en sintonía con Él ni con lo que Él quiere hacer en y con nosotros, la mayoría de las veces, nos perdemos la bendición.

- ***Porque la mayoría de los cristianos estamos fuera de tiempo.***

Hay varias palabras en griego que se usan para expresar tiempo, como por ejemplo la palabra ***Cronos.***

- ***Que implica el tiempo que puede ser medido por reloj.***

El tiempo Cronos es aquel que abarca desde que nacemos hasta que morimos. En este tiempo todos estamos expuestos a conocer a Dios, no a nuestra manera—porque cada cual tiene su propia manera de buscar a Dios—, sino a la manera bíblica; la manera que Dios ha establecido en su Palabra de poder tomar la decisión correcta de seguirlo y servirlo a Él o de rechazarlo y darle la espalda. Porque Dios nos ha dado la libertad de escoger en dónde queremos pasar nuestra eternidad, ya sea en el cielo con Él, o en el infierno con el diablo. La decisión es nuestra.

Mira lo que dice esta porción bíblica de Deuteronomio 30:19-20:

"A los cielos y a la tierra llamo por testigos hoy contra vosotros, que os he puesto delante la vida y la muerte, la bendición y la maldición; escoge, pues, la vida, para que vivas tú y tu descendencia; amando a Jehová tu Dios, atendiendo a su voz, y siguiéndole a él; porque él es vida para ti, y prolongación de tus días; a fin de que habites sobre la tierra que juró Jehová a tus padres, Abraham, Isaac y Jacob, que les había de dar".

Dios es un Dios de pactos, y cumple cada promesa que hace a cada uno de sus hijos.

- ***Otra palabra en griego que se usa para expresar tiempo, muy común en el medio ambiente cristiano, es la palabra Kairos.***

- ***Y esta palabra implica el tiempo oportuno o favorable de Dios para nosotros.***

Hay un tiempo específico en el cual el cielo y la tierra se unen para desatar nuestra bendición. Estos Kairos de Dios son los que no debemos desaprovechar en nuestra vida.

Pero hay otra palabra más, que llama mucho mi atención, que se menciona poco pero se vive mucho en el Cuerpo de Cristo.

- ***Es la palabra akairos, que implica estar fuera de tiempo.***

- ***La mayoría de los cristianos, lamentablemente, pierde el Kairos de Dios para su vida, por estar sencillamente akairos o fuera de tiempo.***

Esto nos ocurre porque no hemos aprendido a caminar tomados de la mano de Dios, y por esa razón nos adelantamos o nos atrasamos.

- ***No estamos sintonizados ni en armonía con Dios, y mucho menos con su Palabra.***

- ***Es triste ver que la marmota, un mamífero roedor, conoce mejor y con más claridad y seguridad las estaciones que Dios ha creado para su vida, que la mayoría de nosotros, a pesar de que el hombre es la corona de la creación.***

Muchos de nosotros no conocemos lo que Dios tiene para nuestra vida a pesar de ser sus hijos.

Cuando nuestra vida comienza a alinearse con la Palabra de Dios, ese alineamiento nos va a llevar a acercarnos a Dios y a empezar a tener una verdadera intimidad con Él, para así descubrir nuestro propósito y entender sus tiempos.

En otras ocasiones, a pesar de conocer nuestro propósito y entender sus tiempos, nos sentimos frustrados; porque a pesar de caminar con Él y seguir su dirección, no entendemos por qué no avanzamos, ni por qué de continuo se levantan obstáculos que nos impiden ir al próximo nivel.

No comprendemos las cosas que pasan a nuestro alrededor y nos sentimos estancados, como si estuviéramos encarcelados; porque queremos movernos, queremos hacer cosas para el Señor, pero siempre encontramos que todas las puertas se cierran para nosotros.

Recuerda que a Satanás no le conviene que nosotros cumplamos nuestro propósito y mucho menos que lleguemos a nuestro destino.

- ***Esto implica que vamos a tener oposición, se van a levantar obstáculos que tendremos que vencer.***

Pero tenemos que entender y creer que ***al tiempo señalado, la promesa dejará de ser promesa para ser promesa cumplida*** (ver Gn. 18:14). Y esto solo tendrá lugar ***en el tiempo de Dios.***

Hace muchos años, mientras oraba, tuve una visión. En esa visión pude ver una cárcel con muchas celdas, una al lado de la otra, y con diferentes pisos, como las cárceles que vemos en las películas. Todas esas celdas estaban llenas de presos. De pronto, oí un timbre, y al sonido de ese timbre todas las puertas de las celdas se abrieron simultáneamente. Entonces, los presos salieron al pasillo que estaba frente a las puertas, y las celdas quedaron vacías.

Ahí Dios habló a mi corazón y me dijo:

- ***Así voy a hacer contigo. Cuando mi voz emita el sonido de trompeta desde los cielos, todas las puertas, que hasta ahora han estado cerradas para ti,***

se abrirán simultáneamente y nada ni nadie podrá parar o detener lo que yo voy a hacer contigo.

Esta visión ha estado delante de mis ojos cada vez que el desánimo ha querido tocar a mi puerta, y claro que ha tocado a mi puerta; pero esta visión ha servido para no abrirle la puerta, y mucho menos dejarlo entrar.

- ***En este momento, te digo a ti, que estás leyendo este libro, que es inevitable que el desánimo toque a tu puerta. Tú no puedes impedir que toque a tu puerta, pero lo que sí puedes hacer es no abrirle la puerta y mucho menos dejarlo entrar.***

Tú tienes toda la potestad de abrirle o cerrarle la puerta al desánimo.

- ***Tú tienes promesas, que Dios te ha dado para tu vida. Aférrate a ellas y úsalas como el ancla de tu fe, y no le des lugar al diablo.***

Aférrate a Dios y su Palabra y decide creerle a Él, presta atención a todas las palabras que Él te ha dado, ya sea directamente a tu espíritu, por medio de su Palabra escrita, por boca de un profeta o por boca de cualquiera de sus hijos, que a Él le haya placido usar para darte un mensaje de su parte.

- ***No te desenfoques.***

Entiende que eres una obra de arte formada en las manos de Dios, pero todavía estás en construcción. Aún no has sido terminado, y tienes que comprender que cada día Dios añade un ladrillo espiritual a tu vida para formar el hombre o la mujer que Él soñó que haría de ti para usarte con poder y establecer su Reino en esta tierra.

Recuerda qué dice la Palabra en Filipenses 1:6:

"estando persuadido de esto, que el que comenzó en vosotros la buena obra, la perfeccionará hasta el día de Jesucristo".

- ***¿Qué significa persuadir?***

Significa inducir a alguien a creer o a hacer algo. Convencerlo de una cosa.

- ***¿De que tenemos que persuadirnos o convencernos?***

De que el que comenzó en ti y en mí la buena obra, no la dejará incompleta, no la dejará a medias; sino, todo lo contrario, la va a terminar, la va a perfeccionar.

- ***Dios va a sacar lo mejor de ti y de mí, si tanto tú como yo permitimos que el Espíritu Santo haga su obra en nosotros.***

Tenemos que tratar, por todos los medios, de no ser nosotros mismos el mayor estorbo que Él encuentre para trabajar en nuestra vida.

Porque quiero que sepas que ni aun el diablo y todos sus demonios juntos pueden impedir que el propósito de Dios se cumpla en tu vida y en la mía a menos que le demos lugar al diablo.

Espero y deseo que este libro, que ahora tienes en tus manos:

- ***Te motive a no abandonar tu lugar en el Cuerpo de Cristo y te mantengas con una actitud militante en la lucha por lo que te pertenece, pues Dios ya te lo ha dado desde el día que entraste en pacto con Él.***

Tus ojos fueron abiertos, pero el enemigo ha tratado de arrebatarte todo lo que te pertenece por herencia, por ser un hijo de Dios.

- ***Párate firme para poseer lo que legalmente te pertenece.***

Tienes que ser un violento para Dios, porque *desde los días de Juan el Bautista, el Reino de los cielos sufre violencia y solo los violentos lo arrebatan* (Mt. 11:12).

- ***No permitas que nada, ni nadie, te quite lo que Dios ha establecido para ti.***

La Palabra de Dios tiene que ser el ancla de tu fe, y mientras lees este libro oro para que Dios te muestre lo importante que es desarrollar una vida de oración y comunión con Él, para que puedan cumplirse su propósito, su plan y su diseño para tu vida.

Deseo que aprendas a conocer los tiempos de Dios y su Kairos para ti, y declaro que, a partir de ahora, este pasaje del Salmo 138:7-8 será parte de tu vida.

"Si anduviere yo en medio de la angustia, tú me vivificarás; contra la ira de mis enemigos extenderás tu mano, y me salvará tu diestra. Jehová cumplirá su propósito en mí; tu misericordia, oh Jehová, es para siempre; no desampares la obra de tus manos".

Tienes que ser entendido en los tiempos de Dios como los hijos de Isacar.

"De los hijos de Isacar, doscientos principales, entendidos en los tiempos, y que sabían lo que Israel debía hacer, cuyo dicho seguían todos sus hermanos" (1 Cr. 12:32).

- ***Este es tu tiempo, aprovéchalo al máximo, porque los días son malos.***

CAPÍTULO 2

LA ORACIÓN

*"Mas tú mirarás a la oración de tu siervo,
y a su ruego, oh Jehová Dios mío, para oír el clamor
y la oración con que tu siervo ora delante de ti. Que tus
ojos estén abiertos sobre esta casa
de día y de noche, sobre el lugar del cual dijiste:
Mi nombre estará allí; que oigas la oración
con que tu siervo ora en este lugar".*
2 Crónicas 6:19-20

Una de las herramientas clave en la vida del creyente es la oración. La oración es el combustible del cristiano que lo mantiene en movimiento, creciendo y avanzando en el reino de Dios.

No hay distancia grande o pequeña donde la oración no pueda llegar, barrera que la oración no pueda cruzar, ni circunstancia que la oración no pueda cambiar y provocar un rompimiento, porque la oración tiene la capacidad de cambiar las cosas.

- ***La oración mantiene viva tu visión, y no solo la mantiene viva, sino que la cerca y la preserva de los ataques del enemigo.***

La oración es la que te mantiene en vela y te da estrategias para orar como conviene y limpiar el camino para que llegue tu bendición.

- ***Cuando la duda, la incredulidad y el desánimo llegan a nuestra vida, junto con estos enemigos de la fe viene también la sequía espiritual.***

Y cuando nos sentimos secos, lo primero que hacemos es dejar de orar, leer la Palabra de Dios y congregarnos. ¿No te resulta conocido este ciclo? Creo que muchos cristianos han pasado por allí. Pero no importa si has pasado por esa calle, lo malo y trágico es que te quedes a vivir allí.

Hay dos ingredientes que son vitales en la vida de oración. Estos ingredientes son ***la fe y la perseverancia***.

La Biblia dice que para el que cree todo le es posible, y que todo lo que pida conforme a su voluntad y crea que lo recibirá, será hecho; por tanto para poder recibir algo de Dios, creer es clave e imprescindible.

¿Por qué la fe es tan importante?

Porque la ***fe*** es sustancia, certeza, convicción, es creer en esperanza contra esperanza, es saber ahora, hoy, en el presente, no mañana o en el futuro. ***Cuando de verdad hay fe, no hay lugar para la duda ni para la incredulidad.***

La ***fe*** no proviene de tu mente, sino de lo más profundo de tu corazón.

Hebreos 11:1 dice: *"Es pues la fe la certeza de lo que se espera la convicción de lo que no se ve"*.

También allí mismo, en ese capítulo de Hebreos, en el verso 6 dice que "***sin fe es imposible agradar a Dios***", y nada vamos a recibir de Él a menos que nuestra oración tenga este ingrediente tan importante.

- ***Todo lo que nosotros recibimos de Dios, lo recibimos por fe y lo retenemos por fe.***

Dios nos ha dado a cada uno de nosotros una medida de fe, pero ***tenemos que desarrollar y ejercitar la fe para que sea fuerte, grande y duradera.***

La Biblia dice que la fe es como un pequeño grano de mostaza, pero una vez que se siembra, germina y crece puede convertirse en un árbol gigantesco que puede dar cobijo bajo su sombra a muchos.

Tienes que entender que ***nuestra fe siempre va a ser puesta a prueba.*** Porque ¿cómo vamos a saber si verdaderamente le estamos creyendo a Dios y confiando en Él si nuestra fe no es probada?

- ***Es muy fácil decir que creemos cuando todo está bien; lo difícil es seguir diciendo que creemos cuando estamos rodeados de adversidades y situaciones difíciles.***

Cuando recibimos un reporte negativo de nuestra salud o de la salud de aquellos que amamos, ***¿cómo reaccionamos ante ese ataque?*** Recordamos que tenemos un pacto con Dios y que ese pacto dice que Él llevo nuestras enfermedades y dolencias en la cruz del calvario por nosotros, y que por su llaga fuimos curados.

- ***¿Puedes visualizarte como una persona sana, que el diablo quiere enfermar, o te declaras enfermo ante el primer síntoma?***

- ***¿Cómo es tu reacción cuando los ingresos económicos disminuyen y los gastos son los mismos, o se presenta algo imprevisto que te saca de tu curso?***

En esos momentos puedes decir: —Señor, confío en ti, no sé cómo podré salir de este hueco; pero sé que algo vas a hacer por mí, porque tu Palabra dice que tú me bendecirás y yo seré bendición. Tu Palabra dice en Filipenses 4:19: *"Mi Dios, pues, suplirá todo lo que os falta conforme a sus riquezas en gloria en Cristo Jesús"*, y como tú no puedes mentir ni vas en contra de tu Palabra, no sé cómo lo vas a hacer, pero sé que tú eres mi proveedor y que no me vas a dejar en vergüenza con esta deuda que será saldada en el nombre de Jesús.

- ***Puedes decir: —Gracias Señor, porque tú me sacas de esta deuda, porque yo soy un dador alegre y tú bendices al dador alegre.***

¿Reaccionas de esta forma o comienzas a afanarte y desesperarte porque no sabes qué hacer?

- ***Te aseguro que Dios permite que nuestra fe sea probada para que aprendamos a vivir por fe, para que podamos crecer espiritualmente y no nos quedemos estancados en el mismo lugar.***

Cada desafío que se presenta delante de nosotros es una oportunidad para dar pasos de fe y caminar hacia esa meta que tenemos por delante.

- ***Hace muchos años Dios habló a mi corazón y me dijo que la fe es como un ascensor o elevador.***

Y me mostró que no importa el piso en el que pudiéramos estar, porque allí donde estemos, Dios nos alcanzará y nos llevará a un lugar más alto. Puede que sintamos o creamos que estamos en el sótano o en lo más bajo; pero si nos tomamos de la mano de Dios podríamos llegar al penthouse o al lugar más alto, ancho y espacioso donde a todo el mundo le gusta vivir.

- ***Otra cosa que debemos entender es que la fe no es estable, sube o baja como un ascensor o elevador; no se queda fija en un lugar.***

Por eso tenemos que desarrollarla escuchando la Palabra de Dios, porque la fe viene por el oír continuo de la Palabra de Dios (ver Ro. 10:17). Y tenemos que ejercitarla poniéndola en práctica, y esto se logra con pasos de fe al hacer algo que no podíamos hasta que tomamos la decisión de creer.

Porque como dice el libro de Santiago, la fe sin obras es una fe muerta.

"Pero alguno dirá: Tú tienes fe, y yo tengo obras. Muéstrame tu fe sin tus obras, y yo te mostraré mi fe por mis obras. Tú crees que Dios es uno; bien haces. También los demonios creen, y tiemblan. ¿Mas quieres saber, hombre vano, que la fe sin obras es muerta? ¿No fue justificado por las obras Abraham nuestro padre, cuando ofreció a su hijo Isaac sobre el altar? ¿No ves que la fe actuó juntamente con sus obras, y que la fe se perfeccionó por las obras? Y se cumplió la Escritura que dice: Abraham creyó a Dios, y le fue contado por justicia, y fue llamado amigo de Dios" (Sgt. 2:18-23).

- ***La fe es el primer paso para poder recibir y el segundo paso es perseverar.***

¿Qué significa perseverar?

Según el diccionario Larousse, perseverar es mantenerse constante en un propósito o en la persecución de lo comenzado. Es insistir, continuar, proseguir, prolongar, persistir, seguir, perpetuar.

Alguien perseverante es tenaz, insistente, firme en lo que cree y constante en seguir con lo que empezó. En otras palabras, es alguien que no se rinde fácilmente y sigue insistiendo hasta obtener los resultados esperados.

- ***No es alguien inconstante, y nunca abandona lo que empezó.***

Esta actitud de perseverancia lo lleva a disciplinarse y desarrollar un estilo de vida de oración. La perseverancia es precisamente aquello que lo capacita para poder esperar el tiempo que sea necesario para recibir aquello que está esperando.

- ***La persona perseverante no llama a la puerta una sola vez y se retira porque no se abre; sino todo lo contrario, sigue llamando hasta que se abra. Sigue buscando hasta encontrar y sigue pidiendo hasta recibir.***

Este tipo de persona es insistente, como dice Mateo 7:7-8: *"Pedid, y se os dará; buscad, y hallaréis; llamad, y se os abrirá. Porque todo aquel que pide, recibe; y el que busca, halla; y al que llama, se le abrirá".*

La Biblia dice también en el libro de Hebreos, que por la fe y la paciencia se heredan las promesas.

La persona paciente es aquella que ha sido entrenada, quizás por medio de pruebas y tribulaciones, para esperar y confiar en Dios. La paciencia se desarrolla en la espera.

Nuestro carácter en Cristo se forma por medio del trato de Dios para con nosotros, y es de este modo que aprendemos a perseverar.

"Y no sólo esto, sino que también nos gloriamos en las tribulaciones, sabiendo que la tribulación produce paciencia; y la paciencia, prueba; y la prueba, esperanza; y la esperanza no avergüenza; porque el amor de Dios ha sido derramado en nuestros corazones por el Espíritu Santo que nos fue dado" (Ro. 5:3-5).

No hay otra manera, no existe una fórmula mágica, no hay atajos, que nos permitan obtener las promesas de Dios más rápido. Es a través de la fe y la espera paciente en Dios y a Dios, que podemos obtener aquello que estamos esperando. Lo único que puede acelerar el proceso es nuestra fe; porque la fe son nuestros brazos espirituales con los cuales atraemos el Reino de Dios a nuestra vida o a la vida de aquellos por los que estamos orando.

"Porque Dios no es injusto para olvidar vuestra obra y el trabajo de amor que habéis mostrado hacia su nombre, habiendo servido a los santos y sirviéndoles aún. Pero deseamos que cada uno de vosotros muestre la misma solicitud hasta el fin, para plena certeza de la esperanza, a fin de que no os hagáis perezosos, sino imitadores de aquellos que por la fe y la paciencia heredan las promesas" (He. 6:10-12).

- ***Es con nuestra firme espera y disciplina en la oración que obtenemos la respuesta de aquello por lo que estamos orando.***

Hay una parábola en la Biblia sobre una viuda que perseveró hasta que se le hizo justicia. Fue por su perseverancia que esta viuda logró que se le concediera lo que estaba pidiendo.

"También les refirió Jesús una parábola sobre la necesidad de orar siempre, y no desmayar, diciendo: Había en una ciudad un juez, que ni temía a Dios, ni respetaba a hombre. Había también en aquella ciudad una viuda, la cual venía a él, diciendo: Hazme justicia de mi adversario. Y él no quiso por algún tiempo; pero después de esto dijo dentro de sí: Aunque ni temo a Dios, ni tengo respeto a hombre, sin embargo, porque esta viuda me es molesta, le haré justicia, no sea que viniendo de continuo, me agote la paciencia. Y dijo el Señor: Oíd lo que dijo el juez injusto. ¿Y acaso Dios no hará justicia a sus escogidos, que claman a él día y noche? ¿Se tardará en responderles? Os digo que pronto les hará justicia. Pero cuando venga el Hijo del Hombre, ¿hallará fe en la tierra?" (Lc. 18:1-8).

Conforme a este pasaje bíblico, hay varias cosas que debemos aprender y poner en práctica:

1. Orar no es una opción, ***sino una necesidad.***
2. Hay que orar siempre, ***no de vez en cuando.***
3. Hay que perseverar en la oración hasta obtener una respuesta, ***no darse por vencido.***
4. Cuando ores, debes moverte en fe ***y creer que recibirás una respuesta de parte de Dios.***
5. Si te mantienes firme, sin rendirte, ***nada ni nadie podrá detener tu bendición.***

"No temas en nada lo que vas a padecer. He aquí, el diablo echará a algunos de vosotros en la cárcel, para que seáis probados, y tendréis tribulación por diez días. Sé fiel hasta la muerte, y yo te daré la corona de la vida" (Ap. 2:10).

Cuando los cielos están tan cerrados que parecen de bronce, y no escuchamos a Dios hablar ni lo vemos obrar, la oración puede cambiar las cosas. ***La oración abre los cielos, y cuando los cielos se abren desciende la bendición. ¡No te rindas!***

3

CAPÍTULO

¿POR QUÉ NECESITAMOS UN ESTILO DE VIDA DE ORACIÓN?

"Clama a mí, y yo te responderé, y te enseñaré cosas grandes y ocultas que tú no conoces".
Jeremías 33:3

Hace muchos años, cuando Dios puso en mi corazón escribir este libro, me dio el título: ***Oración: El vehículo que Dios usa para transportar tu bendición.*** Y me mostró una visión, en la cual veía una especie de carritos, como los que usan los mineros que trabajan en las minas o yacimientos de oro, plata, cobre, diamantes, etc. Son una especie de vagones abiertos, que van tomados uno del otro, como los vagones de un tren. Estos carritos entran a la mina vacíos y salen llenos del material que los mineros están escavando.

- ***Dios puso en mi corazón que la oración es el vehículo que Él usa para transportar nuestra bendición.***

En esa visión, veía que esos carritos, tomados uno del otro, subían vacíos al cielo. Eran muchos vagones, como si fuera un tren; pero así como vemos que en la calle hay dos vías para que transiten los automóviles, en la visión yo veía que algunos carritos iban subiendo al cielo por una vía y, por la otra, venían descendiendo otros carritos; pero éstos venían llenos de cosas, tantas que desbordaban, aunque no se caían.

Y ahí pude oír que Dios me decía:

- ***Esas son las bendiciones que tengo reservadas para mis hijos, que suelto o envío a la tierra, cuando claman a mí de la manera correcta. Yo soy su fuente de bendición, y Yo voy a suplir todo lo que necesitan conforme a mis riquezas en gloria; porque son mis hijos y mi deseo es bendecirlos para que no tengan falta de ningún bien.***

A partir de ese momento, pasaron varias cosas en mi vida, lo primero fue que mi perspectiva o actitud hacia la oración cambió por completo, entendí la necesidad de orar, y de hacerlo de continuo.

Comprendí que la oración tiene dos vías: ***la petición y la respuesta.*** También comprendí que es necesario desarrollar una comunión o intimidad mayor con Dios, porque aunque Dios sabe todas las cosas, y por supuesto sabe todo lo que necesitamos, Él quiere que se lo pidamos. De esta manera mostramos dos cosas: número uno, nuestra total incapacidad de poder resolver un problema por nuestra propia cuenta; y número dos, nuestra total dependencia de Él, porque como dice la Palabra *"separados de [Él] nada [podemos] hacer"* (ver Jn 15:5).

Entonces, comprendí realmente lo que dice el libro de Santiago sobre la oración: que no solo es necesario pedir, sino hacerlo de la manera correcta y con la motivación correcta.

"Codiciáis, y no tenéis; matáis y ardéis de envidia, y no podéis alcanzar; combatís y lucháis, pero no tenéis lo que deseáis, porque no pedís. Pedís, y no recibís, porque pedís mal, para gastar en vuestros deleites" (Sgt. 4:2-3).

Esa visión me ministró mucho, tuvo mucho significado para mi vida de oración y fue clave para convertirme en una mujer de fe y oración; porque mis ojos espirituales fueron abiertos y me enseñó mucho sobre lo que en sí es la oración y cómo ésta puede cambiar nuestras vidas y circunstancias.

Dado que en la visión podía ver que subían muchos carritos, entendí que nuestras oraciones deben ser continuas, no solo cuando tenemos problemas o necesidades. De este modo, nuestra vida de oración cambiará y se convertirá en una costumbre o un hábito o, mejor aún, en un estilo de vida. Si logramos que llegue a ser un estilo de vida, una oración irá tomada de la otra, y al mismo tiempo irá impulsando a la otra, para producir grandes cambios para nuestra vida y todo aquello que nos rodea.

También entendí que ***el mejor manual para aprender sobre la oración es la Biblia; el mejor ejemplo es nuestro Señor Jesús, que tenía un estilo de vida de oración y de comunión con el Padre; y el mejor maestro es el Espíritu Santo, que es nuestro consejero, mentor, tutor, maestro o guía.***

Jesús nos enseña cómo llegar al Padre y tener una comunión genuina con el Padre. No solo Jesús nos enseña sobre la oración; sino que en la Biblia hay muchos hombres y mujeres de Dios, que son de gran ejemplo para nosotros hoy. Éstos aprendieron a conocer a Dios, a depender totalmente de Él y a tener más comunión con Él, gracias a una herramienta principal y muy poderosa: la oración. La oración continua de esos hombres y mujeres de Dios los llevó a tener intimidad genuina con Dios y a obtener grandes victorias.

En la Palabra de Dios vemos que hay muchos tipos de oraciones, que podemos hacer según nuestra necesidad; por lo cual la oración y la Palabra van de la mano. Dios no se mueve por nuestras lágrimas ni por nuestros buenos deseos, Dios no se mueve por emociones, Él solo honra y respalda su Palabra. Por eso es tan importante que nuestras oraciones se basen en la Palabra. Si no estudiamos la Biblia no sabremos cuáles son las oraciones que debemos usar. Hay palabras clave que llegan al trono de Dios, que hacen que el Rey responda y extienda su cetro hacia nosotros como señal de que hemos alcanzado su gracia y su favor. De este modo, nuestro carrito no regresará vacío, sino por el contrario, vendrá desbordante de bendiciones; porque, según establece la Palabra, Dios nos da más abundantemente de lo que pedimos o entendemos.

"Antes bien, como está escrito: Cosas que ojo no vio, ni oído oyó, ni han subido en corazón de hombre, son las que Dios ha preparado para los que le aman. Pero Dios nos las reveló a nosotros por el Espíritu; porque el Espíritu todo lo escudriña, aun lo profundo de Dios" (1 Co. 2:9-10).

En esa comparación, Dios me mostró varios detalles clave de la oración.

- **La oración es el vehículo que nos lleva al trono de Dios.**

"Clama a mí, y yo te responderé, y te enseñaré cosas grandes y ocultas que tú no conoces" (Jer. 33:3).

- **Jesús es la llave que abre los cielos, toda oración debe hacerse en su nombre.**

"Porque hay un solo Dios, y un solo mediador entre Dios y los hombres, Jesucristo hombre, el cual se dio a sí mismo en rescate por todos, de lo cual se dio testimonio a su debido tiempo" (1 Ti. 2:5-6).

- **La gasolina de ese vehículo es el amor a Dios y el deseo de estar en su presencia y en comunión con Él.**

"La comunión íntima de Jehová es con los que le temen, y a ellos hará conocer su pacto" (Sal. 25:14).

- **Las ruedas de ese vehículo o lo que lo mantiene en movimiento es la FE. Porque todo lo que recibimos de Dios lo recibimos por FE y lo retenemos por FE.**

"Porque en el evangelio la justicia de Dios se revela por fe y para fe, como está escrito: Mas el justo por la fe vivirá" (Ro. 1:17).

- **El timón de ese vehículo es Dios, toda oración debe nacer de Dios, para evitar la manipulación, el control y las oraciones de brujería y hechicería.**

"Y de igual manera el Espíritu nos ayuda en nuestra debilidad; pues qué hemos de pedir como conviene, no lo sabemos, pero el Espíritu mismo intercede por nosotros con gemidos indecibles.

"Mas el que escudriña los corazones sabe cuál es la intención del Espíritu, porque conforme a la voluntad de Dios intercede por los santos" (Ro. 8:26-27).

- **La dirección de ese vehículo es el Espíritu Santo, si tú estás en sintonía con Él, tus oraciones llegarán a su destino, y tú llegarás al trono de la gracia y obtendrás el oportuno socorro.**

"Pero cuando venga el Espíritu de verdad, él os guiará a toda la verdad; porque no hablará por su propia cuenta, sino que hablará todo lo que oyere, y os hará saber las cosas que habrán de venir. El me glorificará; porque tomará de lo mío, y os lo hará saber. Todo lo que tiene el Padre es mío; por eso dije que tomará de lo mío, y os lo hará saber" (Jn. 16:13-15).

- **Y la Biblia es el mapa o manual que te guía en la carretera de la vida para que no te pierdas con direcciones equivocadas.**

"Lámpara es a mis pies tu palabra, y lumbrera a mi camino" (Sal. 119:105).

Si estás en sintonía con el Espíritu Santo, tus oraciones llegarán a su destino. Como hijo de Dios, puedes acercarte a Él cada día con toda confianza en busca del oportuno socorro, las veces que sea necesario, y recibir lo que necesitas, ya sea para ti o para aquellos por los que estas orando.

Si te das cuenta, en realidad, la oración es como un vehículo, y si dejas que sea Dios el que guíe ese vehículo, te aseguro que no tendrás ningún tipo de accidente que después tengas que lamentar.

Ahora usa tu imaginación:

- ***Visualiza tu oración como un camión de volteo.***

- ***Y los diferentes tipos de oraciones que haces son la lista de materiales para la construcción, que lleva ese camión al lugar donde se despachan dichos materiales.***

Tus oraciones son pedidos de materiales, que el camión debe traer día a día para la edificación de una gran obra en el mundo espiritual, conforme a los planes diseñados por Dios en el cielo a establecer en la tierra.

- ***Que el gran ingeniero es Dios.***

- ***Que el dueño de esa tierra, casa o vida por la que estás orando es Jesús.***

Así como todo dueño de una casa es el que decide las remodelaciones a hacer, dado que Jesús pagó el precio del rescate de esa vida con su sangre, es el que determina y hace los cambios que Él quiere en esa vida.

- ***Que el contratista que edifica esa obra es el Espíritu Santo.***

Él es quien se mueve en esa vida, ***para edificar a diario lo que esa vida necesita, con la dirección de los planos de su Palabra***, que el ingeniero **(Dios)** y el dueño **(Jesús)**, en acuerdo, diseñaron para trasformar esa casa **(esa vida)**.

- ***Y nosotros (el pueblo de Dios) somos los obreros de la construcción que trabajamos o hacemos nuestra***

parte de orar e interceder por esa vida, para que se pueda llevar a cabo el trabajo de edificación o reparación.

Si nos dejamos guiar por los deseos del Dueño, el diseño de los planos del Ingeniero y la destreza del Contratista, y a eso le añadimos nuestra colaboración con un pedido de materiales diario al cielo, ayudaremos a edificar esa vida.

- ***Si el pedido llega al cielo, desde allí se despacha la orden.***

Ese camión viene lleno de las bendiciones que se necesitan diariamente para edificar, y vuelca los materiales en cada obra **(cada vida)** para hacer una buena edificación y acabar la obra. Porque cada creyente es un edificio en construcción. Entiende esto:

- ***Si no hay pedido de materiales, el camión no puede subir al lugar de despacho, y la obra se paraliza, por la falta de materiales de construcción.***

Dios nos ha dado a cada uno de nosotros un camión de volteo, ha puesto el vehículo de la oración a nuestra disposición. El problema es que muchos camiones están paralizados, porque no los sacamos del área de estacionamiento.

- ***El camión de muchos está paralizado, porque no han desarrollado su fe para atreverse a actuar y llamar las cosas que no son como si fuesen.***

Dios trabaja en equipo. El Padre, El Hijo y El Espíritu Santo trabajan juntos y nos necesitan como obreros en su obra, porque hay mucho trabajo para hacer, y los obreros son pocos.

"Entonces dijo a sus discípulos: A la verdad la mies es mucha, mas los obreros pocos. Rogad, pues, al Señor de la mies, que envíe obreros a su mies" (Mt. 9:37-38).

Permíteme hacerte una pregunta: ¿Qué vas a hacer con el camión de volteo de la oración que Dios ha puesto a tu disposición? ¿Lo vas a comenzar a usar, o lo vas a dejar en el área de estacionamiento? ¿Puedes decir "heme aquí" como dijo el profeta Isaías? ¿O te quedarás cruzado de brazos?

- ***La decisión es tuya.***

"Después oí la voz del Señor, que decía: ¿A quién enviaré, y quién irá por nosotros? Entonces respondí yo: Heme aquí, envíame a mí" (Is. 6:8).

CAPÍTULO 4

CÓMO PREPARARNOS PARA LA ORACIÓN

"¿Quién subirá al monte de Jehová? ¿Y quién estará en su lugar santo? El limpio de manos y puro de corazón; El que no ha elevado su alma a cosas vanas, Ni jurado con engaño. Él recibirá bendición de Jehová, Y justicia del Dios de salvación. Tal es la generación de los que le buscan, De los que buscan tu rostro, oh Dios de Jacob".
Salmo 24:3-6

En el capitulo anterior hablamos de visualizar la oración como un camión de volteo.

También vimos qué ocurre cuando llenamos ese camión con nuestras peticiones, y que cuando éstos suben hacen un impacto en el mundo espiritual. ***Nuestras oraciones desatan las bendiciones***, y son el vehículo que nos trae la respuesta de Dios a la tierra.

Hay dos cosas que debemos poner en práctica si queremos desarrollar una vida de oración eficaz.

- ***Preparar o separar un lugar para orar*** *donde podamos tener un encuentro con Dios todos los días. Esto implica crear un ambiente agradable donde Él pueda moverse y sentirse a gusto y en total libertad.*

- ***Preparar nuestra vida por medio de un proceso de limpieza*** *al presentar nuestro cuerpo en sacrificio vivo para que, por medio de su sangre, Dios nos limpie de todo lo que se nos pega al andar en esta tierra, y así luego poder introducirnos al campo de la oración. (ver Ro. 12:1, 1 Jn. 1:7-9 y 1 Jn. 2:1-2)*

Cómo preparar un lugar para orar

Lo primero que debemos entender es que a Dios no le gusta la religiosidad. Y cuando te hablo de tener un lugar para orar, no quiero decir que solo podemos orar allí. Podemos orar en todas partes, porque ***orar no es otra cosa que hablar con Dios.***

- ***Orar es la comunicación de tu hombre interior, o el verdadero tú, con Dios.***

- ***En un momento de apuro, de emergencia o de necesidad podemos orar en cualquier lugar.***

Jonás oró en el vientre de un pez, ***Daniel*** oró en el foso de los leones, ***Moisés*** oró frente al mar Rojo, ***Pedro*** clamó cuando se hundía en el mar, ***Pablo y Silas*** oraron en el calabozo más profundo de la cárcel, ***Jesús*** oro en el desierto y en el jardín del Getsemaní, mientras estaba en agonía. Todos éstos fueron lugares inusuales y, quizás algunos, poco espirituales; pero lo importante es que todos recibieron la respuesta que necesitaban en ese momento de necesidad o de crisis.

Pero no me refiero a eso, sino a lo que día a día debemos hacer para ejercitarnos en una relación íntima, intensa, profunda y personal con nuestro Dios y Creador.

- ***Es crear un ambiente agradable y confortable donde podamos pasar un tiempo a solas con Dios.***

Cuando escogemos un lugar determinado para orar, leer la Palabra y meditar en Dios, su presencia se va acumulando allí y no nos cuesta fluir. ***No tenemos que pasar largos tiempos de preparación para que la presencia de Dios descienda, porque el ambiente ya está listo.***

Te voy a dar un ejemplo de la vida diaria para ayudarte a entender mejor lo que quiero decir.

Un matrimonio puede ocupar cualquier lugar de su casa para hablar, reírse, trabajar juntos, ver televisión, pasar tiempo y hacer cualquier otra actividad con el resto de la familia; pero a la hora de tener intimidad buscan estar solos y van a su recámara matrimonial, cierran la puerta y se deleitan el uno en el otro sin que nadie los esté mirando y, mucho menos, molestando.

Por supuesto que estoy hablando de un matrimonio normal y no de las aberraciones que se están viendo y escuchando en muchos matrimonios de hoy día.

Con Dios es igual, puedes hablar con Él mientras vas rumbo a tu trabajo, cuando estás paseando a tu perro, cuando haces los quehaceres de tu hogar, cuando estás en la iglesia con los hermanos de la congregación, o cuando oras en compañía de tu cónyuge o tus hijos.

- ***Pero ese tiempo íntimo donde abres tu corazón y te derramas en busca de la presencia de Dios y Él***

desciende y toca tu vida sobrenaturalmente, solo ocurre cuando te separas y te apartas a un lugar para estar a solas con Él.

No quiere decir que tienes que pasar largas horas en oración. Creo que se le ha puesto mucha carga de culpabilidad al pueblo cristiano por no pasar una determinada cantidad de horas o tiempos específicos en oración.

Si tú puedes pasar largas horas en oración ¡Gloria a Dios! ***Pero a lo que me refiero es a pasar tiempo de calidad.***

- ***No un tiempo medido por un reloj ya que no es la cantidad de tiempo lo que verdaderamente importa, sino la calidad de tiempo.***

Para eso tienes que ir a tu cámara secreta de oración, con un corazón genuino y sincero, sin máscaras ni caretas, sin hipocresía ni falsedad, y permitir que Dios te hable y te toque.

"Mas tú, cuando ores, entra en tu aposento, y cerrada la puerta, ora a tu Padre que está en secreto; y tu Padre que ve en lo secreto te recompensará en público. Y orando, no uséis vanas repeticiones, como los gentiles, que piensan que por su palabrería serán oídos. No os hagáis, pues, semejantes a ellos; porque vuestro Padre sabe de qué cosas tenéis necesidad, antes que vosotros le pidáis" (Mt. 6:6-8).

Fluye con tu reloj biológico, sin imitar a nadie, sé auténtico y original.

Si tú eres de las personas que no pueden levantarse temprano porque se acuestan tarde, ora antes de acostarte, cuando nadie te moleste, y dale las buenas noches a Dios.

Y si te gusta levantarte bien temprano como yo, pues aprovecha ese amanecer y dale los buenos días a Dios. No dejes que nadie te ponga culpabilidad, ni se las pongas tú a otros por no pasar el mismo tiempo en oración que tú o porque no lo hacen a tu estilo o a tu manera.

Dios es un Dios personal y, dado que cada hijo es diferente, Él nos trata a cada uno de manera diferente. Dios no nos creó en serie como se fabrican los automóviles. Somos únicos, creados en las palmas de sus manos, diseñados para cumplir con un propósito y capacitados para llegar a nuestro destino señalado.

Dios no tiene tiempo, el tiempo es para nosotros. De modo que debemos distribuir nuestro tiempo con sabiduría para poder separar el tiempo y la hora correcta para estar a solas con Él, sin que nada, ni nadie, nos interrumpa.

Quiero que recuerdes esto: ***El año tiene 365 días y cada semana tiene 7 días y cada día tiene 24 horas.***

¿Por qué te recuerdo esto? Porque quiero que entiendas dos cosas:

- El diablo existe, es real.
- El diablo trabaja junto a los demonios para hacerte la vida imposible y alejarte de Dios. El diablo trata de impedir que ores y tengas comunión con el Señor, para que no conozcas tu propósito y mucho menos que llegues a tu destino.
- ***Satanás trabaja las 24 horas del día, los 7 días de***

la semana y los 365 días del año, para tratar de detener las bendiciones que Dios tiene para cada uno de nosotros.

¿Cómo crear un lugar de oración?

Hay varias cosas que debemos tener disponible en nuestro cuarto o lugar de oración. Son cosas que debemos tener a mano, porque en cualquier momento las vamos a necesitar.

- *Lo primero* ***es buscar un lugar de tu casa en el que te sientas cómodo, y establecer que será tu lugar de oración.***

¿Por qué hacemos esto? Porque hay lugares donde tú fluyes mejor que en otros y la presencia de Dios cae rápidamente.

- *Lo segundo* ***es saturar ese espacio con alabanza y adoración. Que en ese lugar siempre se escuche música cristiana.***

¿Que debo tener en ese lugar de oración?

- ***Un equipo o grabadora donde puedas poner música*** para alabar y adorar a Dios. Él se mueve en medio de la alabanza de su pueblo (ver Sal. 22: 3-5).

- ***Elementos para realizar actos proféticos,*** como panderetas, mantos, banderas y aceite de unción. Porque con estrategias se hace la guerra, y habrá momentos en los que Dios te mandará a usar esos elementos para declarar un rompimiento.

- ***Una almohada o cojín para que puedas arrodillarte*** cómodamente y por largo tiempo si sientes la necesidad de arrodillarte o postrarte delante de la presencia de Dios.

- Si oras en momentos del día, donde no hay claridad o te gusta orar con poca luz o ninguna, ***debes tener una lámpara pequeña (luz de noche) y tu Biblia a mano*** para que la puedas usar en caso de que Dios te dé alguna palabra.

- ***Ten siempre papel y lápiz a mano.*** No sabes cuándo Dios te hablará y te dará instrucciones o estrategias para orar.

- ***Elementos para celebrar la Santa Cena.*** No seas religioso. Tú mismo puedes celebrar la Santa Cena en tu tiempo de oración privada, si necesitas el poder que se desata en la renovación del pacto de la Santa Cena.

No tienes que esperar hasta que celebren la Santa Cena en tu iglesia. Jesús dijo que todas las veces que lo hiciéramos, fuera en memoria de Él, pero no dijo que debía ser en la iglesia, ni tampoco que debía ser una o dos veces al mes.

Cuando celebras la Santa Cena estás anunciando la muerte del Señor hasta que Él venga, y el poder que se desata es grande, porque Él murió pero resucitó con poder al levantarse de los muertos.

Tú estás anunciando que ese mismo poder que levantó a Jesús de los muertos está en ti; porque eres templo del Dios viviente. De modo que si celebras la Santa

Cena dignamente, tomas salud y fortaleza, y la vida de Dios se activa en ti. (Ver 1 Co. 11:23-32)

- ***Papel o pañuelos disponibles, porque cuando estamos en la presencia de Dios somos quebrantados y podemos llorar mucho.***

- ***En caso de que seas alguien que Dios usa para orar por las naciones, mantén siempre un mapa mundial en tu cuarto de oración,*** para que puedas interceder por las naciones que Dios te lleve a orar en ese momento. Yo te recomendaría que siempre tengas un mapa disponible; porque, aunque Dios nunca te haya usado en esta área, puede empezar a hacerlo en cualquier momento, y lo mejor es estar preparado.

- ***Nunca te pongas a buscar de Dios sin antes asearte, peinarte y lavar tu boca, prepárate para Él.*** No salgas de la cama y vayas a encontrarte con Dios tal como estás, a menos que sea una intercesión de emergencia por algún tipo de crisis.

- ***Recuerda que vas a encontrarte con una persona, y esa persona es bien especial.***

Supongamos que fueras a encontrarte con alguien importante o con el presidente de la nación, ***¿te presentarías sin peinarte, todo sucio y desaliñado? ¿Verdad que no?*** Te aseguro que usarías tu mejor ropa de gala. Pues bien, el Dios con el que vas a encontrarte cada mañana es más importante que todo ser humano que exista sobre esta tierra, incluso el presidente de cualquier nación.

- ***Así es que a partir de ahora prepárate para Él.***

Si tenemos todas estas cosas a mano, en el lugar donde oramos, no perderemos la unción que está sobre nosotros cuando Dios nos mande a hacer algún acto profético, porque no nos vamos a distraer para ir a buscar esas cosas.

De este modo, podemos seguir intercediendo, fluyendo y orando bajo la dirección del Espíritu Santo, porque todo está allí, al alcance de nuestras manos.

"Porque con ingenio harás la guerra, y en la multitud de consejeros está la victoria" (Pr. 24:6).

LA CÁMARA SECRETA DE ORACIÓN

"Jehová, ¿quién habitará en tu tabernáculo? ¿Quién morará en tu monte santo? El que anda en integridad y hace justicia, Y habla verdad en su corazón. El que no calumnia con su lengua, Ni hace mal a su prójimo, Ni admite reproche alguno contra su vecino. Aquel a cuyos ojos el vil es menospreciado, Pero honra a los que temen a Jehová. El que aun jurando en daño suyo, no por eso cambia; Quien su dinero no dio a usura, Ni contra el inocente admitió cohecho. El que hace estas cosas, no resbalará jamás".

Salmo 15:1-5

En el capitulo anterior hablamos de cómo preparar nuestro lugar de encuentro con Dios. Dice 2 Reyes 4:33: "Entrando él entonces, cerró la puerta tras ambos, y oró a Jehová".

"Mas tú, cuando ores, entra en tu aposento, y cerrada la puerta, ora a tu Padre que está en secreto; y tu Padre

que ve en lo secreto te recompensará en público" (Mt. 6:6).

Dios quiere que tengamos una relación íntima y estrecha con Él, como la que tiene un esposo con su esposa. Él quiere que deseemos estar en su presencia, que anhelemos buscarlo a toda hora y que dependamos de Él en todo. Si nosotros nos acercamos a Él, Él se acercará a nosotros.

El libro del Cantar de los Cantares 1:2-4 dice:

"¡Oh, si él me besara con besos de su boca! Porque mejores son tus amores que el vino. A más del olor de tus suaves ungüentos, tu nombre es como ungüento derramado; por eso las doncellas te aman. Atráeme; en pos de ti correremos. El rey me ha metido en sus cámaras; nos gozaremos y alegraremos en ti; nos acordaremos de tus amores más que del vino; con razón te aman".

Con el conocimiento de todas las estrategias para preparar nuestro lugar de oración que hemos visto en el capitulo anterior; ¿Cómo debemos prepararnos como hijos de Dios, y como templos del Dios vivo, para llegar al trono de Dios? ¿Cuál debe ser nuestra actitud?

Dios es un Dios de orden y hay un orden en la oración.

Hablamos de visualizar la oración como un camión de volteo, que sale lleno de pedidos y regresa lleno de materiales para la edificación de la obra en la vida de cada creyente.

Dios tiene suficiente provisión en su Trono de Gracia para enviar sobre cada uno de nosotros los materiales necesarios para la edificación de nuestra vida.

¿Cómo debes prepararte para entrar en esa cámara secreta de oración y recibir todo lo que necesitas para

que Dios haga su obra en tu vida y en la vida de aquellos por los cuales oras?

- ***Entra en alabanza, adoración y acción de gracias.***

Cuando tú comienzas a orar, llenas ese camión de oración con tu alabanza, tu adoración y tu acción de gracias. Entra a su presencia y reconoce su grandeza, su magnificencia y su poder. Hazlo lleno de agradecimiento en tu corazón por su fidelidad hacia ti; porque Él no solo es Dios, sino que es tu Dios personal.

Háblale con palabras de amor y gratitud. Dile cuánto lo amas y cuánto representa Él para ti, cuánto lo necesitas y cuán seguro estás de su compañía; porque sabes que Él no te dejará ni te desamparará, porque tú eres su hijo y Él es tu Padre Celestial.

"Pero cuando vino el cumplimiento del tiempo, Dios envió a su Hijo, nacido de mujer y nacido bajo la ley, para que redimiese a los que estaban bajo la ley, a fin de que recibiésemos la adopción de hijos. Y por cuanto sois hijos, Dios envió a vuestros corazones el Espíritu de su Hijo, el cual clama: ¡Abba, Padre! Así que ya no eres esclavo, sino hijo; y si hijo, también heredero de Dios por medio de Cristo" (Gá. 4:4-7).

En este tiempo de oración, debes engrandecer más a Dios que al problema o circunstancia que estés atravesando en ese momento; porque reconoces quién es Dios en verdad, y quién eres tú para Él.

- ***Ven con una actitud sincera.***

Después de derramar tu corazón delante de Dios, debes seguir llenando ese camión de oración, pero ahora con tu confesión. Este es el momento de contarle tus frustraciones, tus inseguridades, tus pecados, tus amarguras, tus errores, tus angustias, tus afanes y tus tristezas. Esta confesión libera tu alma de culpabilidad y vergüenza, porque te vacías de todo lo que no sirve dentro de ti. Debes hacerlo con sinceridad y confianza, porque sabes que tienes un pacto con Él, y Dios no echa fuera un corazón que viene arrepentido y humillado en busca de su presencia. Tú sabes que eres un hombre o una mujer de pacto, y que su sangre te limpia y te pone de nuevo en el camino correcto.

Y al vaciarte, pasas a ser una vasija que Dios puede llenar de todo lo que Él es y tiene para ti. Allí puedes visualizar cómo tu camión empieza a llenarse de las bendiciones que Dios tiene para tu vida. Recuerda que la cruz es el lugar de gran intercambio, tú le das a Dios todo lo que no sirve, lo que está de más, lo que debe ser transformado y cambiado. Y Dios te añade todo lo que te falta, restaura y purifica todo lo que puede ser restaurado y purificado, y cambia todo lo que puede ser cambiado.

- ***Preséntate como hijo, establece la sangre del pacto. Preséntate con una actitud de arrepentimiento delante de Dios, pide perdón por los errores que hayas cometido y perdona a quien tengas que perdonar.***

Como hijos de Dios tenemos un pacto con Él y Él nunca rompe ese pacto, no así nosotros. Su Palabra, que es el agua que nos limpia y santifica, nos da a conocer las condiciones del pacto y la manera de mantenerlo en vigencia, nos enseña qué debemos hacer cuando fallamos y cómo corregir nuestro error.

Pero si andamos en luz, como él está en luz, tenemos comunión unos con otros, y la sangre de Jesucristo su Hijo nos limpia de todo pecado. Si confesamos nuestros pecados, él es fiel y justo para perdonar nuestros pecados, y limpiarnos de toda maldad (1 Jn 1:7 y 9).

No hay nada que la sangre de Jesús no pueda perdonar si acudimos a Él con un corazón sincero y genuino arrepentimiento. Y Dios no solo nos perdona, sino que también trae sanidad y restauración a nuestras vidas y sanidad a nuestra tierra.

"Terminó, pues, Salomón la casa de Jehová, y la casa del rey; y todo lo que Salomón se propuso hacer en la casa de Jehová, y en su propia casa, fue prosperado. Y apareció Jehová a Salomón de noche, y le dijo: Yo he oído tu oración, y he elegido para mí este lugar por casa de sacrificio. Si yo cerrare los cielos para que no haya lluvia, y si mandare a la langosta que consuma la tierra, o si enviare pestilencia a mi pueblo; si se humillare mi pueblo, sobre el cual mi nombre es invocado, y oraren, y buscaren mi rostro, y se convirtieren de sus malos caminos; entonces yo oiré desde los cielos, y perdonaré sus pecados, y sanaré su tierra. Ahora estarán abiertos mis ojos y atentos mis oídos a la oración en este lugar; porque ahora he elegido y santificado esta casa, para que esté en ella mi nombre para siempre; y mis ojos y mi corazón estarán ahí para siempre" (2 Cr. 7:11-16).

Entonces, comienzas a consagrar a Dios todas las áreas de tu vida que no te agradan y que día a día le pides que cambie, porque sabes que tampoco le agradan a Él.

Limpia tu corazón de toda amargura, falta de perdón, envidia, resentimiento, odio, celo, competencia y todo lo que impida el fluir de Dios en ti. Pide perdón por todo pecado que puedas haber cometido consciente o inconscientemente, todo pecado de juicio, crítica, murmuración y condenación, y pon delante de Él también todo pecado oculto que ni siquiera tú mismo sabes que existe en ti. Busca la ayuda del Espíritu Santo para que sea Él quien escudriñe tu corazón, porque a veces podemos equivocarnos. David decía: "¿Quién podrá entender sus propios errores? Líbrame de los que me son ocultos" (Sal. 19:12).

"Examíname, oh Dios, y conoce mi corazón; pruébame y conoce mis pensamientos; y ve si hay en mí camino de perversidad, y guíame en el camino eterno" (Sal. 139:23-24).

Y sobre todo ***perdona a quien tengas que perdonar***, no guardes nada en tu corazón. Despójate de todo peso, para que no le des lugar al diablo.

Si tú quieres que Dios te use como un canal por donde pueda fluir su amor, su unción, su gracia y su poder, tienes que limpiar tu corazón de todo lo que impida el fluir de Dios a través de ti.

"¿Quién subirá al monte de Jehová? ¿Y quién estará en su lugar santo? El limpio de manos y puro de corazón; el que no ha elevado su alma a cosas vanas, ni jurado con engaño. El recibirá bendición de Jehová, y justicia del Dios de salvación. Tal es la generación de los que le buscan, de los que buscan tu rostro, oh Dios de Jacob" (Sal. 24:3-6).

Este es un tiempo de clamar por ayuda, para que Dios sea el Señor en todas las áreas de tu vida, tanto en tus áreas débiles como en las fuertes. ¿Sabes por qué? ***Porque tu mayor fortaleza se puede convertir en tu mayor debilidad si te independizas de Dios. Y la inde-***

pendencia de Él no es otra cosa que orgullo. Y el orgullo traerá consecuencias dolorosas en nuestra vida. Porque hace que Dios nos mire de lejos (ver Sal. 138:6). Entonces, al no tener la atención de Dios, nuestra caída será repentina y segura.

"Antes del quebrantamiento es la soberbia, y antes de la caída la altivez de espíritu" (Pr. 16:18).

Quiero que sepas que el diablo va a invadir y controlar cada área de tu vida, en la cual Dios no gobierne ni sea el Señor. Y como consecuencia, tu punto fuerte se convertirá en tu mayor debilidad, pues tu deseo de querer gobernar tu propia vida y no dejar que Dios la gobierne te deja en un estado de vulnerabilidad.

"Pero él da mayor gracia. Por esto dice: Dios resiste a los soberbios, y da gracia a los humildes. Someteos, pues, a Dios; resistid al diablo, y huirá de vosotros. Acercaos a Dios, y él se acercará a vosotros. Pecadores, limpiad las manos; y vosotros los de doble ánimo, purificad vuestros corazones. Afligíos, y lamentad, y llorad. Vuestra risa se convierta en lloro, y vuestro gozo en tristeza. Humillaos delante del Señor, y él os exaltará" (Stg. 4:6-10).

Te lo digo por experiencia propia. El área que yo consideraba más fuerte en mí y en la cual me sentía más segura, fue la que el diablo atacó, porque no se la entregué a Dios ni se la encomendé a Él. Entonces, pasé un difícil tiempo de desierto; ***pero ese desierto sirvió para que viera la condición de mi corazón y entendiera que en esa área de mi vida había orgullo. Yo me había independizado de Dios, por el orgullo,*** y fue precisamente allí donde Satanás me atacó.

"Cuidaréis de poner por obra todo mandamiento que yo os ordeno hoy, para que viváis, y seáis multiplicados, y entréis y poseáis la tierra que Jehová prometió con juramento a vuestros padres. Y te acordarás de todo el camino por donde te ha traído Jehová tu Dios estos cuarenta años en el desierto, para afligirte, para probarte, para saber lo que había en tu corazón, si habías de guardar o no sus mandamientos" (Dt. 8:1-2).

Dios, en su infinita misericordia, permitió este ataque en mi vida por amor a mí, ***para que yo viera lo que había en mi corazón.*** Quiero que entiendas que somos propiedad de Dios y, dado que le pertenecemos a Él, a nuestras vidas solo puede entrar aquello que Dios permite con un propósito. Dios es nuestro Padre, y todo padre al hijo que ama lo disciplina. Y si yo no veía mi condición, no iba a hacer los ajustes necesarios. Si no era disciplinada, nunca corregiría esa área. Por eso a los que aman a Dios y son llamados según su propósito, todas las cosas les ayudan a bien (ver Ro. 8:28).

Y no solo vi mi condición, sino arreglé cuentas con Dios y ***aprendí a poner todas las áreas de mi vida en sus manos para que Él sea el Señor de ellas.*** Donde Dios reina puedo yo reinar, y donde Dios gobierna, puedo yo gobernar; porque si Dios y yo somos uno nada, ni nadie, puede venir contra mí y tener éxito. Fue por medio de la disciplina y el quebrantamiento que entendí que ***la independencia de Dios es orgullo*** y que separada de Él nada puedo hacer.

Como siempre digo cuando predico: ***separados de Dios lo único que podemos hacer bien es pecar;*** porque para todo lo demás lo necesitamos desesperadamente a Él.

En el Salmo 42:1-2 el salmista expresa la condición de su corazón por la necesidad de estar con Dios: *"Como el ciervo brama por las corrientes de las aguas, así clama por ti, oh Dios, el alma mía. Mi alma tiene sed de Dios, del Dios vivo; ¿Cuándo vendré, y me presentaré delante de Dios?"*.

La experiencia que viví en ese tiempo de desierto sirvió para que, de allí en adelante, guardara mejor mi corazón. Y me llevó a buscar de Dios y anhelarlo desesperadamente como dice el salmista en el Salmo 42. Y además me capacitó para poder enseñar a otros que el enemigo nos engaña sutilmente y usa nuestras fortalezas para convertirlas en debilidades y hacernos caer. Es mejor, y más sabio, aprender por las experiencias de otros, que tener que aprender de nuestra propia experiencia.

Proverbios 13: 20 dice en la versión popular de la Biblia "Dios habla Hoy": *"Júntate con sabios y obtendrás sabiduría, júntate con necios y te echarás a perder"*.

Si mantenemos una actitud de siervo y una mente de discípulo podemos aprender de las experiencias de otros. Dios permite que veamos o escuchemos acerca de esas experiencias, para que prestemos atención y aprendamos sin necesidad de tener que pasar por una experiencia amarga en nuestra propia vida.

Una vez limpio, ya estás listo para hacer dos cosas:

- ***Bendecir a tus enemigos y orar por ellos, con la motivación correcta, conforme al corazón de Dios.***

- ***Vestirte con las vestiduras correctas para que puedas cumplir con tu función de rey y sacerdote.***

Si nuestro corazón no está limpio no vamos a poder bendecir a nuestros enemigos y mucho menos orar por ellos. Pero si nuestro corazón está bien delante de Dios, cuando oramos por nuestros enemigos y los bendecimos con un corazón sincero, estamos agradando a Dios, lo estamos obedeciendo y le estamos entregando a Él nuestra causa. De este modo, le cedemos nuestros derechos para que Él nos defienda de todo lo que pueda venir en contra de nosotros.

El libro de Proverbios 16:7 dice: *"Cuando los caminos del hombre son agradables a Jehová, aun a sus enemigos hace estar en paz con el".*

- ***Entra en obediencia y deja que sea Dios el que defienda tu causa. No te defiendas tú.***

Pero yo os digo: *Amad a vuestros enemigos, bendecid a los que os maldicen, haced bien a los que os aborrecen, y orad por los que os ultrajan y os persiguen* (Mt. 5:44).

Como sacerdote vas a buscar el rostro de Dios e interceder por su pueblo, vas a orar, clamar e interceder por todas las cosas que Él ponga en tu corazón. Pero como rey, te vas a parar a decretar la Palabra de Dios para que sus leyes y estatutos se cumplan en esta tierra, y le vas a marcar los límites al enemigo.

Y cantaban un nuevo cántico, diciendo: Digno eres de tomar el libro y de abrir sus sellos; porque tú fuiste inmolado, y con tu sangre nos has redimido para Dios, de todo linaje y lengua y pueblo y nación; y nos has hecho para nuestro Dios reyes y sacerdotes, y reinaremos sobre la tierra (Ap. 5:9-10).

- ***Vístete como sacerdote, ajústate la armadura que Dios ha provisto para todo creyente.***

Después de nuestro proceso de limpieza y consagración (a esto yo lo llamo proceso de descontaminación; porque andar en esta tierra nos contamina, pero la sangre de Jesús nos limpia y nos regresa a nuestra posición de autoridad como hijos de Dios), y después de entregar todas las áreas de nuestra vida al Señor, podemos comenzar a orar con total libertad, sin ningún tipo de culpabilidad.

Pero para eso primero debemos apropiarnos de nuestras vestiduras sacerdotales. Así como el sacerdote primero pasaba por el altar de bronce para ofrecer sacrificio, luego pasaba por el lavacro para limpiar todo tipo de mancha y suciedad, y finalmente se ponía sus vestiduras sacerdotales para entrar al Lugar Santo y llevar las peticiones del pueblo delante de Dios.

Del mismo modo, nosotros también antes de empezar a orar, interceder y hacer guerra, debemos pasar nuestro proceso de limpieza espiritual y luego tomar y ajustar la armadura de Dios para el creyente, que se describe en Efesios 6:10-18.

En otro capitulo, veremos en más detalles: Por qué debemos usar la armadura, y cómo debemos tomarla y ajustarla en nuestra vida.

Una vez vestidos, debemos comenzar con nuestras peticiones personales. Ese es el momento de ir al punto, porque con Dios debemos ser específicos y pedirle lo que necesitamos, lo que anhelamos tener, lo que nos gustaría llegar a ser.

Y después debemos comenzar a orar por nuestra familia, nuestros seres queridos. Debes comprender algo: ***tu primer ministerio es tu casa y ese es tu campo de entrenamiento.*** Si tú aprendes a ser fiel donde Dios te ha puesto, Él comenzará a ensanchar tu territorio y a confiar más cosas en tus manos. Si eres fiel en lo poco, sobre mucho Dios te pondrá.

Tú no puedes ser candil o lámpara en la calle, y oscuridad en tu casa.

El libro del Cantar de los Cantares dice: *"Me pusieron a guardar las viñas y mi viña que era mía no guardé* (ver Cnt. 1:6).

Dios nos va a pedir cuenta sobre lo que Él puso en nuestras manos. Nos va a pedir cuenta sobre nuestro hogar, nuestro matrimonio, nuestros hijos, nuestras finanzas, y también por nuestros dones y talentos, y allí está incluido nuestro llamado.

Nuestra familia inmediata debe ser nuestra prioridad en oración. Si no somos fieles en lo que más nos duele ***¿cómo vamos a tener misericordia y perseverancia con nuestros enemigos, con los que nos hacen daño y con las personas que no conocemos?***

Cuando oramos por los nuestros, crecemos y maduramos. Así es como pasamos a otro nivel espiritual para poder clamar e interceder por las necesidades de otros, incluso por aquellos que no nos caen bien, que nos han ofendido, o incluso por nuestros enemigos.

En Mateo 5, Jesús les da a sus discípulos una enseñanza nueva que no se halla en ninguna parte del Antiguo Testamento.

"Pero yo os digo: Amad a vuestros enemigos, bendecid a los que os maldicen, haced bien a los que os aborrecen, y orad por los que os ultrajan y os persiguen; para que seáis hijos de vuestro Padre que está en los cielos, que hace salir su sol sobre malos y buenos, y que hace llover sobre justos e injustos" (Mt. 5: 44-45).

Fíjate también lo que dice Romanos 12:14-21:

"Bendecid a los que os persiguen; bendecid, y no maldigáis. Gozaos con los que se gozan; llorad con los que lloran.

Unánimes entre vosotros; no altivos, sino asociándoos con los humildes. No seáis sabios en vuestra propia opinión. No paguéis a nadie mal por mal; procurad lo bueno delante de todos los hombres. Si es posible, en cuanto dependa de vosotros, estad en paz con todos los hombres. No os venguéis vosotros mismos, amados míos, sino dejad lugar a la ira de Dios; porque escrito está: Mía es la venganza, yo pagaré, dice el Señor. Así que, si tu enemigo tuviere hambre, dale de comer; si tuviere sed, dale de beber; pues haciendo esto, ascuas de fuego amontonarás sobre su cabeza. No seas vencido de lo malo, sino vence con el bien el mal".

Tenemos que hacer todo lo posible por buscar la paz y tratar de seguirla aún con nuestros enemigos, en obediencia a lo que dice la Palabra de Dios. Si Dios lo dice, funciona, y si obedecemos hay recompensa para nuestra vida y la vida de aquellos por los que estamos orando.

"Pues ¿qué gloria es, si pecando sois abofeteados, y lo soportáis? Mas si haciendo lo bueno sufrís, y lo soportáis, esto ciertamente es aprobado delante de Dios. Pues para esto fuisteis llamados; porque también Cristo padeció por nosotros, dejándonos ejemplo, para que sigáis sus pisadas; el cual no hizo pecado, ni se halló engaño en su boca; quien cuando le maldecían, no respondía con maldición; cuando padecía, no amenazaba, sino encomendaba la causa al que juzga justamente" (1 P. 2: 20-23).

Al bendecir a nuestros enemigos, le damos la oportunidad a Dios de ser quien nos defienda de ellos. Al dejar el asunto en sus manos, tenemos paz y tiempo para hacer lo que Él nos ha llamado a hacer y, no solo eso, sino que vamos a ser altamente bendecidos por Dios; porque la obediencia siempre trae recompensas a nuestra vida.

"Finalmente, sed todos de un mismo sentir, compasivos, amándoos fraternalmente, misericordiosos, amigables; no devolviendo mal por mal, ni maldición por maldición, sino por el contrario, bendiciendo, sabiendo que fuisteis llamados para que heredaseis bendición" (1 P. 3:8-9).

Es en nuestro hogar, cuando batallamos por nuestro cónyuge, nuestros hijos, nuestros padres y hermanos, nuestras finanzas, la salud y nuestros amigos, familiares y hermanos en Cristo, que nos vamos entrenando para poder orar e interceder por cosas mayores. Observa qué dice la Palabra en 1 Timoteo 5:8:

"Porque si alguno no provee para los suyos, y mayormente para los de su casa, ha negado la fe, y es peor que un incrédulo".

Esta provisión no es de cosas materiales solamente, sino también de cosas espirituales. Es más, lo espiritual siempre debe ir primero; ***porque nada carnal puede producir algo espiritual, en cambio lo espiritual produce cambios en lo natural y lo carnal.***

Cuando ya estés entrenado, habrá un cambio en tu vida de oración, porque la oración de intercesión ocupará la mayor parte de ***tu tiempo de oración, aunque tu tiempo de comunión con Dios nunca debe ser sustituido por la intercesión.***

- ***Porque es en tu tiempo de comunión con Dios, donde Él te da estrategias y armas para entrar al campo de la intercesión.***

Si tú no pasas tiempo con Dios y su Palabra, poco a poco te irás secando espiritualmente, y correrás el riesgo de empezar a funcionar en tus fuerzas y no en las de Dios. Esto puede ser una trampa satánica, que el enemigo astutamente ha puesto para hacerte caer, a fin de que tus oraciones sean almáticas, o de manipulación y control, inspiradas por el mismo diablo detrás de un espíritu de Jezabel.

- ***Dios espera que allí, en tu hogar, seas adiestrado en la oración, y llegues a ser alguien que ore con estrategias, bajo la inspiración del Espíritu Santo.***

Ya habrás entendido que Dios debe comenzar toda oración, es decir ésta debe ser inspirada por Él. Y asimismo debe terminar toda oración (debe ser dirigida por Él). Si tú cumples a cabalidad con este entrenamiento, cada vez Dios te va a ir añadiendo más motivos de oración o personas por las cuales orar e interceder. A medida que vayas madurando, Dios te irá introduciendo cada vez más en la oración y en la intercesión. Tu entrenamiento fue en tu casa, con tu familia, porque aprendiste a defender tu campo de lentejas como Sama, uno de los valientes de David.

Sama fue uno de los que se formó con David en la cueva de Adulam. Todos los que se formaron en esa cueva llegaron hasta David en una ruina total, tanto física como espiritual. Sin embargo de allí David levantó un ejército de guerreros poderosos, y entre ellos hubo varios que se destacaron por su valentía. Sama era uno de esos hombres valientes.

Cuando Sama empezó con David, no era el guerrero en el cual logró convertirse. Él tuvo que pagar un precio, tuvo que ser entrenado para la guerra.

"Después de éste fue Sama hijo de Age, ararita. Los filisteos se habían reunido en Lehi, donde había un pequeño terreno lleno de lentejas, y el pueblo había huido delante de los filisteos. Él entonces se paró en medio de aquel terreno y lo defendió, y mató a los filisteos; y Jehová dio una gran victoria" (2 S. 23:11-12).

Yo, al igual que Sama, fui entrenada en la cueva de los servicios de oración, y allí pude aprender a cambiar mi mentalidad de esclava y de desierto, en una mentalidad de soldado que camina en libertad. ***Y más adelante pude ver mi vida transformada de una mujer temerosa a una mujer guerrera.*** Aprendí a distinguir cuál era el verdadero enemigo y con qué armas tenía que destruirlo.

Desde ese primer día que llegué a un servicio de oración en angustia y desesperación por una situación con uno de mis hijos, hasta el día de hoy, nunca me he apartado de los servicios de oración, ni he dejado de depender de Dios, de su Palabra y de la oración. Y no creas que eso pasó hace poco, porque mi hijo era un adolescente, y ahora tiene 39 años. Dios ha lidiado conmigo en los servicios de oración y en mi cámara secreta cara a cara con Él.

Y también, igual que David, he podido olvidarme muchas veces de mis propias necesidades para ayudar a otros en su necesidad. ¿Sabes por qué? Porque puedo identificarme con ellos, porque yo he pasado por donde ellos ahora están pasando, y así como otros me ayudaron a mí, ahora yo puedo ayudarlos a ellos y además afirmarlos y guiarlos para que salgan de su estado de temor y angustia, y entrenarlos para la guerra.

Es tremendo cuando Dios nos permite ver la vida y el hogar de muchos transformados, como Él lo hizo con nosotros y con los nuestros.

En cada servicio de oración, donde he pasado años ministrando y ayudando al pueblo del Señor, he podido ver la misericordia, el amor y el poder de Dios transformando vidas y cambiando corazones.

Por tanto, levántate como Sama y defiende lo que es tuyo. Defiende lo que Dios te ha dado, y no salgas huyendo como hizo el pueblo de Israel delante de los filisteos.

Yo tengo dos hijos, y cuando mi hijo mayor, que es de carácter bien fuerte, entró en su etapa de la adolescencia, cayó en gran rebeldía. En esa etapa difícil tuve que tomar una decisión, o dejaba que el diablo acabara con su vida, o peleaba por la vida de mi hijo en oración y se lo arrebataba de sus mismas manos. ¿Sabes qué hice? Decidí pelear en oración, y no me rendí.

Lo que el diablo trajo para destruir a nuestra familia fue lo que Dios usó para transformarme en una mujer de oración y guerra espiritual que no se rinde hasta ver la respuesta a la oración. ***Ese tiempo de oración y búsqueda de Dios me llevó a dejar de ser temerosa, para ser guerrera.*** La piedra de tropiezo que Satanás trajo para hacer tropezar a mi hijo y destruir a nuestra familia, fue lo que Dios usó como escalón para hacernos subir y llevarnos a otro nivel espiritual.

Te aseguro que si tú te tomas de la mano de Dios y su Palabra, y decides defender lo que Él ha puesto en tus manos, y te esfuerzas y eres valiente como Sama, con Dios de tu lado, obtendrás la victoria y pasarás a otro nivel espiritual.

"Mira que te mando que te esfuerces y seas valiente; no temas ni desmayes, porque Jehová tu Dios estará contigo en donde quiera que vayas" (Jos. 1:9).

CAPÍTULO

¿POR QUÉ NECESITAMOS USAR LA ARMADURA DE DIOS?

"Y Jehová dará su orden delante de su ejército; porque muy grande es su campamento; fuerte es el que ejecuta su orden; porque grande es el día de Jehová, y muy terrible; ¿quién podrá soportarlo?"
Joel 2:11

Debemos comprender que una vez que somos salvos, entramos en un conflicto, porque automáticamente somos enrolados en el ejército de Dios. Éxodo 15:3 dice: ***"Jehová es varón de guerra, Jehová es su nombre"***. Cuando somos salvos, Dios se convierte no solo en nuestro Dios personal, sino también en nuestro capitán. Ahora tenemos:

- **Un enemigo común llamado *Satanás***, diablo, engañador, serpiente antigua, padre de mentiras, príncipe de las tinieblas y muchos nombres más que la Biblia usa para definirlo.

"Sed sobrios, y velad; porque vuestro adversario el diablo, como león rugiente, anda alrededor buscando a quien devorar; al cual resistid firmes en la fe, sabiendo que los mismos padecimientos se van cumpliendo en vuestros hermanos en todo el mundo" (1 P. 5:8-9).

- **Estamos en guerra contra el reino de las tinieblas.**

"Cuando salgas a la guerra contra tus enemigos, si vieres caballos y carros, y un pueblo más grande que tú, no tengas temor de ellos, porque Jehová tu Dios está contigo, el cual te sacó de tierra de Egipto" (Dt. 20:1).

- **Pertenecemos a un ejército.** El ejército de Jehová de los ejércitos. El Dios de los escuadrones de Israel ahora es tu comandante en jefe y te va a entrenar para la guerra.

"Y Jehová dará su orden delante de su ejército; porque muy grande es su campamento; fuerte es el que ejecuta su orden; porque grande es el día de Jehová, y muy terrible; ¿quién podrá soportarlo?" (Jl. 2:11).

- **Hemos salido del reino de las tinieblas y ahora pertenecemos a otro reino, al reino de la luz.** Y Satanás se ha convertido en nuestro peor enemigo. Él nos odia a muerte y va a hacer todo lo posible e imposible para impedir el cumplimiento del plan de Dios en nuestra vida.

Muchas veces, en la Biblia, Dios aparece como Jehová de los ejércitos. Y al formar parte de ese ejército, nos convertimos en soldados que debemos aprender a pelear. De modo que debemos ser entrenados para poder ser eficientes en la guerra que estamos librando desde el día que fuimos salvos.

Mientras pertenecíamos al reino de las tinieblas, éramos esclavos de Satanás y del pecado. Al dejar ese reino, nos convertimos en hijos de Dios. Ahora somos esclavos voluntarios de Dios, y no tenemos que seguir viviendo bajo un yugo de esclavitud, porque somos libres. Cristo nos libertó; pero tenemos que aprender a cambiar nuestra mentalidad de esclavos y desarrollar una mentalidad de guerreros. Si no lo hacemos, vamos a caminar como esclavos en tierra de libertad, y eso no es lo que Dios quiere para nosotros. Para que haya un cambio de mentalidad, debemos ser entrenados como soldados que piensan diferente y caminan diferente, como dice 2 de Timoteo 2:3: *"Tú, pues, sufre penalidades como buen soldado de Jesucristo".*

Asimismo, 1 de Timoteo 6:12 dice: *"Pelea la buena batalla de la fe, echa mano de la vida eterna, a la cual a si mismo fuisteis llamado, habiendo hecho la buena profesión delante de muchos testigos".*

Dios no nos ha dejado solos en esta guerra; Él está con nosotros. Además nos ha dado armas que no son carnales para destruir todas las fortalezas que se levantan contra nuestra vida. Pero debemos saber cuáles son esas armas y cómo utilizarlas.

Vemos que en el reino natural es necesario aprender a usar cualquier arma, porque si no lo hacemos correctamente corremos el riesgo de salir dañados o perjudicados o incluso muertos.

De igual modo, todo ejército de esta tierra se identifica por el uniforme y tipo de armas que usa. Para el creyente Dios también ha provisto un uniforme, que debe vestir, y armas, que debe saber usar, ya que cada pieza de esa vestimenta y esas armas cubren y protegen áreas vitales de su vida espiritual.

Como mencioné anteriormente, todo ejército tiene un uniforme y armas características que usa, por las cuales se lo identifica.

Pues bien, en Efesios 6:10-18 la Biblia habla sobre la vestimenta y las armas del creyente, y espero que en este capítulo puedas aprender a apropiarte de esta armadura y proteger tu vida espiritual.

"Por lo demás, hermanos míos, fortaleceos en el Señor, y en el poder de su fuerza. Vestíos de toda la armadura de Dios, para que podáis estar firmes contra las asechanzas del diablo. Porque no tenemos lucha contra sangre y carne, sino contra principados, contra potestades, contra los gobernadores de las tinieblas de este siglo, contra huestes espirituales de maldad en las regiones celestes. Por tanto, tomad toda la armadura de Dios, para que podáis resistir en el día malo, y habiendo acabado todo, estar firmes. Estad, pues, firmes, ceñidos vuestros lomos con la verdad, y vestidos con la coraza de justicia, y calzados los pies con el apresto del evangelio de la paz. Sobre todo, tomad el escudo de la fe, con que podáis apagar todos los dardos de fuego del maligno. Y tomad el yelmo de la salvación, y la espada del Espíritu, que es la palabra de Dios; orando en todo tiempo con toda oración y súplica en el Espíritu, y velando en ello con toda perseverancia y súplica por todos los santos" (Ef. 6:10-18).

- **Hay una batalla que ganar y Dios no nos va enviar a la guerra sin antes entrenarnos y adiestrarnos.**

"Bendito sea Jehová, mi roca, quien adiestra mis manos para la batalla, y mis dedos para la guerra" (Sal. 144:1).

El problema no es Dios, sino nosotros. Si nosotros no nos preparamos y dejamos que Dios nos enseñe, no vamos a poder defendernos eficazmente contra el ataque del diablo, que vendrá, estemos entrenados o no.

Oseas 4:6 dice: *"Mi pueblo fue destruido, porque le faltó conocimiento. Por cuanto desechaste el conocimiento, yo te echaré del sacerdocio; y porque olvidaste la ley de tu Dios, también yo me olvidaré de tus hijos".*

Nuestro desconocimiento, pasividad o ignorancia no nos van a librar de las consecuencias de los ataques del enemigo en la guerra espiritual. De modo que debemos prepararnos, defendernos y pararnos a pelear por nuestra familia y proteger todas las bendiciones que Dios ya nos ha dado en Cristo Jesús. Si salimos heridos o, en algunos casos, destruidos no es culpa de Dios, sino de nosotros; porque Él ya nos dado todo lo que necesitamos para prepararnos para la batalla. Y las consecuencias de nuestra ignorancia o desobediencia no solo nos afectarán a nosotros, sino también a nuestros hijos y generaciones futuras.

- **Dios nos ha dado armas.**

"Porque las armas de nuestra milicia no son carnales, sino poderosas en Dios para la destrucción de fortalezas, derribando argumentos y toda altivez que se levanta contra el conocimiento de Dios, y llevando cautivo todo pensamiento a la obediencia a Cristo, y estando prontos para castigar toda desobediencia, cuando vuestra obediencia sea perfecta" (2 Co. 10:4-6).

- **¿Cuáles son esas armas?**

  - La oración.
  - La adoración.
  - La alabanza.
  - La Sangre de Jesús.
  - El Nombre de Jesús.
  - La Palabra de Dios.
  - La ayuda del Espíritu Santo.
  - El perdón como estilo de vida.
    (Esto es bien importante)
  - Nuestros diezmos y ofrendas.
  - El ministerio de los ángeles.
  - La armadura de Dios.

- **¿Por qué tenemos que usar la armadura?**

"Porque ¿quién es Dios sino sólo Jehová? ¿Y qué roca hay fuera de nuestro Dios? Dios es el que me ciñe de poder, Y quien hace perfecto mi camino; Quien hace mis pies como de ciervas, Y me hace estar firme sobre mis alturas; Quien adiestra mis manos para la batalla, para entesar con mis brazos el arco de bronce. Me diste asimismo el escudo de tu salvación; tu diestra me sustentó, y tu benignidad me ha engrandecido. Ensanchaste mis pasos debajo de mí, y mis pies no han resbalado. Perseguí a mis enemigos, y los alcancé, y no volví hasta acabarlos. Los herí de modo que no se levantasen; Cayeron debajo de mis pies. Pues me ceñiste de fuerzas para la pelea; Has humillado a mis enemigos debajo de mí. Has hecho que mis enemigos me vuelvan las espaldas, Para que yo destruya a los que me aborrecen. Clamaron, y no hubo quien salvase; aun a Jehová, pero no los oyó. Y los molí como polvo delante del viento; Los eché fuera como lodo de las calles. Me has

librado de las contiendas del pueblo; me has hecho cabeza de las naciones; pueblo que yo no conocía me sirvió. Al oír de mí me obedecieron; los hijos de extraños se sometieron a mí. Los extraños se debilitaron y salieron temblando de sus encierros" (Sal. 18:31-45).

- ***Hay tres razones de peso para usar la armadura de Dios:***

1. Porque por medio de ella ***podemos fortalecernos en Dios*** en contra de las asechanzas del diablo y todos los poderes demoníacos que operan con el.

2. Porque ***es un mandato o una orden***. Dios no nos da la opción de vestirnos o no. simplemente nos dice que nos vistamos de toda la armadura de Dios.

3. Porque nos ayuda a ***estar preparados, protegidos y firmes*** contra los ataques del diablo.

Si no obedecemos lo que Dios ha decretado en su Palabra no estaremos fortalecidos, ni firmes cuando venga el ataque y mucho menos lo podremos resistir.

La Biblia dice en Efesios 6:10-13.

"Por lo demás, hermanos míos, fortaleceos en el Señor, y en el poder de su fuerza. Vestíos de toda la armadura de Dios, para que podáis estar firmes contra las asechanzas del diablo. Porque no tenemos lucha contra sangre y carne, sino contra principados, contra potestades, contra los gobernadores de las tinieblas de este siglo, contra huestes espirituales de maldad en las regiones celestes. Por tanto, tomad toda la armadura de Dios, para que podáis resistir en el día malo, y habiendo acabado todo, estar firmes".

No hay otra alternativa para el creyente si quiere estar protegido y fortalecido en contra de los dardos de fuego del maligno.

Tenemos que vestirnos de toda la armadura de Dios para poder estar firmes y resistir en el día malo.

La noche está avanzada, y se acerca el día. Desechemos, pues, las obras de las tinieblas, y vistámonos las armas de la luz. Romanos 13:12

CAPÍTULO

CÓMO APROPIARNOS CORRECTAMENTE DE LA ARMADURA DE DIOS

"Despierta, despierta, vístete de poder, oh Sion; vístete tu ropa hermosa, oh Jerusalén, ciudad santa; porque nunca más vendrá a ti incircunciso ni inmundo. Sacúdete del polvo; levántate y siéntate, Jerusalén; suelta las ataduras de tu cuello, cautiva hija de Sion".
Isaías 52:1-2

La armadura consta de seis piezas

- El cinturón de la verdad.
- La coraza de justicia.
- El apresto del evangelio de la paz.
- El yelmo de la salvación.
- El escudo de la fe.
- La espada del espíritu.

"Por tanto, tomad toda la armadura de Dios, para que podáis resistir en el día malo, y habiendo acabado todo,

estar firmes. Estad, pues, firmes, ceñidos vuestros lomos con la verdad, y vestidos con la coraza de justicia, y calzados los pies con el apresto del evangelio de la paz. Sobre todo, tomad el escudo de la fe, con que podáis apagar todos los dardos de fuego del maligno. Y tomad el yelmo de la salvación, y la espada del Espíritu, que es la palabra de Dios; orando en todo tiempo con toda oración y súplica en el Espíritu, y velando en ello con toda perseverancia y súplica por todos los santos" (Ef. 6:13-18).

El hombre fue creado el sexto día. Por este motivo, tiene el número seis estampado sobre él. Además se le asignaron seis días para trabajar, y dado que el seis no llega a alcanzar ***el número de la perfección, que es el número siete,*** denota un estado incompleto. Es el número de la imperfección, el número humano, el número del hombre. ***Seis es símbolo del hombre sin Cristo.*** Es el número que marca todo aquello que se relaciona con el trabajo humano. Señala la finalización de la creación como obra de Dios y también implica la plenitud secular. Asimismo, el sexto mandamiento se relaciona con el peor de los pecados: el asesinato (ver Éx. 20:1-17).

La sexta cláusula de la oración del Señor trata acerca del pecado (ver Mt. 6:9-15).

Pero hay algo más que Dios creó el sexto día. El sexto día creó la serpiente (ver Gn. 1:24-31).

- El hombre sin Dios está incompleto.

"Permaneced en mí, y yo en vosotros. Como el pámpano no puede llevar fruto por sí mismo, si no permanece en la vid, así tampoco vosotros, si no permanecéis en mí. Yo soy la vid, vosotros los pámpanos; el que permanece en mí, y

yo en él, éste lleva mucho fruto; porque separados de mí nada podéis hacer" (Jn. 15:4-5).

- **El hombre con Dios puede hacer muchas más cosas que sin Él. Antes de tener una relación personal con Él, era limitado en muchas cosas.** Filipenses 4:13 dice: *"Todo lo puedo en Cristo que me fortalece". Pero esa fortaleza solo viene cuando estamos en Cristo.*

No hay límites para el hombre o la mujer que le ha entregado su corazón a Jesús, ha nacido de nuevo y está tomado de la mano de Él.

Pero aunque estemos en Cristo, hay partes de nuestro cuerpo que deben protegerse y guardarse. Necesitamos que Dios nos ayude con un revestimiento de su poder en áreas delicadas de nuestra vida que, sin su protección, pueden ser vulnerables, y el enemigo puede utilizarlas para hacernos caer. Para guardar y proteger esas áreas Dios nos ha dado su armadura, que cubre las partes clave de nuestro cuerpo que necesitan su protección.

Cuando tú y yo nos ponemos la armadura de Dios en cada parte de nuestro cuerpo, estamos mostrando dos cosas: número uno, nuestra total incapacidad de protegernos a nosotros mismos, y número dos, nuestra total dependencia de Dios al escondernos en Él. Estás declarando al mundo espiritual, que estás vestido de Jesús desde la coronilla de la cabeza hasta la planta de los pies, ***ya que cada pieza de la armadura representa algo de lo que Jesús es y de lo que hizo en la cruz por nosotros.***

Jesús es la Verdad, es nuestra Justicia, es el Príncipe de Paz que mora en nuestro corazón, y por lo tanto podemos caminar en paz aún en medio de la guerra que estemos librando. Él es nuestra salvación, cuyo precio pagó con sangre; es el Autor y Consumador de nuestra fe y es la Palabra encarnada y revelada; que cuando soltamos con la unción del Espíritu Santo se convierte en una espada de doble filo, que corta desbarata y destruye todos los planes de las tinieblas.

Cuando el pueblo de Israel iba a salir de Egipto tuvo que prepararse física y espiritualmente antes de empezar su travesía. Tuvo que matar un cordero, aplicar su sangre en los dinteles y postes de las casas, comer todo el cordero y alistarse para salir.

"Y lo comeréis así: ceñidos vuestros lomos, vuestro calzado en vuestros pies, y vuestro bordón en vuestra mano; y lo comeréis apresuradamente; es la Pascua de Jehová" (Éx. 12:11).

Egipto es símbolo del mundo, y una vez que nos convertimos en cristianos no podemos seguir caminando en esta tierra como lo hacíamos antes, cuando vivíamos en pecado y sin Dios. Necesitamos apropiarnos de la cobertura espiritual que Dios estableció para el creyente. Sino andaremos espiritualmente desnudos, y el enemigo lo sabe.

Recuerda que aunque estamos en este mundo ya no pertenecemos a él, y nos rigen otras leyes espirituales (ver Jn. 17:14-19).

El apóstol Pablo se inspiró en el soldado romano y su vestimenta cuando habló de la armadura para el creyente en Efesios 6:10-18 y Romanos 13:11-14 dice:

"Y esto, conociendo el tiempo, que es ya hora de levantarnos del sueño; porque ahora está más cerca de nosotros nuestra salvación que cuando creímos. La noche está avanzada, y se acerca el día. Desechemos, pues, las obras de las tinieblas, y vistámonos las armas de la luz.

Andemos como de día, honestamente; no en glotonerías y borracheras, no en lujurias y lascivias, no en contiendas y envidia, sino vestíos del Señor Jesucristo, y no proveáis para los deseos de la carne" (Ro. 13:11-14).

Según Romanos 13:11-14 y Efesios 6:10-18 ponerse la armadura no es otra cosa que vestirse de Jesús desde la coronilla de la cabeza hasta la planta de los pies, y establecer la victoria que logró para nosotros por medio de su muerte y resurrección en la cruz del calvario. Él murió como Cordero, pero resucitó como el León de la tribu de Judá. Por esta causa si estamos en Cristo hay poder de resurrección en nosotros.

- ***Por eso somos más que vencedores en Cristo Jesús.***

Cuando decimos que debemos ponernos la armadura de Dios diariamente, no quiere decir que nos la debemos poner y quitar como si nos cambiáramos de ropa, ni que la armadura se ensucia o se desgasta y necesitamos una nueva. Recuerda que es la armadura de Dios y no la nuestra. Dios no cambia, Él es el mismo hoy, mañana y siempre.

Nosotros somos los que nos ensuciamos o desgastamos. Andar en esta tierra nos contamina, y necesitamos del ministerio de reconciliación a través de la Sangre de Jesús y el agua de la Palabra para descontaminarnos con la oración de arrepentimiento y consagración. Cada día, al declarar la armadura, nos estamos apropiando de lo que cada pieza de esa armadura implica para cada parte específica de nuestro cuerpo. Establecer la armadura sobre cada parte del cuerpo por medio de la oración, nos lleva a examinar cómo está nuestra vida espiritual y nos motiva a hacer los ajustes necesarios para estar en armonía con Dios.

Recuerda que estamos en este mundo, pero no somos de este mundo, y las cosas de este mundo nos van a presionar y contaminar. Pero al declarar cada pieza de la armadura nos vemos obligados a hacer ajustes necesarios para vivir lo que esa armadura implica. De lo contrario, no estamos vestidos y revestidos del poder de Dios; sino simplemente disfrazados de cristianos sin ninguna protección, ni ningún poder en nosotros. Y eso el enemigo lo sabe.

Vivir lo que la armadura implica es estar escondido en Dios.

Si, pues, habéis resucitado con Cristo, buscad las cosas de arriba, donde está Cristo sentado a la diestra de Dios. Poned la mira en las cosas de arriba, no en las de la tierra. Porque habéis muerto, y vuestra vida está escondida con Cristo en Dios (Col. 3:1-3).

Hace algunos años, empecé a tararear parte de una canción cristiana y, se me pegó tanto, que pasé varios días repitiendo la misma melodía. Supongo que a muchos debe haberle pasado lo mismo con algún corito cristiano. El hecho es que yo repetía de continuo esta parte de la canción:

Escondida está mi vida en Dios,
escondida esta mi vida en Él,
mi vida en Dios está muy segura,
mi vida en Dios está muy bien.
El diablo no me puede tocar,
el diablo no me puede tocar,
porque escondida está mi vida en Dios,
escondida está mi vida en Él,
mi vida en Dios está muy bien.

Así, pase días y días tarareando esta canción, hasta que un día Dios habló a mi corazón y me dijo:

- ***¿Tú sabes qué es verdaderamente estar escondido en Dios?***

Eso que habló a mi corazón me paró en seco. Yo estaba en medio de la cocina de mi casa y al momento me mostró algo en una visión. Esta visión me cambió por completo y me dio la comprensión de lo que verdaderamente implica estar escondidos en Dios.

Los que me conocen personalmente, saben que Dios me ministra mucho mediante comparaciones y me habla también por medio de sueños y visiones, y ahora creo que todo aquel que esté leyendo este libro lo habrá podido percibir. En esa ocasión me mostró en visión algo que yo había visto en televisión en un reportaje sobre el armadillo.

El armadillo es un mamífero desdentado americano, de lomo cubierto de escamas córneas y cabeza pequeña de hocico puntiagudo. Este animalito puede enrollarse sobre si mismo, y quedar protegido por una especie de coraza que forman sus escamas córneas.

En el reportaje mostraban a un armadillo, que se deslizaba rápidamente por una pradera entre muchas plantas y arboles pequeños. De pronto aparecía un tigre, que corría detrás del armadillo hasta alcanzarlo. Cuando el tigre trató de morderlo, éste se encerró dentro de su caparazón y se convirtió en una pelotita o una especie de bola. No había forma de poder romper esa coraza. Aunque el tigre quería morderlo no logró hacerlo. Después de muchos intentos, el tigre comenzó a golpearlo primero con una pata y luego con la otra; pero el armadillo convertido en una pelota rodaba de un lado al otro. Más que un tigre que intentaba matarlo parecía un gato que jugaba con una pelota. Por último el tigre se paró, miró hacia los lados, como cuando alguien se apena por hacer algo inapropiado y ridículo y quiere cerciorarse de que nadie lo ha visto, y finalmente se fue. Al momento, el armadillo se desenrolló y siguió su camino tranquilamente, mientras que el tigre no le pudo hacer daño.

En ese momento Dios habló a mi corazón y me dijo: Así pasa con mis hijos que están en obediencia, y diariamente se ajustan la armadura que yo les he dado. Son todos aquellos que viven lo que esta armadura implica. Aunque el diablo venga y los asalte y los sorprenda en medio del camino, ellos están escondidos en Mí, él no los puede tocar. Aunque el diablo intente destruirlos, no puede, porque ellos están revestidos de mi poder desde la coronilla de la cabeza hasta la planta de los pies. Aunque los empuje y los zarandee de un lado al otro, cuando él vea que no les puede hacer daño tendrá que salir abochornado como el tigre; porque no puede lograr su cometido, lo único que puede lograr es poner una demora en el camino. Pero al final tendrá que irse ***y mis hijos seguirán su camino sin ningún tipo de daño, porque están escondidos en Mí.***

A partir de ese momento, la armadura de Dios adquirió más importancia de la que yo siempre le había dado. Cada vez que enseño acerca de la armadura, hablo de esta visión, porque así como me sirvió a mí, puede servirle a cualquiera que escuche esta experiencia y ahora te puede servir a ti, que estás leyendo y entendiendo la necesidad de usar la armadura, pero de la manera correcta.

La armadura no es un disfraz para el creyente, sino el poder de la protección de Dios para cada una de las partes que son vulnerables. Por eso Él ha provisto una protección especifica para protegernos de los dardos de fuego del maligno.

Dios usó esta visión para mostrarme su poder sobre mi vida cuando cada día me ajusto la armadura y me veo obligado a hacer un chequeo exhaustivo y a repasar cómo está mi vida espiritual, dado que cada día trae su propio afán y cada día debemos evaluar si algo anda mal en nosotros. Por medio de la oración de consagración, el arrepentimiento y la sangre de Jesús puedo hacer los arreglos y ajustes que sean necesarios para limpiar el área que esté afectada y mantener mi vida espiritual en orden a fin de no dar lugar al diablo.

Aunque el enemigo me ataque, no tiene ningún derecho legal sobre mi vida; porque no tengo ninguna puerta abierta y estoy vestida de Jesús de la cabeza a los pies. Por lo tanto, tiene que irse como se fue el tigre cuando no pudo tocar al armadillo. No olvides que el pecado confesado es pecado perdonado. Cuando el pecado es expuesto delante de Dios, el diablo no tiene poder sobre esa área de nuestra vida, porque se la entregamos a Dios. Y donde Él reina y gobierna nosotros podemos reinar y gobernar.

"El que encubre sus pecados no prosperará; mas el que los confiesa y se aparta alcanzará misericordia" (Pr. 28:13).

Ajustar la armadura cada mañana antes de salir de nuestro hogar es como activar la alarma de nuestra casa antes de salir de ella.

¿Cómo funciona la alarma de nuestra casa?

Si en la casa hay alguna puerta o ventana abierta, el circuito no cierra y la alarma no se activa. Esto nos obliga a encontrar el problema para que el circuito cierre y la alarma se active. De este modo, la casa queda protegida; de lo contrario, queda expuesta a la fácil entrada de los ladrones.

Pero cuando la alarma está activada y los ladrones quieren entrar, ésta se dispara y hace sonar una sirena. Y no solo esto, sino que inmediatamente envía una señal de aviso a la compañía que monitorea esa alarma. Entonces la compañía se comunica con la persona responsable de la casa y, si no tiene una respuesta satisfactoria, envía a la policía para asegurarse de que todo esté bien.

Pues bien, con la armadura de Dios sucede lo mismo; al ajustarla nos damos cuenta si algún problema en una de nuestras áreas hace que el circuito no cierre. En ese caso, debemos ajustar esa área rápidamente para que ese día la alarma quede activada y nos proteja. No olvides que Satanás vino a robar, matar y destruir; pero Jesús vino a darnos vida, y vida en abundancia.

Pero cuando la armadura ha sido ajustada y todo está en orden, estamos conectados con la compañía de los Tres Grandes que cuidan y protegen nuestras vidas: el Padre, el Hijo, y el Espíritu Santo. Ellos nos mantienen alerta contra los dardos que el ladrón nos envía. Y el Espíritu Santo, que es el encargado del monitoreo, enseguida nos envía una señal de aviso a nuestro espíritu, para que nos reportemos en caso de cualquier intento de invasión. Si no nos damos cuenta de que el enemigo está tratando de invadirnos, Él manda a alguno de los obreros que trabajan en su compañía a hacernos una llamada de emergencia para avisarnos que en la pizarra de la compañía hay una señal de alerta: algo está pasando en la casa.

Cuando chequeamos y no encontramos el daño, pero la señal sigue disparada, nos envía a sus ángeles, que son nuestros guardianes y protectores, para que nos acompañen y nos defiendan.

Los ángeles son nuestros policías espirituales, y muchas veces Dios nos los manda en forma encubierta, con apariencia humana. Y no es hasta después que se han ido de nuestro lado, que nos damos cuenta de que lo que Dios usó para guardarnos y protegernos o darnos un mensaje específico fue uno de los ángeles que Él ha puesto a nuestro servicio.

¿Nunca te ha pasado esto a ti? A mí me ha pasado.

Viene a mi memoria una de estas experiencias. Fue cuando fui a orar a un hospital por la madre de Niuvis; una de nuestras discípulas, que estaba muy enferma. Cuando salí del hospital y ya estaba en mi carro, vino un hombre bien alto con espejuelos oscuros, vestido igual que los trabajadores del parque de estacionamiento. Este hombre tocó a la ventanilla del carro. Bajé la ventanilla para preguntarle qué necesitaba, pero él se me adelantó y me dijo:

Tú que predicas, el Señor te dice que está palabra es para ti: ***Deuteronomio 31:8***

—¿Por qué me dices eso? —le pregunté—. Y él me dice —Porque eso es para ti, —me respondió.

Seguí insistiendo y le volví a preguntar: —¿Por qué me dices eso?

—Porque eso es para ti, —me volvió a decir.

—Pero por alguna razón me lo dices, ¿Por qué? —seguí insistiendo.

En ese momento, él salió caminando apresuradamente, como si le fueran a llamar la atención y me dijo: —Tengo que irme, porque mi jefe me está llamando.

Cuando miré para el lado por donde supuestamente venía el jefe, no vi a nadie, y cuando miré para el lado donde estaba mi mensajero tampoco allí vi a nadie.

Dado que en ese momento no tenía una Biblia

conmigo, llamé inmediatamente a mi amiga Ana para que ella me buscara la cita bíblica, y me impactó escuchar lo que decía.

"Y Jehová va delante de ti; Él estará contigo, no te dejará, ni te desamparará; no temas ni te intimides" (Dt. 31:8).

¿Sabes algo? Aquellos que predicamos la Palabra de Dios desde el púlpito, tenemos que ser firmes en lo que Dios nos manda a decir y no dejarnos intimidar por los hombres. No podemos servir a dos amos al mismo tiempo, o bien agradamos a Dios o a los hombres.

Si agradas a Dios, las palabras de *Deuteronomio 31.8* serán una realidad para ti, porque Dios honra a los que le honran.

Yo he decidido agradar a Dios, por lo tanto Él ya se encargará de ponerme en paz con los hombres. Hay que pagar un precio si queremos agradar a Dios.

Si tú tienes una relación íntima con el Señor, sabes que Él nunca deja de sorprendernos. Al día siguiente me sorprendí por lo que decía un libro que estaba leyendo. Un comentario de ese escritor decía que Dios te puede mandar ángeles con apariencia humana. Pueden tener diversas formas, incluso la de un repartidor de pizza. El mío no vino con apariencia de repartidor de pizza, sino de trabajador de un parque de estacionamiento. Quizás, te identifiques con esto, porque has tenido una experiencia parecida y Dios te lo está confirmando a través de mis palabras.

Regresemos a la armadura y a la importancia de tenerla bien ajustada.

¿Recuerdas la Palabra, cuando Jesús le dijo a Satanás "tú en mí nada tienes", y que aunque trató de hacerle daño no lo pudo tocar?

Pues bien, cuando tú estás caminando en santidad, en obediencia a Dios, conforme a su Palabra, y vives lo que la armadura implica (que Él es tu Verdad, tu Justicia, tu Salvación, tu Paz, estás escudado en la Fe y con la Espada del Espíritu en tu mano), tú también le puedes decir al diablo como le dijo Jesús, vete Satanás, porque "tú en mí nada tienes".

¿Sabes qué sucede? Cuando el diablo y sus demonios te ven, ellos no te ven a ti, lo que ven es a Cristo en ti y salen huyendo, porque tienen memoria y recuerdan que Jesús los venció en la cruz y los expuso públicamente.

"Y a vosotros, estando muertos en pecados y en la incircuncisión de vuestra carne, os dio vida juntamente con Él, perdonándoos todos los pecados, anulando el acta de los decretos que había contra nosotros, que nos era contraria, quitándola de en medio y clavándola en la cruz, y despojando a los principados y a las potestades, los exhibió públicamente, triunfando sobre ellos en la cruz" (Col. 2:13-15).

La armadura nos ayuda a resistir al diablo, y lo hace huir con terror. Como mencioné al principio de este capítulo, al ajustarnos cada mañana la armadura, estamos mostrando dos cosas: una, nuestra total incapacidad para defendernos por nosotros mismos y, la otra, nuestra total dependencia de Dios.

Piensa en esto cuando te diriges a Dios en oración. Él no te ve a ti ni los errores que puedes haber cometido ese día. Cuando tú clamas por la sangre de Jesús, Él lo que ve es la sangre de su Hijo sobre ti, y esa sangre te limpia, te cubre y te hace justo delante de Dios.

Cuando nuestra vida está en orden y usamos la armadura de Dios correctamente, el diablo lo que puede ver en nosotros es a Cristo glorificado. No solo recuerda al cordero que fue a la cruz por ti y por mí, sino que también ve al león de la tribu de Judá que resucitó con poder y le arrebató las llaves del reino, y ahora las ha puesto en tus manos y en las mías.

"Y a ti te daré las llaves del reino de los cielos; y todo lo que atares en la tierra será atado en los cielos; y todo lo que desatares en la tierra será desatado en los cielos" (Mt. 16:19).

"Escribe al ángel de la iglesia en Filadelfia: Esto dice el Santo, el Verdadero, el que tiene la llave de David, el que abre y ninguno cierra, y cierra y ninguno abre" (Ap. 3:7).

La armadura no es un disfraz, como si fuera un atuendo de Halloween, sino el poder de Dios desatado sobre la vida del creyente que lo cree, lo toma y lo vive.

"¿O pensáis que la Escritura dice en vano: El Espíritu que Él ha hecho morar en nosotros nos anhela celosamente? Pero Él da mayor gracia. Por esto dice: Dios resiste a los soberbios, y da gracia a los humildes. Someteos, pues, a Dios; resistid al diablo, y huirá de vosotros. Acercaos a Dios, y Él se acercará a vosotros. Pecadores, limpiad las manos; y vosotros los de doble ánimo, purificad vuestros corazones. Afligíos, y lamentad, y llorad. Vuestra risa se convierta en lloro, y vuestro gozo en tristeza. Humillaos delante del Señor, y Él os exaltará" (Stg. 4:5-10).

LA ARMADURA DE DIOS

2da CORINTIOS 10:3-6

"La armadura no es un disfraz, como si fuera un atuendo de Halloween, sino el poder de Dios desatado sobre la vida del creyente que lo cree, lo toma y lo vive".

CAPÍTULO 8

CÓMO EMPLEAR LA ARMADURA DIARIAMIENTE

"Vestíos, pues, como escogidos de Dios, santos y amados, de entrañable misericordia, de benignidad, de humildad, de mansedumbre, de paciencia; soportándoos unos a otros, y perdonándoos unos a otros si alguno tuviere queja contra otro. De la manera que Cristo os perdonó, así también hacedlo vosotros. Y sobre todas estas cosas vestíos de amor, que es el vínculo perfecto".
Colosenses 3:12-14

Con éste, son tres los capítulos de este libro que he dedicado a la armadura de Dios, porque creo verdaderamente que es una de las herramientas más poderosas que el creyente tiene para defenderse y protegerse.

Pero también creo que es una de las herramientas, a la que menos importancia se le da en el Cuerpo de Cristo.

Me sorprende ver que hombres y mujeres de Dios toman livianamente algo tan importante como la armadura de Dios. Y creo que Satanás, sutilmente, ha introducido en la iglesia la doctrina de que ya no necesitamos usar, aplicar o ajustarnos la armadura, ya que la obra de Jesús es completa y ha sido consumada.

Sin duda, Jesús hizo una obra completa y nos dio la victoria en la cruz del calvario; pero ahora nosotros debemos retener esa victoria, manteniendo nuestra vida protegida y en línea con la Palabra. Asimismo debemos custodiar, guardar o cercar el terreno que ya hemos conquistado, para que el enemigo no lo vuelva a invadir.

Te recuerdo de nuevo que estamos en guerra, y en cualquier lugar podemos encontrar un terreno minado o ser atacados.

Como aún vivimos en este mundo y Satanás es el dios de este mundo, no estamos en el paraíso; sino en un mundo caído y maldecido donde el mayor blanco de ataque de Satanás somos nosotros, los hijos de Dios. Su fin es destruir nuestra vida y el propósito para el cual Dios nos creó.

Como mencioné en capítulos anteriores, somos parte del ejército de Dios y Dios nos ha provisto una armadura espiritual; no como una información bíblica, sino para que nos apropiemos de ella y la usemos. Por medio de la oración nos apropiamos diariamente del poder de la sangre de Jesús, con la cual cubrimos y protegemos nuestra vida, la vida de nuestros seres queridos y nuestras propiedades. Del mismo modo, por medio de la oración, debemos establecer cada pieza de esa armadura sobre nuestra vida y declarar lo que ella implica en esa parte especifica de nuestro cuerpo. Debemos visualizarnos vestidos como un soldado, que está listo para ir a la guerra y tiene todo lo que necesita en orden.

"En cuanto a la pasada manera de vivir, despojaos del viejo hombre, que está viciado conforme a los deseos engañosos, y renovaos en el espíritu de vuestra mente, y vestíos del nuevo hombre, creado según Dios en la justicia y santidad de la verdad" (Ef. 4:22-24).

Nuestra mente tiene que ser renovada si queremos vivir la plenitud de todo lo que la Palabra de Dios quiere para nosotros.

Cuando nos despojamos del viejo hombre y nos vestimos del nuevo hombre ocurre algo nuevo:

- **Pasamos de ser pecadores, a ser hijos Dios.**
- **Pasamos de ser esclavos, a ser libres.**
- **Pasamos de ser temerosos, a ser guerreros.**

Dios nos pone vestiduras nuevas. Él nos viste de Jesús desde la coronilla de la cabeza hasta la planta de los pies por medio de la armadura que Él ha provisto para el creyente.

Cada pieza de la armadura representa algo que Jesús es y cubre un área vulnerable de nuestra vida, que es sensible a los ataques del diablo. Con la armadura podemos guardar esa parte y protegerla.

"Por tanto, tomad toda la armadura de Dios, para que podáis resistir en el día malo, y habiendo acabado todo, estar firmes. Estad, pues, firmes, ceñidos vuestros lomos con la verdad, y vestidos con la coraza de justicia, y calzados los pies con el apresto del evangelio de la paz. Sobre todo, tomad el escudo de la fe, con que podáis apagar todos los dardos de fuego del maligno. Y tomad el yelmo de la salvación, y la espada del Espíritu, que es la palabra de Dios; orando en todo tiempo con toda oración y súplica

en el Espíritu, y velando en ello con toda perseverancia y súplica por todos los santos" (Ef. 6:13-18).

¿Qué cubre realmente la armadura?

1) El cinturón de la verdad.
"Estad pues ceñidos los lomos, con la verdad".

¿Cuáles son los lomos?

En la armadura del soldado romano, el cinturón era lo que sostenía todas las piezas de la armadura y de donde se colgaba también la espada. Los lomos representan las partes secretas del cuerpo, los órganos reproductivos y sexuales y los órganos que eliminan los desechos humanos.

Una de las áreas más atacadas, en la que más presión se soporta hoy en el mundo es en el área sexual debido a la intensificación del pecado. El adulterio y la fornicación, unidos al lesbianismo y el homosexualismo y otras aberraciones sexuales, están acabando con la sociedad. También es alarmante el aumento de enfermedades de cáncer y enfermedades venéreas tanto en el hombre como en la mujer en las áreas reproductivas y sexuales.

El cáncer está atacando el útero, los ovarios y las trompas en la mujer, y la próstata y los testículos en el hombre.

Uno de los mandatos que Dios le dio al hombre fue que se multiplicara y reprodujera para que llenara esta tierra y la sojuzgara, y tuviera dominio sobre ella.

"Y creó Dios al hombre a su imagen, a imagen de Dios lo creó; varón y hembra los creó. Y los bendijo Dios, y les

dijo: Fructificad y multiplicaos; llenad la tierra, y sojuzgadla, y señoread en los peces del mar, en las aves de los cielos, y en todas las bestias que se mueven sobre la tierra" (Gn. 1:27-28).

Por lo tanto, no es de extrañarse que Satanás se halla enfocado tanto en estas áreas sexuales y reproductivas y haya traído muerte y destrucción, ya sea incitando a la gente a pecar o trayendo enfermedades en esas áreas, para sabotear o impedir el plan de Dios en su creación. ***Satanás odia a la mujer porque es portadora de vida, y su intención siempre ha sido acabar con la mujer trayendo esterilidad tanto física como espiritual.***

Son muchas las mujeres que deben someterse a una cirugía de útero debido al cáncer o por peligro de contraerlo. Si muchas de nosotras hubiéramos tenido revelación de esto y hubiéramos tomado autoridad en esta área, te aseguro que Satanás no habría podido atacar nuestro cuerpo ni afectarnos espiritualmente. Cuando a una mujer se le extraen todos sus órganos, sobre todo sus ovarios, su sistema hormonal cambia por completo, y su estado físico y emocional se ve afectado. Y cuando una mujer está desequilibrada emocionalmente, su capacidad de pararse en la brecha y defender su casa en oración disminuye y cambia y es menos efectiva, sobre todo, si está en depresión o desánimo.

El diablo usa el estado emocional de la mujer para neutralizarla, porque él sabe que la mujer es guerrera por naturaleza y es su mayor contrincante en la guerra espiritual.

La Palabra dice: Conocerás la verdad y la verdad te hará libre (Jn. 8:32)***; porque solo la verdad revelada que conoces es la que te puede hacer libre. Una***

palabra que viene con revelación e impartición puede cambiar tu vida y tus generaciones para siempre.

Si hoy estás leyendo este libro no es por casualidad, sino para que conozcas esta verdad y la apropies para ti y tu familia. Para que a partir de ahora empieces a establecer cada pieza de la armadura de Dios en ti y en los tuyos, y comiences a declarar que en esa área el enemigo no podrá atacarlos, porque por medio de la oración y la Palabra decretada mantendrás un cerco de protección en ti y en los tuyos.

Es sorprendente ver cómo se han desatado grandes plagas y epidemias de transmisión sexual a causa del pecado y la promiscuidad sexual, sin contar con el número de muertes como producto del cáncer de colon, testículos y vejiga, y la cantidad de personas que sufre porque está atada a una máquina de diálisis para purificar su sangre porque sus riñones no funcionan.

Es alarmante ver las manifestaciones de cáncer en esas áreas tanto en el hombre como en la mujer.

Satanás esta cumpliendo muy bien su función de matar, robar y destruir a la humanidad; pero Cristo también vino para cumplir un propósito, *que es darnos vida y vida en abundancia* (ver Jn. 10:10).

Si la verdad de Dios permanece en nosotros y reconocemos quiénes somos en Cristo y el poder y la autoridad que tenemos en Él, el engaño no podrá apoderarse de nosotros. Podremos caminar en armonía con la verdad en integridad, santidad y salud.

Recuerda que Cristo nos redimió de la maldición de la ley, esto implica que no estamos bajo la ley; por lo tanto, ninguna de las plagas y enfermedades que están escritas y no escritas en el libro de la ley nos

pertenecen. Podemos caminar en total libertad porque el hijo nos ha hecho libres.

Podemos apropiarnos de todo lo que nos pertenece como herencia por ser hijos de Dios y por haber sido redimidos por medio de la sangre de Jesús. El conocimiento de la verdad en esta área nos hará libres. Nos apropiaremos por fe de la protección de Dios y visualizaremos que un gran cinturón cubre nuestras espaldas y nuestro frente, protegiendo estas áreas físicas y también espirituales. En el mundo espiritual también nos apropiaremos de la verdad de Dios, que elimina de nuestra vida los desechos espirituales como la falsedad, la mentira y el engaño.

2) La coraza de justicia.
"Y vestidos con la coraza de justicia".

Dios te ha dado su justicia como un don, en la sangre de Jesucristo. Su sangre nos justifica delante del Padre, de modo que cuando Él nos mira, no nos ve a nosotros, sino a la sangre de su Hijo Jesús sobre nosotros. La coraza cubre nuestro frente. Esta coraza cubre órganos vitales como el corazón y los pulmones
Si eres mujer declara que tus senos están también protegidos por esta coraza.

"Sobre toda cosa guardada, guarda tu corazón; porque de él mana la vida" (Pr. 4:23).

Guarda tu corazón de falta de perdón, amargura, condenación, resentimientos, odio, celos, envidias, competencias, juicios, críticas, murmuración. Saca cualquier tipo de pecado y todo lo que impida el fluir de Dios en ti.

Deja que Dios limpie tu corazón con su Palabra y su Sangre, recuerda que la Palabra es el agua que limpia y santifica y en la sangre está la vida.

Por todas esas cosas que retenemos en nuestro corazón, como falta de perdón, amargura y resentimiento, podemos contraer alguna enfermedad cardíaca y también quedar expuestos a otras enfermedades en nuestro cuerpo. Esto se debe a que nos hemos contaminado, y el cuerpo tarde o temprano lo va a reflejar con algún tipo de enfermedad.

Si la sangre de Jesús está sobre nosotros podemos respirar el aire fresco del Espíritu Santo, que nos da la habilidad de dejar todo vicio contaminante de nuestros pulmones y nuestras vías respiratorias a causa del cigarrillo y las drogas.

Niégate a contaminar al Espíritu de Dios que mora en ti en lo físico y en lo espiritual. Así como los pulmones y el corazón se dañan a causa del cigarrillo y las drogas, también pueden dañarse en lo espiritual a causa de la contaminación que viene por la murmuración, el juicio, la crítica y la condenación. Todo esto provoca una raíz de amargura que nos puede llevar a perder la gracia de Dios.

"Seguid la paz con todos, y la santidad, sin la cual nadie verá al Señor. Mirad bien, no sea que alguno deje de alcanzar la gracia de Dios; que brotando alguna raíz de amargura, os estorbe, y por ella muchos sean contaminados" (He. 12:14-15).

Tu cuerpo tiene que alinearse con la Palabra de Dios, porque mayor es el que está en ti, que el que está en el mundo.

La coraza de justicia para el creyente es como el chaleco antibalas que debe usar el policía en servicio. Muchos policías han salvado su vida gracias a que tenían puesto su chaleco salvavidas o protector cuando fueron atacados en servicio o incluso fuera de servicio. Puede que en el ataque hayan caído al suelo como si estuvieran heridos e incluso muertos, pero después del impacto se levantaron sanos y salvos porque tenían su chaleco protector.

No es culpa del departamento de policía al cual pertenece, si el policía muere en servicio y no llevaba puesto su chaleco antibalas, porque como parte del reglamento es su deber usarlo en todo tiempo, ya sea que esté en una misión peligrosa o no. La culpa es del policía por haber sido negligente y no seguir las reglas del cuerpo al cual pertenece.

Igual pasa con nosotros como cuerpo de Cristo enrolados en el ejército del Señor. No es culpa de Dios si uno de los dardos del maligno nos hiere o incluso llega a matarnos. Porque la muerte de Jesús en la cruz proveyó la protección que necesitamos apropiarnos diariamente para preservarnos y estar protegidos y seguros mientras estemos en esta tierra.

No podemos olvidar que mientras estemos aquí abajo vamos a estar en guerra; y todo soldado que está en guerra tiene que estar uniformado.

Cada día trae su propio afán, por lo tanto cada día debemos ir a la presencia de Dios a buscar su provisión diaria, así como el pueblo de Israel buscaba el maná diario.

3) El apresto del evangelio de la paz.
"Y calzados los pies con el apresto del evangelio de la paz".

El soldado romano, en quien Pablo se inspiró para escribir sobre la armadura, usaba diferentes tipos de calzados. El tipo de calzado que usaba dependía del tipo de terreno en el cual debía caminar.

Andar en esta tierra nos contamina; de modo que día a día debemos examinar nuestras pisadas, y descontaminarnos con la sangre de Jesús, por medio del ministerio de reconciliación y arrepentimiento.

"Si confesamos nuestros pecados, Él es fiel y justo para perdonar nuestros pecados, y limpiarnos de toda maldad" (1 Jn. 1:9).

Cuando Jesús habló con Pedro, porque no quería que Jesús le lavara los pies, pacientemente le explicó por qué era necesario hacerlo. Pedro era muy apasionado y siempre iba a los extremos. Era como decía un predicador que escuché una vez, "más salido que un balcón y más metido que una gaveta". Siempre se metía en problemas, pero ¡Gloria a Dios por la vida de Pedro! Es un ejemplo para nosotros hoy de que no hay nada imposible para Dios, porque si Dios pudo cambiar a Pedro y convertirlo en el hombre de Dios que fue, quiere decir que tú y yo tenemos esperanza.

Jesús le dijo a Pedro: ***"Pedro el que está lavado, no necesita sino lavarse los pies, pues está todo limpio, y vosotros limpios estáis, aunque no todos"*** (ver Jn. 13:3-11).

En esta explicación le dio a entender a Pedro que aunque somos limpios, podemos mantener nuestra limpieza después de ser limpios.

Somos limpios el día que recibimos a Jesús como nuestro Señor y Salvador personal. Nos vamos limpiando progresivamente cuando usamos el ministe-

rio de la reconciliación y los diferentes agentes de limpieza que Él ha provisto para santificarnos en nuestro caminar cristiano, ya sea porque hemos pecado o porque vamos madurando y el carácter de Cristo es formado en nosotros.

Cuando fuimos a Cristo por primera vez, estábamos sucios, perdidos en pecado, pero cuando Cristo entró a nuestra vida, nos lavó con su sangre, y esto implica que nos bañó desde la coronilla de la cabeza hasta la planta de los pies. Ahora solo tenemos que mantener limpia nuestra vida y lavar diariamente lo que se va pegando en nuestros pies por caminar en este mundo lleno de perdición.

Con el ministerio de la reconciliación y la oración de arrepentimiento consagramos nuestra vida a Dios y le presentamos las áreas de nuestra vida con problemas. Así es como usamos los agentes de limpieza que Él ha provisto para mantenernos limpios. Esta limpieza diaria es la que nos permite estar en su presencia.

¿Cuales son los agentes de limpieza que Dios usa para santificar y purificar nuestra vida?

1) **La sangre de Jesús.**

Es el cloro espiritual que nos limpia, quita toda mancha y nos protege cuando la activamos en oración diariamente.

Isaías 1:18 dice: *"Venid luego, dice Jehová, y estemos a cuenta: si vuestros pecados fueren como la grana, como la nieve serán emblanquecidos; si fueren rojos como el carmesí, vendrán a ser como blanca lana".*

"Pero si andamos en luz, como él está en luz, tenemos comunión unos con otros, y la sangre de Jesucristo su Hijo nos limpia de todo pecado" (1 Jn. 1:7).

"Si confesamos nuestros pecados, él es fiel y justo para perdonar nuestros pecados, y limpiarnos de toda maldad" (1 Jn. 1:9).

2) **El agua de la Palabra.**

La Palabra que es el agua que limpia, debe correr sobre nuestra vida diariamente, porque nuestra mente tiene que ser renovada, y es la Palabra la que tiene el poder para cambiar nuestra antigua manera de pensar, ya que "cual es su pensamiento en su corazón, tal es él" (Pr. 23:7).

Tenemos que sacar la información del hombre viejo y del mundo, para poner la información de Dios, que el hombre nuevo necesita.

Una forma de mantener nuestro camino limpio es guardando la Palabra (ver Sal. 119:9).

Hay una fuente de agua viva disponible para cada hijo de Dios para lavarse por medio de la Palabra.

Ezequiel 36:25 dice: *"Esparciré sobre vosotros agua limpia, y seréis limpiados de todas vuestras inmundicias; y de todos vuestros ídolos os limpiaré"*.

Jesús es la fuente y es el camino que nos lleva a ese proceso de limpieza, porque Él es la Palabra.

"Así que, hermanos, teniendo libertad para entrar en el Lugar Santísimo por la sangre de Jesucristo, por el camino nuevo y vivo que Él nos abrió a través del velo, esto es, de su carne, y teniendo un gran sacerdote sobre la casa de Dios, acerquémonos con corazón sincero, en plena certidumbre de fe, purificados los corazones de mala conciencia, y lavados los cuerpos con agua pura. Mantengamos firme, sin fluctuar, la profesión de nuestra esperanza, porque fiel es Él que prometió" (He. 10:19-23).

3) **El poder del Espíritu Santo.**
El jabón de lavadores.

"¿Y quién podrá soportar el tiempo de su venida? ¿o quién podrá estar en pie cuando él se manifieste? Porque Él es como fuego purificador, y como jabón de lavadores" (Mal. 3:2).

Esta combinación de la sangre de Jesús, como el cloro espiritual, más el agua de la Palabra que nos santifica, más la unción y el fuego del Espíritu Santo, que es el jabón de lavadores, hacen un trabajo completo en nuestra vida. Sacan todo lo que no sirve de nosotros, nos limpia poco a poco y nos prepara para que después nosotros ayudemos a otros a limpiarse.

Recuerda que Dios es un Dios trino. Son tres Personas que trabajan en un equipo. ***La Palabra del Padre, la Sangre del Hijo, y la Unción del Espíritu Santo operan en nuestra vida si le damos la libertad para hacerlo. Dios nunca va a quebrantar nuestra voluntad, pero cuando le damos la libertad para hacerlo, va formando el carácter de Cristo en nosotros para convertirnos en creyentes maduros.***

Hace muchos años, cuando llevaba poco tiempo de convertida, el Señor me enseñó sobre su ministerio de reconciliación con el acto del lavamiento de pies a los discípulos y lo que Jesús le dijo a Pedro. Yo había salido con mi esposo y llevaba puestas sandalias, pero estuvimos caminando por un lugar donde había arena. Al regresar a casa ya era tarde y nos íbamos a acostar, pero me sentía incomoda porque aunque me sacudí la arena no sentía que mis pies estaban limpios. Sé que parece raro, pero aun en invierno suelen sudarme los pies, y no me sentía cómoda si me acostaba así. Como ya me había bañado antes de salir y estaba limpia, decidí sentarme en el borde de la bañadera, metí mis pies en ella y abrí la llave del agua hasta que el agua empezó a correr por mis pies. Mientras estaba allí y me lavaba los pies Dios habló a mi corazón con estas palabras:

"El que está limpio solo necesita lavarse los pies; así funciona el ministerio de la reconciliación. Cuando se te pega la suciedad por andar en esta tierra contaminada, solo ven a mí en oración, arrepiéntete y la sangre de mi Hijo te limpiará de nuevo para que puedas acostarte y descansar en paz, porque no hay nada entre tú y yo que nos pueda separar".

Nunca he podido olvidar esta experiencia y me ha servido para que cada vez que le fallo a Dios pueda ir con total libertad a buscar el oportuno socorro cuantas veces sea necesario. Sé que hay perdón disponible para mí, porque hay un ministerio de reconciliación a través de la sangre de Jesús.

La Palabra nos instruye a usar el apresto del evangelio de la paz. ***Apresto significa acción y efecto de aprestar. Aprestar significa aparejar, preparar lo necesario, estar listo para salir.***

Cuando estamos en guerra no sabemos cuando podemos encontrar una emboscada del enemigo en nuestro camino. De modo que debemos estar listos y preparados para lo que venga, no a la defensiva por si nos atacan; sino a la ofensiva invadiendo el terreno del enemigo y desalojándolo del territorio que él y sus demonios nos han arrebatado.

Qué bueno es saber que no nos preocupa el tipo de terreno que tengamos que transitar en esta tierra, porque sabemos que calzados con Jesús vamos a poder atravesarlo.

"Estas cosas os he hablado para que en mí tengáis paz. En el mundo tendréis aflicción; pero confiad, yo he vencido al mundo" (Jn. 16:33).

Si en el Antiguo Testamento vemos que Dios abrió el Mar Rojo para que su pueblo pasara por tierra seca, y estuvo con ellos todo el tiempo, cuánto más a nosotros, que estamos en un mejor pacto basado en mejores promesas, nos abrirá camino donde no hay y estará con nosotros mientras lo atravesamos.

Si estamos calzados con Jesús no hay camino que no podamos transitar, y podemos hacerlo con la confianza de que llegaremos a nuestro destino protegidos y seguros.

Jesús está viviendo dentro de nosotros. Él nos está preparando para andar en el Espíritu y no según la carne y sus deseos engañosos.

"Justificados, pues, por la fe, tenemos paz para con Dios por medio de nuestro Señor Jesucristo" (Ro. 5:1).

Dejemos pues que Él reine en nuestra vida. Él es el Príncipe de Paz y quiere que su paz gobierne en cada área de nuestro ser. ***Su paz ha sido derramada en nuestros corazones, por lo tanto podemos caminar en paz, aún en medio de la guerra.***

"La paz os dejo, mi paz os doy; yo no os la doy como el mundo la da. No se turbe vuestro corazón, ni tenga miedo" (Jn. 14:27).

No importa qué tipo de terreno sea el que tengamos que transitar o qué tipo de guerra tengamos que librar, si estamos calzados con Jesús, Él nos guía, nos equipa y nos prepara para la guerra. Y no solo eso, sino que también nos entrena para llevar su evangelio a donde quiera que vayamos.

Somos portadores de su reino, estamos llamados a ser pacificadores, debemos reconciliar al mundo perdido con Dios y tratar, por todos los medios, de que los que se hayan apartado de Él regresen de nuevo al camino.

Cuando un pecador se arrepiente hay fiesta en los cielos y los ángeles se gozan, porque el nombre de esa persona es inscrito en el libro de la vida y ahora se ha convertido en hijo de Dios. Lucas 15:10 dice *"Así os digo que hay gozo delante de los ángeles de Dios por un pecador que se arrepiente".* Pero algo muy importante ocurre cuando un hijo de Dios, que se había apartado, regresa a casa. ***Aquí el Padre es quien sale a recibirlo, el Padre es quien hace fiesta y celebra***, porque el hijo que estaba perdido ha regresado de nuevo a casa.

"Y levantándose, vino a su padre. Y cuando aún estaba lejos, lo vio su padre, y fue movido a misericordia, y corrió, y se echó sobre su cuello, y le besó. Y el hijo le dijo: Padre, he pecado contra el cielo y contra ti, y ya no soy digno de ser llamado tu hijo. Pero el padre dijo a sus siervos: Sacad el mejor vestido, y vestidle; y poned un anillo en su mano, y calzado en sus pies. Y traed el becerro gordo y matadlo, y comamos y hagamos fiesta; porque este mi hijo muerto era, y ha revivido; se había perdido, y es hallado. Y comenzaron a regocijarse" (Lc. 15:20-24).

A veces nos preocupamos mucho por traer al inconverso a los pies de Cristo, pero nos olvidamos de los que se han apartado, y nunca hacemos un llamado a reconciliación. Las iglesias están llenas de hijos pródigos que quieren volver a casa, pero no saben cómo hacerlo.

Tenemos que ser más sensibles y escuchar el corazón del Padre que está gimiendo por esos hijos pródigos, que quizás estén esperando que alguien los anime y, si es necesario, los confronte y los traiga de nuevo a casa. El Padre está ansioso por hacer fiesta por cada hijo que es revivido y regresa de nuevo a su casa.

No olvides que el buen pastor dejó las noventa y nueve ovejas en el redil y fue a buscar la que se había perdido y la trajo en sus brazos, le curó sus heridas y la cuidó hasta que se sanó. Mira lo que dice Santiago 5:19-20: *"Hermanos, si alguno de entre vosotros se ha extraviado de la verdad, y alguno le hace volver, sepa que el que haga volver al pecador del error de su camino, salvará de muerte un alma, y cubrirá multitud de pecados".*

Como embajadores de Cristo debemos cuidar nuestro caminar en esta tierra. Debemos estar siempre listos para mantener ***el apresto del evangelio de la paz*** bien ajustado, porque tenemos una misión que cumplir: la de reconciliar al mundo perdido con Dios y ayudar a los pródigos a encontrar el camino de regreso a casa.

Debemos establecer el reino de Dios a donde quiera que vayamos en esta tierra. Podemos hacerlo, porque Dios nos ha dado todas las herramientas que necesitamos para cumplir con su mandato. Nos da su gracia, su denuedo, su poder y su atrevimiento para lograrlo.

"¡Cuán hermosos son sobre los montes los pies del que trae alegres nuevas, del que anuncia la paz, del que trae nuevas del bien, del que publica salvación, del que dice a Sion! ¡Tu Dios reina!" (Is. 52:7).

Somos la sal y la luz de esta tierra y estamos llamados a alumbrar, a preservar y a dar el sabor de Cristo a todos los que encontremos en nuestro camino.

4) El escudo de la fe.
"Sobre todo, tomad el escudo de la fe, con que podáis apagar todos los dardos de fuego del maligno".

Según el diccionario, un escudo es un arma que sirve para cubrirse el cuerpo, y se lleva en el brazo izquierdo. Y la fe es la certeza de lo que se espera la convicción de lo que no se ve. Por lo tanto, la fe es sustancia, es algo del presente o del ahora, es la plena seguridad de que Él, que nos prometió como que es Dios, no nos puede mentir, y cumplirá todo lo que nos ha dicho que hará.

Jesús es el autor y consumador de nuestra fe. Él es la fuente de todo lo que necesitamos, es el verbo de Dios, la Palabra encarnada; por eso nuestra mirada debe estar siempre puesta en Él.

"Puestos los ojos en Jesús, el autor y consumador de la fe, el cual por el gozo puesto delante de Él sufrió la cruz, menospreciando el oprobio, y se sentó a la diestra del trono de Dios. Considerad a aquel que sufrió tal contradicción de pecadores contra sí mismo, para que vuestro ánimo no se canse hasta desmayar. Porque aún no habéis resistido hasta la sangre, combatiendo contra el pecado" (He. 12:2-4).

Cuando el dardo del enemigo viene, podemos levantar a Jesús entre ese dardo y nosotros, y la fe apaga el dardo.

Jesús es nuestro escudo invisible, Él está de pie entre el diablo y todos sus demonios, que vienen en contra de nosotros.

Cristo está en nuestras vidas para interceptar todas las tentaciones, las mentiras, las palabras punzantes y todas las demás estratagemas que el diablo quiera usar en contra de nosotros.

Los dardos de fuego son los ataques de Satanás. Pero el escudo de la fe es el arma defensiva número uno que tenemos los cristianos.

"Los que teméis a Jehová, confiad en Jehová; él es vuestra ayuda y vuestro escudo" (Sal. 115:11).

Satanás es la fuente de todo lo malo, perverso y torcido. Sus armas más fuertes son la mentira y la intimidación. Además es persistente y constante, pues nos lanza dardos todos los días sin desmayar.

Nosotros luchamos o nos defendemos de esos ataques levantando el escudo de la fe delante de nosotros y paralizando los dardos.

¿Como lo hacemos? Al proclamar nuestro pacto con Dios y quién es Jesús en nuestra vida, y al declarar la Palabra escrita, que se ajusta a nuestras circunstancias. De esta manera, apagamos los dardos del enemigo.

Debemos actuar como Cristo, que no se dejó intimidar cuando Satanás lo tentó en el desierto; sino que declaró la Palabra de Dios al decir escrito está.

"Y vino a él el tentador, y le dijo: Si eres Hijo de Dios, di que estas piedras se conviertan en pan. El respondió y dijo: Escrito está: No sólo de pan vivirá el hombre, sino de toda palabra que sale de la boca de Dios" (Mt. 4:3-4).

El soldado romano tenía dos tipos de escudos:

Uno era de metal. El soldado pulía bien este escudo, para que cuando reflejara los rayos del sol encandilara al enemigo y le impidiera ver correctamente dónde y cómo estaba su contrincante.

El otro era de pieles de animales. El soldado empapaba bien de agua este escudo para que cuando el dardo encendido pegara en el escudo el agua absorbida en el escudo lo apagara. Era trabajoso levantar este escudo, porque pesaba mucho producto del agua; pero era necesario que estuviera bien mojado y que el soldado lo mantuviera levantado, para que el dardo se apagara.

Nosotros también debemos estar cada día más mojados y pulidos con la Palabra de Dios para poder encandilar al enemigo y apagar todos sus dardos.

Dios es nuestra protección. Él está arriba, abajo y delante de su pueblo como un refugio eterno.

"Bienaventurado tú, oh Israel. ¿Quién como tú, Pueblo salvo por Jehová, Escudo de tu socorro, Y espada de tu triunfo? Así que tus enemigos serán humillados, y tú hollarás sobre sus alturas" (Dt. 33:29).

5) El yelmo de la salvación.
"Y tomad el yelmo de la salvación".

Cuando proclamamos esta pieza de la armadura debemos hacerlo con gozo, porque estamos estableciendo que somos salvos, que hemos nacido de nuevo y que nuestra mente está siendo renovada por la Palabra de Dios. Como hijos de Dios podemos decir y declarar que tenemos la mente de Cristo.

"Pero Dios nos las reveló a nosotros por el Espíritu; porque el Espíritu todo lo escudriña, aun lo profundo de Dios. Porque ¿quién de los hombres sabe las cosas del hombre, sino el espíritu del hombre que está en él? Así tampoco nadie conoció las cosas de Dios, sino el Espíritu de Dios. Y nosotros no hemos recibido el espíritu del mundo, sino el Espíritu que proviene de Dios, para que sepamos lo que Dios nos ha concedido, lo cual también hablamos, no con

palabras enseñadas por sabiduría humana, sino con las que enseña el Espíritu, acomodando lo espiritual a lo espiritual. Pero el hombre natural no percibe las cosas que son del Espíritu de Dios, porque para él son locura, y no las puede entender, porque se han de discernir espiritualmente. En cambio el espiritual juzga todas las cosas; pero él no es juzgado de nadie. Porque ¿quién conoció la mente del Señor? ¿Quién le instruirá? Mas nosotros tenemos la mente de Cristo" (1 Co. 2:10-16).

El yelmo de la salvación protegía toda la cabeza, cubría los ojos y las orejas. El soldado podía ver y oír, pero con una protección.

Quiero que sepas que el primer campo de batalla es la mente. Nuestros pensamientos se ven influenciados por lo que vemos y oímos, por eso no es de extrañarse que la Palabra nos diga que andemos por fe y no por vista. Lo que vemos o sentimos en el mundo natural influye en nuestra manera de reaccionar.

La buena noticia es que todo lo que vemos está sujeto a cambios, pero lo único que permanece para siempre y no cambia es Dios y su Palabra. Cualquier circunstancia que estemos viviendo es una realidad; pero Dios y su Palabra son una realidad mayor, una realidad absoluta que tiene el poder de cambiar nuestra realidad o nuestra circunstancia.

La diferencia la va a marcar lo que esté almacenado en nuestro corazón, porque nuestra conducta depende de lo que hay en él. Si hay suficiente Palabra de Dios almacenada, la Palabra saldrá de nuestra boca, pero si hay duda e incredulidad, esto es lo que saldrá de nuestros labios.

O nos ponemos de acuerdo con Dios y cambiamos nuestras circunstancias, o nos ponemos de acuerdo con el diablo y nos atamos con los dichos de nuestra boca. Recuerda que *la vida y la muerte están en poder de la lengua* (ver Pr. 18:21).

Dios nos conoce y sabe cómo funcionamos. Sabe que así como piensa el hombre en su corazón, tal cual es él; por eso tenemos que renovar nuestra mente con la Palabra de Dios para poder pensar como Dios y tener la mente de Cristo.

¿Por qué es tan importante mantener nuestra mente cubierta con el yelmo de la salvación? Porque cuando tú lo declaras sobre tu vida, lo primero que estás estableciendo es que eres salvo o que eres un hombre o mujer de pacto, y puedes apropiarte de los beneficios del pacto.

La palabra salvación en griego es la palabra soteria, que denota liberación, preservación, salvación, salvación material, de los peligros diarios. Esto implica que cuando declaramos que tenemos el yelmo de la salvación estamos estableciendo que como hombres o mujeres de pacto, no solo tenemos vida eterna y cuando partamos de esta tierra iremos a la presencia de Dios, sino nuestra sanidad, liberación y preservación de los peligros diarios. Si lo creemos, implica una cobertura total, las 24 horas del día.

Hay un ciclo cuando viene el dardo del enemigo. Primero llega la información, por medio de algún tipo de noticia, vemos, oímos o sentimos algo; ese es el dardo. Si no reconocemos quiénes somos en Cristo gracias a su salvación y levantamos el escudo de la fe, que nos llama a andar por fe y no por vista, y apagamos el dardo, éste va a bajar a nuestro corazón porque lo recibimos, lo aceptamos. Y ahí llega la tercera parte del ciclo, en la que comenzamos a hablar conforme al ataque que recibimos. En vez de ponernos de acuerdo con Dios y lo que dice su Palabra, actuamos de acuerdo a la intimidación que el diablo nos trae, porque *"el hombre bueno, del buen tesoro de su corazón saca lo bueno; y el hombre malo, del mal tesoro de su corazón saca lo malo; porque de la abundancia del corazón habla la boca"* (Lc. 6:45).

La clave está en apagar el dardo en cuanto es lanzado y no dejarlo bajar a nuestro corazón, para que el enemigo no use nuestra propia boca en contra de nosotros. Recuerda este ciclo de ataque del enemigo:

1. ***El dardo viene a nuestra mente y, si no lo apagamos, como hizo Jesús cuando le dijo al diablo escrito está.***
2. ***Bajará a nuestro corazón, y habremos caído en la trampa del diablo.***
3. ***Entonces comenzaremos a declarar con nuestra boca y a ponernos de acuerdo con lo que el enemigo quiere, sin movernos en fe, sino por vista (por lo que veo, lo que oigo y lo que siento).***

¿Qué debemos hacer cuando viene el dardo?

Reconocer que somos hijos de Dios y que mayor es el que está en nosotros que el que está en el mundo. Derribar ese dardo con la Palabra de Dios.

"Pues aunque andamos en la carne, no militamos según la carne; porque las armas de nuestra milicia no son carnales, sino poderosas en Dios para la destrucción de fortalezas, derribando argumentos y toda altivez que se levanta contra el conocimiento de Dios, y llevando cautivo todo pensamiento a la obediencia a Cristo, y estando prontos para castigar toda desobediencia, cuando vuestra obediencia sea perfecta" (2 Co. 10:3-6).

Satanás no puede leer nuestros pensamientos, porque él no es como Dios, que es omnisciente y todo lo sabe. El diablo está limitado a escuchar lo que hablamos y observar nuestro lenguaje corporal. Él nos está rondando continuamente y nos inspecciona para ver si caminamos en seguridad o no. Nos intimida con sus dardos llenos de temor y nos pone una carnada para que nos la traguemos y entremos en temor, para así tener derecho legal a invadir nuestro territorio.

Si nos tragamos la carnada, ésta va a ir a nuestro estomago espiritual, y así habremos caído en su trampa. En consecuencia comenzaremos a hablar de acuerdo al dardo que el diablo nos lanzó y nos estaremos atando con nuestras propias palabras. Nuestra boca nos ata si le seguimos el juego al diablo, o nos desata si obedecemos a Dios y llevamos todo pensamiento cautivo a la obediencia de su Palabra.Hay un milagro en nuestra boca si usamos nuestras palabras correctamente.

Grábate una vez más esto en tu mente y en tu corazón: Estamos en guerra y somos soldados del ejército de Dios. El soldado nunca está en la guerra sin su casco; él sabe que su vida corre peligro, porque el mejor blanco para destruir a un soldado es su cabeza. La cabeza es vital, por lo tanto hay que protegerla. Protege tu mente con el yelmo de la salvación para que puedas preservar tu vida en esta guerra entre el reino de las tinieblas y el reino de Dios. Sé sabio.

6) La espada del Espíritu.
Y la espada del Espíritu, que es la palabra de Dios.

Las otras cinco piezas de la armadura de Dios, que mencionamos antes, protegen nuestro cuerpo.

Pero la espada del Espíritu es nuestra arma ofensiva: la Palabra Revelada de Dios. Es una Palabra específica en un momento específico de nuestras circunstancias.

Es como ser un franco tirador que no tira disparos al aire, sino que pone la bala en el mismo centro del objetivo. Es pararte como hizo David frente al gigante Goliat, lanzarle la piedra correcta y clavársela entre ojo y ojo. Es no conformarnos solo con ver caer al gigante, sino irle encima y cortarle la cabeza. Es reconocer nuestra posición en Cristo, como hizo David al saber que el que se estaba metiendo con él era un filisteo incircunciso.

La circuncisión para el pueblo de Israel era símbolo de pacto, y cuando David confrontó a Goliat, lo primero que declaró es: *¿Quien es este filisteo incircunciso, para que provoque a los escuadrones del Dios viviente?* (ver 1 S. 17:26).

En otras palabras, él sabía que el que había ido a provocar al pueblo de Dios era un incircunciso, que no tenía pacto, pero ellos sí.

Esto es lo que dice 1 Samuel 17:45-51:

"Entonces dijo David al filisteo: Tú vienes a mí con espada y lanza y jabalina; mas yo vengo a ti en el nombre de Jehová de los ejércitos, el Dios de los escuadrones de Israel, a quien tú has provocado. Jehová te entregará hoy en mi mano, y yo te venceré, y te cortaré la cabeza, y daré hoy los cuerpos de los filisteos a las aves del cielo y a las bestias de la tierra; y toda la tierra sabrá que hay Dios en Israel. Y sabrá toda esta congregación que Jehová no salva con espada y con lanza; porque de Jehová es la batalla, y él os entregará en nuestras manos. Y aconteció que cuando el filisteo se levantó y echó a andar para ir al encuentro de David, David se dio prisa, y corrió a la línea de batalla contra el filisteo.

Y metiendo David su mano en la bolsa, tomó de allí una piedra, y la tiró con la honda, e hirió al filisteo en la frente; y la piedra quedó clavada en la frente, y cayó sobre su rostro en tierra. Así venció David al filisteo con honda y piedra; e hirió al filisteo y lo mató, sin tener David espada en su mano. Entonces corrió David y se puso sobre el filisteo; y tomando la espada de él y sacándola de su vaina, lo acabó de matar, y le cortó con ella la cabeza. Y cuando los filisteos vieron a su paladín muerto, huyeron".

Cuando usamos la espada del Espíritu correctamente no vivimos a la defensiva como la mayoría de las veces hacen los cristianos, sino que como David vamos a la ofensiva de la línea de batalla y destruimos al enemigo como David destruyó a Goliat. Y no solo eso, sino que hay algo muy interesante en esta historia de David: El hecho es que al cortarle la cabeza a Goliat, el ejército de los filisteos que estaba con él huyó.

Cuando nosotros le cortamos la cabeza al hombre fuerte de una circunstancia por la que estamos orando, todos los poderes demoníacos que operan con ese hombre fuerte salen huyendo también, como lo hicieron los filisteos en la derrota de Goliat.

La espada del Espíritu es esa Palabra revelada, es una porción específica de la Palabra de Dios que tú tomas y la hablas con autoridad, denuedo y atrevimiento a la circunstancia que estás enfrentando en un momento determinado.

David confrontó al gigante con una honda y cinco piedras. Cinco es el número que representa la Gracia de Dios, y Cristo es la roca de nuestra salvación. Él es la Palabra.

Cuando Dios le habló a Pablo de su queja, porque quería que Dios le quitara un aguijón de su carne que le molestaba, la respuesta de Dios a Pablo fue *"bástate mi gracia, porque mi poder se perfecciona en tu debilidad"* (2 Co. 12:9). La gracia de Dios está disponible para cada uno de sus hijos, y es la que nos capacita para poder hacer todas las cosas.

La Biblia es la Palabra de Dios, el Logos de Dios, la Palabra escrita; pero la Palabra revelada es la que salta en nuestro espíritu. Como cuando estamos leyendo la Biblia, y hay un verso específico que nos impacta a pesar de haberlo leído muchas veces; pero en ese momento salta a nuestros ojos y lo leemos como si fuera la primera vez, como si nunca antes lo hubiéramos visto. En ese preciso momento esa palabra se convierte para nosotros en el Rema de Dios o la palabra revelada, que produce un rompimiento en nuestra circunstancia.

El *cinturón de la verdad y la espada del Espíritu* van juntas.

O sea toda la Palabra está en ti, pero tú tomas una porción de esa Palabra, la que necesitas, y el Espíritu Santo es la mano que ejecuta esa Palabra revelada y te da la victoria.

Jesús es nuestro modelo a seguir. Él derrotó al enemigo al declarar la Palabra específica cuando Satanás lo tentó en el desierto. Él no habló toda la Palabra que estaba en su espíritu, sino el pasaje que Satanás tenía que oír en ese momento específico. Jesús le dijo: *"Escrito esta".* Por ejemplo, cuando tenía hambre, porque estaba en ayuno, y el diablo fue a tentarlo, Él le dijo: *"Escrito está: no solo de pan vivirá el hombre, sino de toda palabra que sale de la boca de Dios"* (Mt. 4:4).

Tenemos que ser específicos en nuestras declaraciones. Jesús siempre buscaba al Padre en oración y tenía comunión con Él. Jesús hablaba lo que el Padre le mandaba a hablar.

La Biblia dice que la Palabra es como una espada de dos filos. La Palabra salía de la boca de Dios y Él la declaraba en la tierra con autoridad. Al decir "escrito está" se convierte en esa espada de doble filo que produce un impacto y destruye las obras de las tinieblas.

De igual forma, la Palabra debe salir de nuestra boca como una espada de dos filos. Primero salió de la boca de Dios y ahora sale de nuestra boca, que hemos sido creados a imagen de Dios y tenemos la presencia de Cristo que mora en nuestro corazón. Cuando declaramos la Palabra se convierte en esa espada de dos filos que provoca una explosión en el mundo espiritual y desata una bendición en el mundo natural. Cuando decimos "escrito está", el enemigo tiene que retroceder.

"Porque la palabra de Dios es viva y eficaz, y más cortante que toda espada de dos filos; y penetra hasta partir el alma y el espíritu, las coyunturas y los tuétanos, y discierne los pensamientos y las intenciones del corazón. Y no hay cosa creada que no sea manifiesta en su presencia; antes bien todas las cosas están desnudas y abiertas a los ojos de aquel a quien tenemos que dar cuenta" (He. 4:12-13).

Para que David le lanzara la piedra a Goliat necesitó de una honda. Él sabía manejar la honda, porque estaba entrenado en ella. Nuestra honda es la oración, y tenemos que entrenarnos en ella; y nuestras piedras son las Palabras reveladas que salen de nuestro espíritu para cada gigante que se levanta delante de nosotros.

"Orando en todo tiempo con toda oración y súplica en el Espíritu, y velando en ello con toda perseverancia y súplica por todos los santos" (Ef. 6:18).

David llevaba cinco piedras porque estaba preparado. Él sabía que había cuatro gigantes más que eran como Goliat, y estaba dispuesto a terminar con ellos (ver 2 S. 21:15-22).

El enemigo que David enfrentó fue aquello que lo llevó a darlo a conocer y preparó la plataforma para que luego reinara. Nunca olvides que aquello que Satanás trae para destruirte, puede convertirse en el escalón que Dios use para llevarte a otro nivel espiritual.

"Y sabemos que a los que aman a Dios, todas las cosas les ayudan a bien, esto es, a los que conforme a su propósito son llamados" (Ro. 8:28).

Declara la Palabra de Dios, porque ella es la que te hace libre. La Palabra es tu espada. Tienes que convertirte en un esgrimista de la Palabra de Dios, que tiene su espada bien afilada y la sabe usar.

"Cuando usamos la espada del Espíritu correctamente no vivimos a la defensiva como la mayoría de las veces hacen los cristianos, sino que como David vamos a la ofensiva de la línea de batalla y destruimos al enemigo como David destruyó a Goliat."

CAPÍTULO

RESUMEN SOBRE LA ARMADURA

"El que venciere será vestido de vestiduras blancas; y no borraré su nombre del libro de la vida, y confesaré su nombre delante de mi Padre, y delante de sus ángeles".
Apocalipsis 3:5

Para resumir todo lo que he mencionado sobre la armadura de Dios, hay varias cosas que tenemos que tener en mente.

- **Estamos en guerra.** No es tiempo de jugar a ser cristianos, sino de crecer y madurar en Cristo, porque estamos en tiempos peligrosos y delicados.

- **Debemos trabajar para ser buenos guerreros como los hijos de Zabulón**, que eran hombres entendidos en la guerra y sabían usar todo tipo de armas de guerra; pero tenían una característica particular, no tenían *doblez de corazón* (ver 1 Cr. 12:33).

- **Nunca vayas a la guerra sin llevar tu vestimenta de soldado** y sin haber preparado tu corazón delante de Dios.

La armadura es la vestimenta que debe usar todo creyente. Es el producto de una combinación de lo que Jesús es y lo que hizo por nosotros en la cruz del calvario. Se activa por medio de la oración, después de haber pasado por el proceso de descontaminación del arrepentimiento, con los agentes de limpieza que Dios nos ha dado. Estos agentes de limpieza son el agua de la Palabra, el cloro espiritual de la sangre del Cordero, que quita todo tipo de manchas, y el jabón de lavadores del Espíritu Santo, que saca todo a la luz.

Y una vez limpios podemos vestirnos adecuadamente según la unción que queremos ejercer: la de reyes, cuando decretamos la Palabra para que sea ejecutada, y la de sacerdotes, cuando oramos e intercedemos delante de Dios por su pueblo.

- **¿Por qué es tan importante la armadura de Dios?**

- Porque por medio de ella nos fortalecemos en Dios y en el poder de su fuerza, y cubrimos todas esas partes de nuestro cuerpo que son vulnerables a los ataques del enemigo.

- Porque podemos estar firmes sin que nada, ni nadie, nos desenfoque de lo que somos y lo que queremos lograr en Dios.

- Porque podemos resistir en el día malo. Y sabemos que los tiempos no van a mejorar, sino a empeorar debido a la intensificación del pecado y sus consecuencias.

Como dicen las Escrituras "por haberse multiplicado la maldad, el amor de muchos se enfriará (Mt. 24:12).

Dado que los días son malos, necesitamos más que nunca la gracia de Dios. Necesitamos buscar su guía y dirección en todo lo que hagamos, y averiguar qué dice Él en su Palabra acerca de nosotros y los tiempos, para que seamos entendidos y no necios y podamos resistir al diablo sabiamente.

"¿O pensáis que la Escritura dice en vano: El Espíritu que él ha hecho morar en nosotros nos anhela celosamente? Pero Él da mayor gracia. Por esto dice: Dios resiste a los soberbios, y da gracia a los humildes. Someteos, pues, a Dios; resistid al diablo, y huirá de vosotros. Acercaos a Dios, y él se acercará a vosotros. Pecadores, limpiad las manos; y vosotros los de doble ánimo, purificad vuestros corazones. Afligíos, y lamentad, y llorad. Vuestra risa se convierta en lloro, y vuestro gozo en tristeza. Humillaos delante del Señor, y Él os exaltará" (Stg. 4:5-10).

Dios nos está alertando a prepararnos y hacer algo, a no quedarnos pasivos, porque así le damos lugar al diablo para que siga invadiendo nuestro territorio y, como consecuencia, nos destruya por nuestra negligencia.

Por tal motivo, nos da herramientas y estrategias, que debemos usar para poder caminar en autoridad y poseer lo que ya nos entregó y nos pertenece por herencia. Él ya nos ha dado todo lo que necesitamos, pero nosotros debemos hacer nuestra parte para poseerlo.

Dios hace lo imposible, mientras nosotros hacemos lo posible. Dios nunca va a hacer lo que nos corresponde a nosotros. Hay un refrán muy popular, que encierra una gran verdad: "Tu puedes llevar el caballo al río para que beba, pero no lo puedes obligar a beber".

Con Dios es igual, Él nos ha bendecido con toda bendición en Cristo Jesús, nos trajo a su río; pero nunca nos obligará a hacer nada en contra de nuestra voluntad. Dios nos ha dado libre albedrío, nos ha dado la opción de escoger, somos nosotros los que decidimos si bebemos o no el agua.

"Por lo demás, hermanos míos, fortaleceos en el Señor, y en el poder de su fuerza. Vestíos de toda la armadura de Dios, para que podáis estar firmes contra las asechanzas del diablo. Porque no tenemos lucha contra sangre y carne, sino contra principados, contra potestades, contra los gobernadores de las tinieblas de este siglo, contra huestes espirituales de maldad en las regiones celestes. Por tanto, tomad toda la armadura de Dios, para que podáis resistir en el día malo, y habiendo acabado todo, estar firmes" (Ef. 6:10-13).

Es inevitable que lleguen días malos; pero si estamos preparados y sabemos cómo enfrentarlos vamos a tener más posibilidades de resistirlos con el menor daño posible.

Si nos convertimos en buenos guerreros, como los hijos de Zabulón, tenemos que aprender a usar todas las armas que Dios nos ha dado para la guerra espiritual. Debemos aprender a ser diligentes y ajustarnos cada día la armadura para nuestro beneficio. Y para que esto sea posible, debemos vivir lo que cada una de esas piezas implica en nuestra vida espiritual.

- ***Recuerda que la armadura cubre áreas vitales de nuestro cuerpo, y si no estamos viviendo lo que ella implica, lo único que hacemos es ponernos un disfraz de cristianos; pero no tenemos ningún poder***

que nos respalde para defendernos, porque tenemos brechas abiertas, y eso es peligroso.

Para que una alarma funcione, todos los circuitos deben estar cerrados. Y si hay alguna habitación que no queremos mantener bajo protección debemos separarla o bloquear esa área como si no existiera; de esta manera el circuito cerrará y la alarma funcionará.

Pero con Dios nos es así, cada pieza de la armadura es necesaria. Una depende de la otra para sostenerse entre sí y para obtener la protección total que necesitamos y Dios quiere para nosotros.

Cuando el pueblo de Israel iba a salir de Egipto, Dios los mandó a matar el cordero, aplicar la sangre en los postes y dinteles de sus casas, y luego comer todo el cordero sin dejar nada. Si algo les quedaba sin comer, debían ponerlo al fuego (Ver Éx. 12:1-14).

Con Dios es igual, debemos comer toda la Palabra, tanto la que nos gusta como la que no nos gusta. Y con la armadura sucede lo mismo, debemos usarla toda. Si alguna área de nuestra vida no se ajusta porque estamos mal, debemos postrarnos en el altar de bronce para que su fuego consumidor queme lo que no sirve, y su fuego purificador depure nuestra vida y quede lo que sirve; y éste es un proceso doloroso, que nos llevará a morir. Pero no debemos preocuparnos, porque para que haya resurrección con poder, primero debe haber muerte con dolor.

Cuenta la Biblia que el rey Acab fue a la guerra y recibió una herida de muerte, a causa de un dardo del enemigo que entró por entre las junturas de su armadura.

"Y un hombre disparó su arco a la ventura e hirió al rey de Israel por entre las junturas de la armadura, por lo que dijo él a su cochero: Da la vuelta, y sácame del campo, pues

estoy herido. Pero la batalla había arreciado aquel día, y el rey estuvo en su carro delante de los sirios, y a la tarde murió; y la sangre de la herida corría por el fondo del carro" (1 R. 22: 34-35).

Lo tremendo de esta historia es que la flecha no fue lanzada por un arquero específico o franco tirador con el fin de matarlo, sino que fue una fatalidad o lo que hoy día llamaríamos "una bala perdida". Y fue por entre las juntas de la armadura por donde entró la flecha que lo hirió y le causó la muerte.

Cuando tenemos una pieza de la armadura floja corremos el riesgo de que por ahí entre el dardo del enemigo como le pasó al rey Acab.

- ***No olvidemos que el rey Acab no solo fue herido, sino que el tipo de herida le costó la vida.***

La armadura tiene dos tipos de armas:

- **Una es un arma defensiva:** Sirve para protegernos y escondernos como el armadillo.

- **La otra es un arma ofensiva:** Sirve para defendernos y atacar.

La armadura cubre y protege cada parte de nuestro cuerpo que necesita protección. Esas partes son:

1) Los lomos con el cinturón de la verdad.

El cinturón es lo que ajusta la armadura y la mantiene en su sitio.

El cinturón cubre y protege las áreas sexuales y de desecho.

Si vivimos en santidad todas las demás cosas se van a mantener ajustadas.

2) El pecho con la coraza de justicia.

Aquí están protegidos órganos vitales como el corazón y los pulmones.

La Biblia dice que sobre toda cosa guardada, guardemos nuestro corazón porque de él mana la vida. Mantén tu corazón limpio de pecado y libre de toda amargura, falta de perdón, odio y resentimientos, para que puedas caminar espiritualmente libre de condenación y, en lo natural, con un corazón saludable y libre de enfermedades cardíacas. Niégate a respirar todo lo que te pueda contaminar tanto física como espiritualmente.

3) Los pies con el apresto del evangelio de la paz.

"Examina la senda de tus pies, y todos tus caminos sean rectos. No te desvíes a la derecha ni a la izquierda; aparta tu pie del mal" (Pr. 4:26-27)

Cada día tenemos que examinar nuestro caminar y ajustar nuestras pisadas. Caminar en esta tierra nos contamina. Por eso, necesitamos descontaminarnos con la sangre de Jesús.

Cuando nuestro caminar es correcto y tenemos entendimiento y revelación de que el Príncipe de Paz mora en nosotros y que Satanás nada tiene en nosotros, podemos caminar en seguridad, llevar las buenas de salvación a donde quiera que vayamos, y muchas veces nuestro testimonio hablará más que las muchas palabras que podamos decir. Podremos caminar en paz aún en medio de la guerra y seremos de bendición a donde quiera que vayamos.

4) El escudo de la fe, en tu mano izquierda protege todo tu cuerpo.

Con él vamos a apagar todos los dardos de fuego del enemigo, porque al levantar el escudo es como si levantáramos a Cristo delante de nosotros como un tabique, una pared o un muro de protección entre nosotros y la circunstancia que se ha levantado para atacarnos. Jesús es aquel que nos libra del daño y nos protege. Él está entre nuestras circunstancias y nosotros, y tenemos que creerlo por fe, visualizarlo como nuestro refugio, nuestro escudo y nuestro protector.

"Pero sin fe es imposible agradar a Dios; porque es necesario que el que se acerca a Dios crea que le hay, y que es galardonador de los que le buscan" (He. 11:6).

5) La cabeza con el yelmo de la salvación.

Nuestros pensamientos es el primer campo de batalla. Cómo respondemos a lo que vemos y oímos está determinado por cómo está protegida nuestra cabeza. Lo que vemos, lo que hablamos y lo que escuchamos debe someterse a la obediencia de la Palabra de Dios. De este modo estamos cubiertos por ese casco de protección.

Sustituye cada pensamiento negativo, por algo que sea bueno, verdadero y honesto que edifique tanto tu vida como la vida de otros.

"Por nada estéis afanosos, sino sean conocidas vuestras peticiones delante de Dios en toda oración y ruego, con acción de gracias. Y la paz de Dios, que sobrepasa todo entendimiento, guardará vuestros corazones y vuestros pensamientos en Cristo Jesús. Por lo demás, hermanos,

todo lo que es verdadero, todo lo honesto, todo lo justo, todo lo puro, todo lo amable, todo lo que es de buen nombre; si hay virtud alguna, si algo digno de alabanza, en esto pensad. Lo que aprendisteis y recibisteis y oísteis y visteis en mí, esto haced; y el Dios de paz estará con vosotros" (Fil. 4:6-9).

6) La espada del Espíritu en tu mano derecha.

Ésta tiene que estar siempre en tu mano. La espada del Espíritu es la Palabra de Dios. Pero es la Palabra revelada para un momento específico en una situación específica. Así como Jesús le dijo al diablo cuando fue tentado en el desierto "escrito está", de igual modo tú y yo debemos decirle al diablo: *"escrito está"*.

7) No podemos olvidarnos de la oración en el Espíritu.

Este tipo de oración es como un martillo eléctrico que rompe, desbarata y destruye los planes de las tinieblas y produce un rompimiento.

Además cuando oramos en el Espíritu estamos haciendo la oración correcta. De esta manera no permitimos que nuestras emociones, sentimientos y razonamientos humanos intervengan; sino que le damos libertad a nuestro espíritu para que se comunique directamente con Dios y haga la oración correcta. Asimismo recibimos descanso, porque recargamos nuestras baterías espirituales.

"Porque el que habla en lenguas no habla a los hombres, sino a Dios; pues nadie le entiende, aunque por el Espíritu habla misterios... El que habla en lengua extraña, a sí

mismo se edifica; pero el que profetiza, edifica a la iglesia..."Porque si yo oro en lengua desconocida, mi espíritu ora, pero mi entendimiento queda sin fruto. ¿Qué, pues? Oraré con el espíritu, pero oraré también con el entendimiento; cantaré con el espíritu, pero cantaré también con el entendimiento" (1 Co. 14: 2, 4, 14-15).

Orar en el Espíritu es de vital importancia para todo creyente. Lo más importante no es que hablamos en lenguas, sino que tenemos la evidencia de que hemos sido investidos de poder, para poder cumplir con la comisión de ser testigos de Dios en esta tierra, sobre la cual podemos caminar en poder y autoridad.

- ***La oración es una lanza que penetra y llega a todo lugar.***

¿Qué efecto tiene establecer o ajustarnos la armadura diariamente por medio de la oración?

1) Tenemos la oportunidad de examinar todas las áreas vulnerables y ver cómo está nuestra vida espiritual.
2) Cuando encontramos desajustes, podemos de inmediato hacer los ajustes que sean necesarios.
3) Nos ayuda a no darle lugar al diablo.
4) Entendemos que aquella área que está descubierta sin la protección de Dios queda indefensa y abierta al ataque del enemigo.

Cuando la armadura de Dios cubre todas las áreas vulnerables de nuestra vida estamos en armonía y en sintonía con Dios. Podemos decir también que estamos ***escondidos en Dios.*** Recuerda el ejemplo del armadillo.

La oración es una herramienta poderosa, que nos permite hacer un inventario y una confrontación de las áreas vulnerables de nuestra vida y nos lleva a un arrepentimiento genuino.

Si en la oración encontramos que algo está mal en nuestra vida, podemos ir confiadamente al trono de Dios a buscar lo que necesitamos:

- **Misericordia:** Recibimos el perdón de nuestras faltas.
- **Gracia y favor:** Para poder seguir caminando en nuestra vida cristiana sin condenación.

Cómo opera Satanás

Satanás opera de tres maneras:

1) Trae tentación a nuestra vida, para que caigamos en pecado.

2) Cuando logra que caigamos en pecado, opera con condenación para destruirnos.

3) Al llevarnos a pecar, nos intimida para que entremos en temor.

- **¿Que hace el temor?**

- O nos paraliza y no nos deja avanzar.

- O bien nos empuja para que nos rindamos y así cedamos nuestra posición.

El diablo quiere ocupar nuestra posición, por eso debemos resistirlo y no dejar que nos remplace. Santiago dice:

"Someteos, pues, a Dios; resistid al diablo, y huirá de vosotros" (Stg. 4:7).

Recuerda que al diablo debes resistirlo, pero de la tentación debes huir.

- ***Si te das cuenta que el diablo te está tentando, huye de la tentación. Si la tentación es muy fuerte y no puedes solo, busca ayuda, no pelees esa batalla solo.***

Busca a alguien que te apoye y te respalde en oración; una persona a la que puedas rendir cuenta de cómo vas en el proceso de la tentación. La oración en acuerdo tiene mucho poder.

- ***Uno pone a correr a mil, pero dos ponen a correr a diez mil. El poder se intensifica cuando dos se ponen de acuerdo en oración.***

Algo muy importante para recordar es que somos personas de dos mundos. Estamos en este mundo, pero no somos de este mundo. Satanás es el dios de este siglo, pero no es nuestro Dios, y su tiempo se está acabando. Él está viviendo como un arrendatario, pero el dueño de toda la tierra es Dios (ver Sal. 24:1).

Aunque no somos de este mundo, no debemos tener temor, porque le pertenecemos a Dios y no estamos solos. Él está con nosotros y nos ayuda a caminar en esta tierra con seguridad.

"Hijitos, vosotros sois de Dios, y los habéis vencido; porque mayor es el que está en vosotros, que el que está en el mundo" (1 Jn. 4:4).

Satanás debe permanecer en el lugar que Dios le asignó, que no es otro que debajo de nuestros pies. Por lo tanto, no lo dejemos subir a nuestra cabeza con sus palabras, engaños e intimidaciones. Seamos nosotros quienes le hablemos y le recordemos su pasado. De este modo, lo ponemos en vergüenza, porque él sabe que fue expuesto públicamente cuando Jesús lo venció en la cruz. Recordémosle su presente, que es debajo de nuestros pies, por eso si algo debe saber de nosotros, es el número de zapatos que calzamos y cuánto pesamos; y también recordémosle su futuro que es el lago de fuego, porque su tiempo en esta tierra se está venciendo.

Todo contrato tiene una fecha de vencimiento, el tiempo de su contrato se le está acabando. Ese arrendamiento tiene una fecha límite. Y ya que mayor es el que está en nosotros que él que esta en el mundo, él tiene que desalojar e irse al lugar que Dios ya le tiene reservado.

Recuerda que el que manda en una propiedad es el dueño, y el dueño es quien decide qué se hace o no se hace en su propiedad.

Cuando el contrato de arrendamiento de una propiedad se vence, si el dueño decide no renovar el contrato del inquilino porque no le gusta su comportamiento, el inquilino debe abandonar la propiedad. Y aunque no sea la fecha del vencimiento, si el inquilino no cumple con los requisitos establecidos por el dueño y viola las cláusulas del contrato, el dueño tiene todo su derecho y autoridad de sacar al inquilino de su propiedad.

Bueno pues, a Satanás se le está terminando su contrato de arrendamiento en esta tierra, y además está siendo desplazado por la Iglesia, que está retomando el terreno que él había invadido por violación de contra-to. Dios sigue siendo el dueño de esta tierra, sigue estando en control y conoce los tiempos, tus tiempos y mis tiempos.

"Ya que no son ocultos los tiempos al Todopoderoso, ¿Por qué los que le conocen no ven sus días?" (Job 24:1).

"Mas yo en ti confío, oh Jehová; Digo: Tú eres mi Dios. En tu mano están mis tiempos; Líbrame de la mano de mis enemigos y de mis perseguidores. Haz resplandecer tu rostro sobre tu siervo; Sálvame por tu misericordia. No sea yo avergonzado, oh Jehová, ya que te he invocado; sean avergonzados los impíos, estén mudos en el Seol" (Sal. 31:14-17).

La armadura te reviste de Jesús desde la coronilla de la cabeza hasta la planta de los pies. No dejes de usarla porque la necesitas.

Y yo declaro en el nombre de Jesús, nombre que es sobre todo nombre, que cuando termines de leer este libro nunca más tomarás livianamente la armadura de Dios, sino que a partir de ahora la usarás de la manera correcta. Será un patrón que te ayudará a examinar tu vida espiritual, y ese chequeo espiritual será un estilo de vida para ti; y no solo para ti, sino que Dios pondrá en ti la carga y la gracia para darlo a conocer a otros, para que ellos también puedan estar escondidos en Cristo (como el armadillo) y estar protegidos cuando vengan los dardos de fuego del maligno. A partir de ahora dejas de ser un cristiano disfrazado de Jesús, para caminar en esta tierra como un soldado de Cristo revestido de su poder, de su gracia y de su unción, que camina en autoridad para establecer su reino a donde quiera que vaya.

"Porque todos los que habéis sido bautizados en Cristo, de Cristo estáis revestidos" (Gá. 3:27).

LA ARMADURA DE DIOS

2da CORINTIOS 10:3-6

La noche está avanzada, y se acerca el día. Desechemos, pues, las obras de las tinieblas, y vistámonos las armas de la luz.
Romanos 13:12

CAPÍTULO 10

CAMBIA TUS VESTIDURAS

"Mas vosotros no habéis aprendido así a Cristo, si en verdad le habéis oído, y habéis sido por él enseñados, conforme a la verdad que está en Jesús. En cuanto a la pasada manera de vivir, despojaos del viejo hombre, que está viciado conforme a los deseos engañosos, y renovaos en el espíritu de vuestra mente, y vestíos del nuevo hombre, creado según Dios en la justicia y santidad de la verdad".
(Ef. 4:20-24).

¿Qué ocurre cuando nos despojamos del viejo hombre y nos vestimos del nuevo hombre? De pecadores pasamos a ser hijos, de esclavos del pecado pasamos a ser libres en Cristo y de temerosos pasamos a ser guerreros, porque nos convertimos en parte del ejército del Señor.

El Espíritu Santo hará su obra en nosotros, desde adentro hacia afuera, para vestirnos del nuevo hombre creado según Dios. Él nos vestirá de Jesús desde la coronilla de la cabeza hasta la planta de los pies.

El Espíritu Santo irá formando el carácter de Cristo en nuestra vida en tres direcciones:

1) Hacia Dios en nuestra relación con Él por medio del amor, el gozo y la paz.

Cuando llegamos a Cristo, venimos tan golpeados por la vida o las circunstancias que nos han tocado vivir, que tenemos muy baja autoestima y falta de identidad. La mayoría de nosotros hemos tenido una mala relación con nuestro padre terrenal. El padre es quien da la identidad a los hijos, y ahora nos encontramos con un Padre Celestial que tenemos que aprender a conocer y con quien tenemos que aprender a relacionarnos hasta que, como dice la Palabra, podamos decirle Abba Padre.

Él quiere que entendamos que Él es nuestro Padre y que nosotros somos sus hijos. Él nos ha adoptado en su familia, cuando quizás en nuestra propia familia fuimos rechazados, porque no querían un hijo más, porque consideraban que no era el tiempo, o simplemente porque fuimos producto de un embarazo no deseado fuera del matrimonio o incluso producto de una violación.

Pero no importa cuáles hayan sido las circunstancias de nuestro nacimiento. Dios lo permitió, porque nos quería adoptar en su familia, y nos creó para cumplir con un propósito y llegar a un destino.

Un hecho a considerar es que el hijo adoptado, si de algo puede estar seguro, es del amor de sus padres; porque fue un hijo deseado, anhelado y buscado con esmero.

Los que ahora son sus padres no podían tener hijos, pero soñaban con tener uno. Lo buscaron con deseo, sin importarles el sacrificio que tuvieran que hacer ni el precio que tuvieran que pagar, porque querían tener un hijo y estaban dispuestos a cumplir con todas las condiciones y a hacer todos los sacrificios y esfuerzos que fueran necesarios. Ellos simplemente querían un hijo y estaban dispuestos a mover cielo y tierra hasta tener uno.

Así es Dios con nosotros, a Él no le importó nuestro origen ni quienes pudieran ser nuestros padres. Tampoco le importó el sacrificio, ni el costo de esa adopción, tal es así que dio lo más precioso que tenía. El Padre entregó a su propio Hijo con tal de adoptarnos; pagó un precio muy alto; pagó con sangre, por cada uno de nosotros; por eso podemos tener la seguridad de establecer lo que dice el Salmo 27:10: *"Aunque mi padre y mi madre me dejaran, con todo, Jehová me recogerá"*.

No es hasta que empezamos a comprender el amor incondicional de Dios por nosotros, que el gozo empieza a manifestarse en nuestro ser; y comenzamos a caminar en paz, esa paz que sobrepasa todo entendimiento, porque hemos reconocido que somos hijos, y si hijos también herederos de todas sus promesas.

2) Hacia las personas que nos rodean y nuestra relación con ellas, con lo cual desarrollamos paciencia, bondad y benignidad para con ellas.

Dios nos creó para relacionarnos, y ya que todos somos diferentes y no pensamos igual, vamos a tener fricción; fricción que va puliendo y desarrollando el fruto del Espíritu en nosotros, y parte de ese fruto es la paciencia, la bondad y la benignidad.

Como hemos visto, Dios va desarrollando el amor, la paciencia, la bondad y la misericordia en nosotros, y luego nosotros empezamos a practicar con los demás lo que Dios ha hecho en nosotros. Es en medio de ese proceso que crecemos y maduramos.

3) Hacia adentro, hacia nosotros mismos. Aquí cambiamos nuestra actitud para con nosotros mismos y le permitimos a Dios desarrollar fe, mansedumbre y templanza en nosotros.

Necesitamos fe para creer que Dios nos puede cambiar, porque nosotros sabemos quiénes somos realmente; no obstante necesitamos desarrollar fe no solo para creer que Dios nos puede cambiar, sino también que nos puede usar para su reino.

Necesitamos mansedumbre para dejarnos corregir y moldear como barro en las manos del Alfarero, hasta que Él forme la vasija que quiere de nosotros. Aquí no importa las veces que tenga que romper la vasija y meterla de nuevo en el horno hasta que finalmente, cuando abra el horno, vea el rostro del alfarero reflejada en la vasija.

Necesitamos templanza o dominio propio para poder cumplir con el propósito para el cual Dios nos creó y, aunque sea doloroso, desarrollar sobriedad, moderación y prudencia para lograr esa templanza.

A medida que Dios trabaja en estas tres direcciones va formando su carácter en nosotros; pero el problema está en cuánto queremos cambiar y en cuánto queremos retener o proteger el cambio que ha habido en nosotros.

Si no cuidamos el terreno conquistado, el enemigo lo va a invadir de nuevo y nuestro estado va a ser peor que al principio.

Tenemos que llenar nuestro espíritu de la Palabra de Dios y su presencia, y no darle lugar al diablo. Los demonios tienen memoria y regresan con otros peores si encuentran la casa vacía y limpia.

"Cuando el espíritu inmundo sale del hombre, anda por lugares secos, buscando reposo; y no hallándolo, dice:

Volveré a mi casa de donde salí. Y cuando llega, la halla barrida y adornada. Entonces va, y toma otros siete espíritus peores que él; y entrados, moran allí; y el postrer estado de aquel hombre viene a ser peor que el primero" (Lc. 11:24-26).

Porque mejor es no conocerlo, que conocerlo y apartarnos de Él. ¿Sabes por qué? Es que ya no encajamos en el mundo, porque sabemos que le pertenecemos a Dios, y tampoco nos sentimos bien en la iglesia, porque sabemos que estamos mal debido al pecado de nuestra vida que nos separa de Dios.

Pero hay dos herramientas muy poderosas disponibles para todo hijo que está en pecado y separado de Dios: el arrepentimiento y la sangre de Jesús.

- ***El pecado nos separa de Dios. Pero el arrepentimiento genuino nos acerca de nuevo.***
- ***Y la sangre de Jesús nos limpia y nos pone de nuevo en el camino correcto.***

El Espíritu Santo es un caballero, y sólo entrará a aquella área de nuestra vida donde le abramos la puerta y le pidamos que nos cambie. Él nunca va a invadir nuestro territorio, ni a forzar nuestra voluntad, porque respeta nuestro libre albedrío.

La santidad viene de adentro hacia afuera. La Palabra es la que nos santifica por medio de la obra del Espíritu Santo en nuestra vida. Ningún esfuerzo humano logrará un cambio genuino, sino que todo será pura apariencia; pero tarde o temprano lo que está adentro saldrá y se podrá ver.

"¡Ay de vosotros, escribas y fariseos, hipócritas! porque limpiáis lo de fuera del vaso y del plato, pero por dentro estáis llenos de robo y de injusticia. ¡Fariseo ciego! Limpia

primero lo de dentro del vaso y del plato, para que también lo de fuera sea limpio. ¡Ay de vosotros, escribas y fariseos, hipócritas! porque sois semejantes a sepulcros blanqueados, que por fuera, a la verdad, se muestran hermosos, mas por dentro están llenos de huesos de muertos y de toda inmundicia. Así también vosotros por fuera, a la verdad, os mostráis justos a los hombres, pero por dentro estáis llenos de hipocresía e iniquidad" (Mt. 23:25-28).

Antes de la caída, Adán y Eva estaban desnudos en el jardín y la gloria de Dios los cubría.

Todos los animales tenían un tipo de vestidura, ya fuera de piel, plumas, escamas, etc. Pero al hombre y la mujer, que Dios había creado, los cubrían su gloria. Pero al pecar perdieron la gloria que los cubría y necesitaron vestiduras externas. Entonces se cubrieron con hojas de higuera.

"Y vio la mujer que el árbol era bueno para comer, y que era agradable a los ojos, y árbol codiciable para alcanzar la sabiduría; y tomó de su fruto, y comió; y dio también a su marido, el cual comió así como ella. Entonces fueron abiertos los ojos de ambos, y conocieron que estaban desnudos; entonces cosieron hojas de higuera, y se hicieron delantales. Y oyeron la voz de Jehová Dios que se paseaba en el huerto, al aire del día; y el hombre y su mujer se escondieron de la presencia de Jehová Dios entre los árboles del huerto. Mas Jehová Dios llamó al hombre, y le dijo: ¿Dónde estás tú? Y él respondió: Oí tu voz en el huerto, y tuve miedo, porque estaba desnudo; y me escondí" (Gn. 3:6-10).

Cuando el hombre peca, su instinto natural es huir y esconderse de Dios, pero Dios siempre lo va a buscar, llamar y confrontar, y siempre tendrá la provisión que el hombre necesita.

"Y Jehová Dios hizo al hombre y a su mujer túnicas de pieles, y los vistió. Y dijo Jehová Dios: He aquí el hombre es como uno de nosotros, sabiendo el bien y el mal; ahora, pues, que no alargue su mano, y tome también del árbol de la vida, y coma, y viva para siempre. Y lo sacó Jehová del huerto del Edén, para que labrase la tierra de que fue tomado" (Gn. 3:21-23).

La túnica de piel fue la provisión de Dios como vestimenta o vestidura para Adán y Eva, y para su restauración.

Pero Cristo, el cordero perfecto, se dio una vez y para siempre para restaurar nuestra comunión con Dios y darnos su justicia. Él habita dentro de nosotros y su gloria nos cubre nuevamente de adentro hacia afuera.

Con su muerte expiatoria, Cristo restauró todo lo que se había perdido por la desobediencia de Adán.

Hace mucho, alrededor del año 1998 tuve un sueño que impactó mi vida con referencia a la importancia de cambiar nuestras vestiduras.

Quizás por eso Dios ha trabajado tanto conmigo sobre la importancia de usar la armadura de Dios, y me ha puesto la carga de enseñar sobre este tema en la iglesia y a donde quiera que vaya. Y ahora en este libro he querido dar a conocer todo esto que por años Dios me ha ido mostrando, que es vital para la vida de todo creyente y que puede cambiar sus vidas para siempre y ayudarlos a caminar en autoridad sobre esta tierra.

Creo que por este motivo, en tres capítulos de este libro hablo de la armadura de Dios. Y en éste también sale a relucir, porque es tiempo de que, como creyentes nacidos de nuevo, convertidos en hijos de Dios, comencemos a vernos como Dios nos ve y caminemos en esta tierra con la autoridad que ya nos ha sido devuelta en

Cristo Jesús, para que podamos cumplir con el mandato o la asignación que Dios le dio a Adán y a Eva (ver Gn. 1:27-28).

En ese sueño vi a un hombre con vestiduras grises. El hombre estaba mal vestido con una camisa muy grande de color gris y un pantalón como de jean también gris. La camisa era tan grande y larga que solo se le veía el pantalón de la rodilla para abajo. Este hombre estaba vestido como suelen hacerlo los jóvenes que pertenecen a una pandilla o ganga.

La camisa tenía algo muy peculiar, estaba llena de parches, y los parches eran de diferentes colores y tenían diferentes formas. Unos eran redondos, otros cuadrados, otros en forma de L, otros rectangulares y otros triangulares.

Cuando miraba a este hombre, dentro del mismo sueño, tuve una visión en la que Dios me mostró quién era ese hombre y por qué estaba así. En la visión pude ver a un hombre parado sobre una pequeña plataforma con un micrófono en la mano, y el micrófono tenía un cable largo con el que se movía con libertad en esa plataforma.

Este hombre estaba bien vestido, con pulcritud. Llevaba puesta una camisa muy blanca, tan blanca que encandilaba (como esas luces que de tan blancas tienen un destello azul violeta), y su pantalón, cinturón y zapatos eran de color negro. Su pelo estaba bien peinado hacia atrás y su postura era bien derecha y caminaba sobre esa plataforma con mucha seguridad.

Pero algo pasó, porque a medida que el cable del micrófono se hacía más largo y la plataforma crecía, la apariencia de aquel hombre iba cambiando. Algo comenzó a pasar; él tenía el micrófono en la mano y lo pegó a sus labios, pero mientras hablaba, le comenzó a salir una especie de bigote que cubrió toda la parte de arriba del micrófono y sus vestiduras blancas comenzaron a ponerse grises. Ya no caminaba igual, se movía de manera rara y su camisa ya no estaba por dentro del pantalón, ni su cinturón ajustado a su cintura. Ahora tenía una camisa inmensa que se iba llenando de parches.

En ese momento pude ver una habitación donde había una reunión de varios hombres, que hablaban y discutían. Yo miraba desde arriba lo que estaba pasando, y sabía que estaban hablando de este hombre. De pronto, el hombre que estaba a la cabeza de aquella mesa dijo: —"señores no es que no lo haya podido lograr, porque bien claro lo dijo Jesús en Mateo que Él estaría con nosotros hasta el fin".

Al salir de ese lugar, volví a ver al hombre con la camisa gris; y de repente, oí estas palabras: ***"Despojaos del hombre viejo, que está viciado y revestíos del nuevo".*** Instantáneamente, después que esa voz salió como un trueno, aquel hombre se arrancó el bigote y la camisa llena de parches; y apareció debajo la camisa blanca y su pantalón negro con su cinturón y zapatos negros. Aquella plataforma dejo de ser grande y volvió a ser como al principio. Ahora este hombre estaba bien vestido y bien peinado, y volvía a caminar derecho y con seguridad con su micrófono en la mano.

Y ahí me desperté.

En ese momento le pregunté al Señor qué quería decir ese sueño y para quién era. Busqué mi Biblia y me sorprendí al ver que el último verso del último capítulo de Mateo termina con las palabras que dijo el hombre que estaba a la cabeza de aquella mesa de reunión donde discutían y hablaban del comportamiento de alguien.

"Enseñándoles que guarden todas las cosas que os he mandado; y he aquí yo estoy con vosotros todos los días, hasta el fin del mundo. Amén" (Mt. 28:20).

Luego busqué otra cita. Ésta en Efesios 4:22-24.

"En cuanto a la pasada manera de vivir, despojaos del viejo hombre, que está viciado conforme a los deseos engañosos, y renovaos en el espíritu de vuestra mente, y vestíos del nuevo hombre, creado según Dios en la justicia y santidad de la verdad".

Cuando leí estos dos pasajes de la Palabra sabía que el sueño era de Dios y comencé a orar, para que Dios me mostrara qué quería decir ese sueño y para quién era.

Y como en el sueño yo veía que ese hombre tenía un micrófono en su mano y hablaba a través de él, comencé a orar por los pastores para que Dios los guardara y protegiera de caer en toda trampa del diablo y, sobre todo, que los guardara de caer en falsas doctrinas.

Y según oraba y comentaba el sueño con otros, Dios fue trayendo revelación a tal punto que he predicado sobre eso y lo he representado varias veces; porque cuando vemos algo se nos graba más que cuando lo escuchamos; por eso la pornografía es tan peligrosa, tan dañina y tan difícil de desarraigar, porque se mete por los ojos.

Cada vez que representé ese sueno para hablar de la armadura, usé tres personas. Una persona con una camisa gris para representar las vestiduras grises, y en esa camisa he puesto parches como los que vi en el sueño con los nombres de todas las obras de la carne como se mencionan en Gálatas 5:19-21

"Y manifiestas son las obras de la carne, que son: adulterio, fornicación, inmundicia, lascivia, idolatría, hechicerías, enemistades, pleitos, celos, iras, contiendas, disensiones, herejías, envidias, homicidios, borracheras,

orgías, y cosas semejantes a estas; acerca de las cuales os amonesto, como ya os lo he dicho antes, que los que practican tales cosas no heredarán el reino de Dios".

Otra persona con una camisa bien blanca en representación de las vestiduras blancas. Allí puse los frutos del Espíritu del lado izquierdo, y del lado del corazón puse amor, gozo y paz para con Dios.

En un brazo puse: paciencia, bondad y benignidad, para con las personas que nos rodean, nos gusten o no. Y en el otro brazo puse: fe, mansedumbre y templanza para con nosotros.

"Mas el fruto del Espíritu es amor, gozo, paz, paciencia, benignidad, bondad, fe, mansedumbre, templanza; contra tales cosas no hay ley. Pero los que son de Cristo han crucificado la carne con sus pasiones y deseos. Si vivimos por el Espíritu, andemos también por el Espíritu. No nos hagamos vanagloriosos, irritándonos unos a otros, envidiándonos unos a otros" (Gá. 5:22-26).

Y para la tercera persona siempre uso un niño vestido con la armadura de Dios.

¿Sabes por qué uso un niño? Porque si no nos volvemos como niños, jamás podremos depender de Dios como el niño que confía en su padre y se toma de la mano de él.

Delante de Dios debemos ser como niños, pero delante del diablo debemos vernos como soldados vestidos de Jesús revestidos del poder de Dios.

"Por lo demás, hermanos míos, fortaleceos en el Señor, y en el poder de su fuerza. Vestíos de toda la armadura de Dios, para que podáis estar firmes contra las asechanzas

del diablo. Porque no tenemos lucha contra sangre y carne, sino contra principados, contra potestades, contra los gobernadores de las tinieblas de este siglo, contra huestes espirituales de maldad en las regiones celestes. Por tanto, tomad toda la armadura de Dios, para que podáis resistir en el día malo, y habiendo acabado todo, estar firmes. Estad, pues, firmes, ceñidos vuestros lomos con la verdad, y vestidos con la coraza de justicia, y calzados los pies con el apresto del evangelio de la paz. Sobre todo, tomad el escudo de la fe, con que podáis apagar todos los dardos de fuego del maligno. Y tomad el yelmo de la salvación, y la espada del Espíritu, que es la palabra de Dios; orando en todo tiempo con toda oración y súplica en el Espíritu, y velando en ello con toda perseverancia y súplica por todos los santos" (Ef. 6:10-18).

Cuando yo represento ese sueño la persona que uso se pone primero la camisa blanca, y encima se pone la gris.

Cuando le digo "despojaos del hombre viejo que está viciado" esa persona se saca la camisa gris y por debajo le queda la camina blanca con los frutos del Espíritu grabados en ella.

Tomo una persona del público y le pido que se ponga la camisa gris. Luego le pido que se pare al lado de la que tiene la camisa blanca y llamo al niño vestido con la armadura y los paro uno al lado del otro.

Así la persona puede darse cuenta de qué manera el pecado y las cosas de este mundo pueden manchar nuestras vestiduras. Sin embargo, no hay nada que la sangre de Jesús no pueda blanquear, cambiar y restaurar, a fin de colocarnos de nuevo en nuestro puesto de combate en su ejército.

"Venid luego, dice Jehová, y estemos a cuenta: si vuestros pecados fueren como la grana, como la nieve serán emblanquecidos; si fueren rojos como el carmesí, vendrán a ser como blanca lana. Si quisiereis y oyereis, comeréis el bien de la tierra; si no quisiereis y fuereis rebeldes, seréis consumidos a espada; porque la boca de Jehová lo ha dicho" (Is. 1:18-20).

Cuando le preguntaba al Señor por qué la ropa era gris, Dios habló a mi corazón que gris es el color que ni es blanco, ni negro. La mezcla de negro con blanco da gris.

El blanco es símbolo de santidad, pureza. Representa también al Espíritu Santo. Y solo lo puede experimentar aquel que ha tenido un nuevo nacimiento, porque le ha entregado su corazón a Jesús y como lo ha hecho Señor de su vida deja que Él ordene sus pasos. Ten presente que la santidad debe salir de adentro hacia afuera, sino solo seríamos sepulcros blanqueados por fuera, pero hediondos por dentro.

El negro se usa muchas veces para representar el pecado, pero también se usa como símbolo de autoridad.

Fíjate en los jueces de una corte ¿de qué color son sus togas? Son negras. Ellos están ahí en representación de la ley y ejercen su autoridad para que se cumpla.

En ese sueño estamos hablando de alguien que es un hijo de Dios, que predica la Palabra y camina seguro y en autoridad.

Esta persona ha sido renovada de adentro hacia afuera y Dios ha blanqueado sus vestiduras. Su corazón es puro, camina en autoridad, tiene sus lomos ceñidos con la verdad de Dios y a medida que camina predica y enseña la Palabra, Dios va extendiendo su territorio hasta que algo pasa que lo detiene en el camino y comienza a manchar sus vestiduras y cambia su forma de hablar y caminar.

No vuelve al estado original de pecado, por eso las vestiduras no son de color negro, porque el cristiano aunque peque ya no es pecador. Pecador es aquel que practica el pecado. Puede que haya caído, pero se puede levantar de nuevo mediante el ministerio de reconciliación. Ya no es un pecador, porque ese no es su estilo de vida. Hubo una metamorfosis en él y ahora es un cristiano perdonado. Pero debido a que no es perfecto, necesita tomarse de la mano de Dios y dejarse moldear por Él a través de un proceso de quebrantamiento que tendrá que atravesar por motivo de esa caída para ser renovado, aunque le duela.

Cuando algo sufre una metamorfosis es imposible regresarlo al estado en que estaba antes de la metamorfosis. No se puede hacer que una mariposa se convierta de nuevo en oruga. Ni se puede hacer que una rana adulta se convierta de nuevo en renacuajo. Porque tanto la rana como la mariposa sufrieron una metamorfosis. La mariposa jamás regresará al capullo. Y con la rana pasa algo peculiar; mientras la rana está en su estado larval, su habitad es el agua, pero cuando se convierte en rana pasa a ser un anfibio. Le gusta la humedad, pero ya no vive perennemente en el agua, ya ese no es su estilo de vida.

Igual pasa con el cristiano. Vivimos en este mundo, pero no somos de este mundo. A la carne le gusta todo lo carnal, y todo lo que el mundo ofrece; pero una vez que nuestro espíritu es renovado, el mundo ya no es nuestro habitad. Por lo tanto no encajamos en él y nos sentimos mal cuando caemos y somos seducidos por sus pasiones. Tarde o temprano dejamos aquello que nos hizo caer, porque en Cristo Jesús hemos tenido una metamorfosis.

En ese sueño Dios me mostró también algo que hemos podido ver en nuestra vida cristiana: que muchos ministerios cristianos se han visto afectados por el crecimiento, la fama y la popularidad, porque el orgullo, la soberbia y la prepotencia se va apoderando de ellos. Se desenfocan por completo y a veces se olvidan que Dios es el dueño del rebaño. Quitan su mirada de Jesús y la ponen en otras cosas; y cuando los pastores dejan de depender de Dios y su Palabra, comienzan a acomodarse y descuidan su vida espiritual. En consecuencia, la palabra que sale de sus labios va a cambiar, igual que sus vestiduras, y, a menos que se arrepientan y regresen a la senda antigua, no volverán a recuperar lo que han perdido.

No solo los pastores están expuestos a perder esas vestiduras blancas, sino que todos los creyentes estamos expuestos a perderlas si permitimos que caminar en esta tierra nos contamine y nos manche.

Por eso una de las cosas que nos protege y mantiene nuestras vestiduras limpias, es tener un estilo de vida de oración diaria. Ajustar la armadura en ese tiempo de oración nos mantiene seguros.

Y cuando el diablo o sus demonios nos ven, lo único que pueden ver es un soldado armado hasta los dientes, que camina en autoridad, cubierto con la sangre de Jesús y envuelto en la gloria de Dios debido a la unción que hay sobre él.

En lo natural, todo ser humano normal tiene en su corazón el deseo de poder formar una familia y tener hijos. Y una vez que los tiene los ama con todo su corazón y no quiere perderlos; es más, si por alguna causa la familia pierde alguno de sus hijos, habrá un vacío que nadie podrá llenar, porque no hay nada que duela más que un hijo.

Fíjate que el deseo de ser padre o madre está tan adentro del corazón del ser humano que hasta los homosexuales quieren formar su propia familia y tener sus hijos. Para lograrlo inventan todas las estratagemas humanas posibles, aunque estén equivocados y su forma de conducirse esté en contra del corazón de Dios. Dios ama al homosexual, pero odia el pecado que ellos cometen. No obstante, aunque estén equivocados en su funcionamiento y orientación sexual es innegable que como seres humanos sienten la necesidad interna de tener una familia y ser padres.

Es bueno entender que siempre que desconocemos el propósito de cómo usar o hacer algo, lo empleamos mal o lo usamos de la manera incorrecta. Debemos orar para que los ojos de las personas que practican este pecado se abran y puedan entender que el homosexualismo no es una enfermedad ni un estilo de vida, sino un pecado del que, con la ayuda de Dios, se puede salir.

Como hijos de Dios debemos aprender a conocer el corazón del Padre. Él no quiere que nos perdamos, ni mucho menos que malgastemos nuestra herencia en el mundo, en cosas que no edifican; pero si en nuestra rebeldía nos apartamos de Él y de su casa, Él no quiere que vivamos comiendo las algarrobas del mundo. Él quiere que regresemos a casa. Como mencioné en otro capítulo, cuando un pecador se arrepiente hay fiesta en los cielos y los ángeles hacen fiesta porque el nombre de esa persona ha sido inscrito en el libro de la vida. Dios ama al mundo perdido y dio a su Hijo en rescate por él.

Pero una vez que ya es hijo y está en la casa del Padre, el Padre no quiere que ese hijo se pierda de nuevo. Si se alejó y logra ser rescatado es el Padre el que sale a recibirlo, no para recriminarle porque le falló, sino para darle un beso de bienvenida. Es el Padre el que manda a hacer una fiesta y es el Padre el que le cambia las vestiduras sucias por vestiduras nuevas y le da lo mejor que tiene al hijo que ha regresado a casa.

"Y cuando todo lo hubo malgastado, vino una gran hambre en aquella provincia, y comenzó a faltarle. Y fue y se arrimó a uno de los ciudadanos de aquella tierra, el cual le envió a su hacienda para que apacentase cerdos. Y deseaba llenar su vientre de las algarrobas que comían los cerdos, pero nadie le daba. Y volviendo en sí, dijo: ¡Cuántos jornaleros en casa de mi padre tienen abundancia de pan, y yo aquí perezco de hambre! Me levantaré e iré a mi padre, y le diré: Padre, he pecado contra el cielo y contra ti. Ya no soy digno de ser llamado tu hijo; hazme como a uno de tus jornaleros. Y levantándose, vino a su padre. Y cuando aún estaba lejos, lo vio su padre, y fue movido a misericordia, y corrió, y se echó sobre su cuello, y le besó. Y el hijo le dijo: Padre, he pecado contra el cielo y contra ti, y ya no soy digno de ser llamado tu hijo. Pero el padre dijo a sus siervos: Sacad el mejor vestido, y vestidle; y poned un anillo en su mano, y calzado en sus pies. Y traed el becerro gordo y matadlo, y comamos y hagamos fiesta; porque este mi hijo muerto era, y ha revivido; se había perdido, y es hallado. Y comenzaron a regocijarse" (Lc. 15:14-24).

Dios quiere darnos lo mejor; y lo mejor que Él tiene para nosotros es Jesucristo y lo que Él hizo en la cruz para cubrir cada parte vulnerable de nuestro ser mientras estemos en esta tierra.

Una vez más te exhorto a no dejar de usar algo tan importante como es la armadura de Dios.

Ten presente que esto no es una opción, sino todo lo contrario, es un mandato de Dios.

Cambia tus vestiduras si se han puesto grises, y regresa de nuevo a la senda antigua.

"Por lo demás, hermanos míos, fortaleceos en el Señor, y en el poder de su fuerza. Vestíos de toda la armadura de Dios, para que podáis estar firmes contra las asechanzas del diablo" (Ef. 6:10-11).

11

CAPÍTULO

DIFERENTES TIPOS DE ORACIÓN

"Por tanto, teniendo un gran sumo sacerdote que traspasó los cielos, Jesús el Hijo de Dios, retengamos nuestra profesión. Porque no tenemos un sumo sacerdote que no pueda compadecerse de nuestras debilidades, sino uno que fue tentado en todo según nuestra semejanza, pero sin pecado. Acerquémonos, pues, confiadamente al trono de la gracia, para alcanzar misericordia y hallar gracia para el oportuno socorro".
(Hebreos 4:14-16)

La oración es la columna vertebral de la iglesia y la columna vertebral en la vida del creyente. Es la que nos lleva a tener intimidad con Dios, nos permite desarrollar una verdadera relación con Él y nos ayuda a caminar derechos.

No es de extrañarse que tanto la Iglesia como los creyentes de hoy día estén padeciendo de un mal muy común, como la indiferencia y apatía espiritual. A este mal tan común en la Iglesia de hoy, yo lo llamo ***Escoliosis***

Espiritual, porque no estamos caminando derechos por falta de oración y de comunión con Dios en nuestra vida y en nuestras reuniones. La oración ha dejado de ser una prioridad para ser una opción, en la cual la encasillamos y la limitamos al tiempo que nosotros queremos y a los programas que podemos tener. La mayoría de nosotros no entendemos que Dios es soberano, Rey de Reyes y Señor de Señores, y que es un privilegio para nosotros, sus hijos, poder hablar con Él, porque Dios creó al hombre con la intención de relacionarse con él.

Dios se paseaba en el jardín con Adán y Eva y los visitaba todos los días. Esto implica que había una relación entre ellos. Por lo tanto, la oración no se instituyó después de la caída del hombre, sino antes. En realidad, con la caída del hombre se perdió la comunicación y la relación que el primer hombre tenía con Dios. Pero esa línea de comunicación y de relación se restableció con la muerte de Jesús en la cruz, donde recuperó, con su resurrección, la relación que el hombre había perdido con su Creador a causa del pecado.

Satanás cortó la relación del hombre con Dios, pero Cristo con su sacrificio en la cruz, la restableció. La oración es la que prepara nuestro corazón para entrar verdaderamente en la presencia de Dios. No es una opción para la vida del creyente, sino un mandato de Dios.

Dios quiere que nos acerquemos a Él diariamente y que lo hagamos confiadamente para que alcancemos su misericordia y hallemos gracia para el oportuno socorro. Cada día trae su propio afán, y necesitamos que Dios nos dé su gracia, su favor y su misericordia para poder enfrentar y vencer lo que cada día trae. La Palabra es clara cuando dice *"separados de mí nada podéis hacer"* (Jn. 15:5), por eso tenemos que acercarnos a Él.

Así como cuando el pueblo de Israel estaba en el desierto

debía levantarse temprano cada día para recoger el maná, que necesitaba para vivir ese día en el desierto. De igual manera, nosotros debemos acercarnos a Dios cada día, por medio de la oración, para buscar nuestro maná escondido y poder caminar en seguridad y fortaleza en medio de este mundo perdido.

"Acercar" significa poner cerca o a menor distancia, aproximar, aproximarse. Si nosotros nos acercamos a Dios, Él se acercará a nosotros.

"Acercaos a Dios, y Él se acercará a vosotros. Pecadores, limpiad las manos; y vosotros los de doble ánimo, purificad vuestros corazones" (Stg. 4:8).

- ***¿Por qué es tan importante la oración en la vida de creyente?***

Porque además de ser el medio para poder tener comunión con Dios, es a través de ella que vamos a poder establecer su voluntad en la tierra. Hay una realidad que tenemos que entender: el diablo no es un mito, el diablo existe y tenemos que oponernos a él. Y al oponernos a él y a sus demonios estamos estableciendo la voluntad de Dios en la tierra.

Además no podemos olvidar que la oración cambia las cosas. Por medio de ella obtenemos todo lo que necesitamos para nuestra vida, nos libera de la ansiedad, recibimos la paz de Dios y, sobre todo, fortalecemos nuestra relación con Él.

"Vuelve ahora en amistad con Él, y tendrás paz; y por ello te vendrá bien. Toma ahora la ley de su boca, y pon sus palabras en tu corazón. Si te volvieres al Omnipotente, serás edificado; alejarás de tu tienda la aflicción; tendrás

más oro que tierra, y como piedras de arroyos oro de Ofir; el Todopoderoso será tu defensa, y tendrás plata en abundancia. Porque entonces te deleitarás en el Omnipotente, y alzarás a Dios tu rostro. Orarás a Él, y Él te oirá; y tú pagarás tus votos. Determinarás asimismo una cosa, y te será firme, y sobre tus caminos resplandecerá luz" (Job 22:21-28).

La oración prepara el camino para Dios y es la vía para poder realizar su obra aquí en la tierra, en la que nosotros somos sus colaboradores.

- ***Dios está buscando dos cosas: Intercesores y adoradores.***

Intercesores, hombres y mujeres que se paren en la brecha para orar y establecer la voluntad de Dios.

"Y busqué entre ellos hombre que hiciese vallado y que se pusiese en la brecha delante de mí, a favor de la tierra, para que yo no la destruyese; y no lo hallé" (Ez. 22:30).

Adoradores que le adoren en Espíritu y verdad.

"Mas la hora viene, y ahora es, cuando los verdaderos adoradores adorarán al Padre en espíritu y en verdad; porque también el Padre tales adoradores busca que le adoren" (Jn. 4:23).

Todos estamos llamados a orar y buscar el rostro de Dios; por eso, cuando no tenemos una vida de oración somos inútiles o inservibles en el reino de Dios, porque con quien Dios no recoge, desparrama y llegamos a ser lo que dice Isaías 56:10:

"Sus atalayas son ciegos, todos ellos ignorantes; todos ellos perros mudos, no pueden ladrar; soñolientos, echados, aman el dormir".

Estamos viviendo tiempos difíciles y delicados, y Dios nos está llamando a despertar del sueño y de la apatía donde nos hemos sumergido por ignorancia o comodidad. Por eso uno de los sonidos de trompeta de Dios en estos tiempos es a despertarnos y regresar a la oración. La oración nos mantiene en vela, nos alerta, nos guía y nos da estrategias para actuar y avanzar en el reino de Dios.

"Mas todas las cosas, cuando son puestas en evidencia por la luz, son hechas manifiestas; porque la luz es lo que manifiesta todo. Por lo cual dice: Despiértate, tú que duermes, y levántate de los muertos, y te alumbrará Cristo. Mirad, pues, con diligencia cómo andéis, no como necios, sino como sabios, aprovechando bien el tiempo, porque los días son malos. Por tanto, no seáis insensatos, sino entendidos de cuál sea la voluntad del Señor" (Ef. 5:13-17).

Jesús es nuestro mejor modelo de una vida de oración y comunión con el Padre; orar es una necesidad en la vida del creyente.

Cuando nos acercamos a Dios en oración podemos hacerlo confiadamente porque somos sus hijos; y como tales podemos acercarnos en plena certidumbre de fe, convicción, esperanza, seguridad y, sobre todo, con tranquilidad.

El hijo que conoce bien a su padre se acerca a él con franqueza, sin rodeos, y busca tener intimidad con él, porque hay una relación de padre e hijo. Si no nos acercamos confiadamente es porque no tenemos confianza, sino desconfianza y duda de lo que Dios puede hacer, pero cuando nos movemos en incredulidad Dios no puede obrar (ver He. 11:6).

Si no tenemos intimidad con Dios, cuando nos acerquemos a Él lo haremos con frialdad, como si estuviéramos siguiendo un protocolo. Tendremos una religión pero no una relación genuina con Él.

Entre tantas de las comparaciones que Dios me ha dado hay una muy buena para la oración:

- ***La oración es como como un árbol.***
- En ese árbol ***la raíz*** es nuestra relación con Dios.
- ***El tronco*** de ese árbol es la vida de oración, que vamos desarrollando al tener intimidad con Él.
- ***Las ramas*** son los diferentes tipos de oración que vamos aprendiendo y añadiendo a nuestra vida de oración.
- ***Los frutos*** son las oraciones contestadas, que dejan de ser promesas para ser promesas cumplidas.

Esto implica que a medida que aumente la raíz ***(nuestra relación con Dios)***, más grande será el tronco ***(nuestra oración)***, más grandes serán las ramas ***(tipos de oración)***, y más frutos se recogerán ***(oraciones contestadas, testimonios, seremos más efectivos en nuestra vida de oración y en el reino).***

Llegará el tiempo que en nuestro árbol de oración veremos que nuestras oraciones más intensas y más largas serán de ***adoración, alabanza, acción de gracias e intercesión***; porque el centro de nuestras oraciones o el motivo de la oración no seremos nosotros mismos, sino Dios y nuestro prójimo.

Otra oración que va a requerir tiempo es la de ***consagración***, porque es el tipo de oración que nos lleva a limpiarnos y caminar derechos en el reino. Tenemos que darle el tiempo que sea necesario para examinar todas las áreas de nuestra vida que necesiten algún ajuste y corregir lo que sea necesario, para que podamos funcionar en esta tierra como Dios prevé y espera de nosotros.

Pero las oraciones más breves son las peticiones que hacemos por nosotros, como por ejemplo un automóvil, una casa, un esposo, tener un hijo, etc. Aunque sean las más breves, Dios las respaldada, porque las oraciones que hemos hecho para adorar, alabar, agradecer y reconocer el Señorío de Dios, además de las que hemos hecho a favor de otros, son las que servirán de base o fundamento para que las peticiones de nuestros propios deseos y sueños suban y sean contestadas rápidamente.

Mateo 5:7 dice: *"Bienaventurados los misericordiosos, porque ellos alcanzarán misericordia".* Cuando nos movemos en misericordia y nos ocupamos de otros, Dios se encarga de nuestras peticiones, y si nuestras peticiones están en las manos de Dios, podemos estar seguros de que está en las mejores manos y recibiremos la mejor respuesta, porque Dios está en control y no nosotros.

- **¿Cómo debemos orar?**

"Aconteció que estaba Jesús orando en un lugar, y cuando terminó, uno de sus discípulos le dijo: Señor, enséñanos a orar, como también Juan enseñó a sus discípulos. Y les dijo: Cuando oréis, decid: Padre nuestro que estás en los cielos, santificado sea tu nombre. Venga tu reino. Hágase tu voluntad, como en el cielo, así también en la tierra. El pan nuestro de cada día, dánoslo hoy. Y perdónanos nuestros pecados, porque también nosotros perdonamos a todos los que nos deben. Y no nos metas en tentación, mas líbranos del mal" (Lc. 11:1-4).

El Padre Nuestro es un modelo de oración para poder orar y clamar conforme al corazón de Dios en todos los aspectos de la vida.

- ***Dios quiere que al orar:***

- Nos dirijamos al Padre.
- Glorifiquemos su nombre.
- Establezcamos su reino en la tierra; que intercedamos por los perdidos, los gobernantes, los que están en eminencia, los necesitados, por su Iglesia y por todo lo demás que Él nos muestre.
- Pidamos por nosotros; pidamos lo que necesitamos.
- Incluya el perdón como un estilo de vida en el cual perdonemos si queremos ser perdonados.
- Manifestemos confianza en que Él nos guiará a donde quiera que vayamos.
- Manifestemos la convicción de que Él nos protege y nos libra de todo mal.

Cuando vamos a orar, debemos pedir la ayuda del Espíritu Santo para que nos guíe, nos ayude a orar como conviene y nos lleve a toda verdad. Ya que separados de Dios no podemos hacer nada, cuando oramos necesitamos de su ayuda para no caer en oraciones almáticas, llenas de sentimentalismo y manipulación, que muchas veces son inspiradas por poderes demoníacos. Para poder crecer en nuestra vida de oración y pasar más tiempo en oración podemos usar los diferentes tipos de oración.

Dios nos llamó a caminar en libertad. Él quiere que tengamos una relación con Él y no una religión. Él no quiere que seamos religiosos que funcionemos mecánicamente, sino que fluyamos con libertad, por este motivo, no hay una posición específica para orar.

Algunas de las posiciones más usadas para orar son: de rodillas, postrados delante de Dios, tendidos a lo largo sobre el suelo, parados, sentados, caminando o en cualquier otra posición.

La posición no importa, lo que importa es la actitud de nuestro corazón. Recuerda que el hombre juzga por las apariencias, pero Dios mira al corazón del hombre, lo juzga y lo pesa, por eso podemos estar orando de pie, pero con un corazón de rodillas. La gente nos puede criticar; sin embargo, Dios puede estar muy agradado con nuestra oración.

Creo que la meta de todo creyente debe ser llegar a ser un creyente maduro. Y alguien maduro se ve porque el carácter de Cristo ha sido formado en él. La oración es clave para poder crecer y llegar a ser maduros; por lo tanto, si no oramos no habrá crecimiento espiritual y no maduraremos.

Es mi oración, en este momento, que Dios despierte en ti el deseo de orar y buscar su rostro para que puedas crecer y madurar y seas una pieza clave en este tiempo, para poder establecer su reino en la tierra; para que puedas ser un canal por donde Él pueda fluir y trasmitir su amor, su gracia, su misericordia, su unción y su poder a donde quiera que vayas. Es más, en este momento declaro y establezco sobre tu vida que, cuando termines de leer este libro, nunca más serás el mismo, porque tu espíritu se ha despertado, y la luz de Cristo te ha alumbrado como lámpara a tus pies y lumbrera a tu camino. Dios ha acelerado tus tiempos para redimirte el tiempo que habías perdido, jugando a la iglesia y a la religión.

El deseo del corazón de Dios es que su casa y su pueblo sean impulsados y guiados por la oración. Si la oración es el eje de nuestra vida, nos convertimos en un pueblo que sabe depender de Dios.

"Yo los llevaré a mi santo monte, y los recrearé en mi casa de oración; sus holocaustos y sus sacrificios serán aceptos sobre mi altar; porque mi casa será llamada casa de oración para todos los pueblos" (Is. 56:7).

Toda la Biblia es un texto de oración. Hay muchos hombres y mujeres que son ejemplos de dependencia y confianza en Dios, porque desarrollaron una vida de oración fuerte. Hombres y mujeres que, cada vez que tenían un conflicto en sus vidas, corrían hacia su lugar de encuentro con Dios para hablar con Él, abrirle su corazón, decirle cómo se sentían y buscar la fuerza, la paz y el consuelo que en ese momento necesitaban.

Nosotros también podemos aprender de esos hombres y mujeres, que pudieron vencer todos los obstáculos y obtener grandes victorias gracias a que aprendieron a depender de Dios y no de sus habilidades, y mucho menos de la posición social o económica que pudieran tener o disfrutar.

En las páginas de la Biblia vemos que desde un simple pastor de ovejas, campesinos, pescadores, hasta médicos y reyes aprendieron a reconocer su total incapacidad de resolver un problema si Dios no estaba en el asunto.

De igual manera, nosotros tenemos que aprender a depender de Dios, y para eso tenemos que pasar más tiempo con Él; tenemos que aprender más de la oración y buscar mayor intimidad con Él.

Orar es hablar con Dios, y hay muchos tipos de oración que podemos hacer para poder tener una conversación más larga y más intima con Él.

Tipos de oraciones que podemos hacer en nuestro tiempo de oración

- Alabanza.
- Adoración.
- Acción de gracias.
- Consagración.
- Intercesión.
- Oración que cambia las cosas.
- Atar y desatar.
- Ponerse de acuerdo.
- Unida.
- Petición o suplica.
- Orar en el Espíritu.
- Orar hasta.
- Oración de guerra.
- Oración profética.
- Oración apostólica

1) ¿Cómo es la oración de alabanza?

Alabar significa elogiar, celebrar, aplaudir, ensalzar, aclamar, honrar, glorificar, loar.

Es magnificar y exaltar a Dios por lo que Él es. Un ejemplo de esta oración es el Salmo 100.

"Cantad alegres a Dios, habitantes de toda la tierra. Servid a Jehová con alegría; venid ante su presencia con regocijo. Reconoced que Jehová es Dios; Él nos hizo, y no nosotros a nosotros mismos; Pueblo suyo somos, y ovejas de su prado. Entrad por sus puertas con acción de gracias, Por sus atrios con alabanza; Alabadle, bendecid su nombre. Porque Jehová es bueno; para siempre es su misericordia, Y su verdad por todas las generaciones".

Otro Salmo que glorifica a Dios y lo exalta es el Salmo 150.

"Alabad a Dios en su santuario; Alabadle en la magnificencia de su firmamento. Alabadle por sus proezas; alabadle conforme a la muchedumbre de su grandeza. Alabadle a son de bocina; alabadle con salterio y arpa. Alabadle con pandero y danza; Alabadle con cuerdas y flautas. Alabadle con címbalos resonantes; alabadle con címbalos de júbilo. Todo lo que respira alabe a JAH. Aleluya".

La alabanza es la atmósfera del cielo. Cuando alabamos a Dios, lo invitamos para que Él venga y traiga su atmósfera con Él. El Salmo 22:3 dice: *"Pero tú eres santo, tú que habitas entre las alabanzas de Israel".*
Nuestra alabanza mueve la mano de Dios para que Él actúe a favor nuestro y esparza a nuestros enemigos.

"Vosotros tendréis cántico como de noche en que se celebra pascua, y alegría de corazón, como el que va con flauta para venir al monte de Jehová, al Fuerte de Israel. Y Jehová hará oír su potente voz, y hará ver el descenso de su brazo, con furor de rostro y llama de fuego consumidor, con torbellino, tempestad y piedra de granizo. Porque Asiria que hirió con vara, con la voz de Jehová será quebrantada. Y cada golpe de la vara justiciera que asiente Jehová sobre él, será con panderos y con arpas; y en batalla tumultuosa peleará contra ellos" (Is. 30:29-32).

Cuando magnificamos a Dios y lo engrandecemos siempre lo vamos a ver mayor que el problema o la circunstancia que estemos atravesando. Aquí comienza el primer paso para obtener la batalla, porque nos damos cuenta de quién es Dios realmente, y podemos ver que nuestra circunstancia no es nada comparada con la grandeza del Dios al cual pertenecemos y servimos.

La alabanza nos capacita para engrandecer más a Dios que a nuestro problema, y esto nos ayuda a no enfocarnos en el problema en sí; sino en la solución. Nos motiva a poner nuestra mirada en Dios, que es quien tiene la capacidad y el poder de darle una solución a nuestra circunstancia o situación. Nuestra alabanza invita a Dios a que venga y comience a moverse, para que comiencen a ocurrir cambios y milagros.

2) ¿Como es la oración de adoración?

"Con mi alma te he deseado en la noche, y en tanto que me dure el espíritu dentro de mí, madrugaré a buscarte; porque luego que hay juicios tuyos en la tierra, los moradores del mundo aprenden justicia" (Is. 26:9).

Adorar significa idolatrar, venerar, reverenciar, honrar, exaltar, amar en extremo. Adoración implica inclinarse, reverenciar rendir pleitesía a quien se tiene en alta estima. Es el honor, la honra, el homenaje rendido a seres o poderes superiores sean hombres, ángeles o Dios.

Cuando la adoración se rinde a Dios, entraña el reconocimiento de la perfección divina, y puede ser privada o pública en forma de culto.

La oración de adoración es el nivel más alto de oración que existe, lo cual la convierta también en el nivel más alto de guerra. Con este tipo de oración adoramos el carácter de Dios, reconocemos quién es y cómo es Él.

Cuando nos rendimos a Dios le damos libertad para que intervenga y pelee por nosotros. Una genuina adoración nos lleva a postrarnos delante de Dios, ya sea con nuestra actitud como con nuestra posición física.

"Y al entrar en la casa, vieron al niño con su madre María, y postrándose, lo adoraron; y abriendo sus tesoros, le ofrecieron presentes: oro, incienso y mirra" (Mt. 2:11)

"Entonces Josafat se puso en pie en la asamblea de Judá y de Jerusalén, en la casa de Jehová, delante del atrio nuevo; y dijo: Jehová Dios de nuestros padres, ¿no eres tú Dios en los cielos, y tienes dominio sobre todos los reinos de las naciones? ¿No está en tu mano tal fuerza y poder, que no hay quien te resista? Dios nuestro, ¿no echaste tú los moradores de esta tierra delante de tu pueblo Israel, y la diste a la descendencia de Abraham tu amigo para siempre? Y ellos han habitado en ella, y te han edificado en ella santuario a tu nombre, diciendo: Si mal viniere sobre nosotros, o espada de castigo, o pestilencia, o hambre, nos presentaremos delante de esta casa, y delante de ti (porque tu nombre está en esta casa), y a causa de nuestras tribulaciones clamaremos a ti, y tú nos oirás y salvarás" (2 Cr. 20:5-9)

"Y tomó Ezequías las cartas de mano de los embajadores, y las leyó; y subió a la casa de Jehová, y las extendió delante de Jehová. Entonces Ezequías oró a Jehová, diciendo: Jehová de los ejércitos, Dios de Israel, que moras entre los querubines, sólo tú eres Dios de todos los reinos de la tierra; tú hiciste los cielos y la tierra. Inclina, oh Jehová, tu oído, y oye; abre, oh Jehová, tus ojos, y mira; y oye todas las palabras de Senaquerib, que ha enviado a blasfemar al Dios viviente. Ciertamente, oh Jehová, los reyes de Asiria destruyeron todas las tierras y sus comarcas, y entregaron los dioses de ellos al fuego; porque no eran dioses, sino obra de manos de hombre, madera y piedra; por eso los destruyeron. Ahora pues, Jehová Dios nuestro, líbranos de su mano, para que

todos los reinos de la tierra conozcan que sólo tú eres Jehová" (Is. 37:14-20).

3) ¿Cómo es la oración de acción de gracias?

Dar gracias es expresar nuestro agradecimiento a Dios.

Agradecimiento es gratitud, reconocimiento, complacencia, satisfacción, devolución. Lo contrario a todo esto es ingratitud.

- **¿Por qué cosas debemos dar gracias?**

"Entrad por sus puertas con acción de gracias, Por sus atrios con alabanza; alabadle, bendecid su nombre" (Sal. 100:4).

- Por bendiciones pasadas, recientes y futuras (promesas que estés esperando).
- También debemos dar gracias por lo que nunca damos gracias, porque estamos tan acostumbrados a disfrutar de esos beneficios que los tomamos livianamente, sin entender que son una bendición de Dios para nosotros.

Por ejemplo: dar gracias por el aire que respiramos, cuando hay tanta gente que vive conectada a un botellón de oxigeno o una máquina porque no puede respirar por sí misma.

Dar gracias por poder caminar cuando hay tanta gente atada a una silla de ruedas; por poder ver cuando hay tanta gente que está ciega y no puede ver; por poder hablar y expresarnos libremente cuando otros han perdido su capacidad de hablar.

En fin, hay tantas cosas que disfrutamos y por las que nunca se nos ocurre dar gracias. Hay veces que no somos agradecidos con Dios por darnos tanto ni valoramos todo lo que nos da.

Muchas veces pasamos bastante tiempo orando por algo, y cuando recibimos la respuesta nos olvidamos de darle gracias a Dios.

El ser humano es mal agradecido por naturaleza. ¿Recuerdas cuando Jesús sanó a los 10 leprosos? Todos fueron sanos, pero solo uno regresó agradecido.

"Yendo Jesús a Jerusalén, pasaba entre Samaria y Galilea. Y al entrar en una aldea, le salieron al encuentro diez hombres leprosos, los cuales se pararon de lejos y alzaron la voz, diciendo: ¡Jesús, Maestro, ten misericordia de nosotros! Cuando él los vio, les dijo: Id, mostraos a los sacerdotes. Y aconteció que mientras iban, fueron limpiados. Entonces uno de ellos, viendo que había sido sanado, volvió, glorificando a Dios a gran voz, y se postró rostro en tierra a sus pies, dándole gracias; y éste era samaritano. Respondiendo Jesús, dijo: ¿No son diez los que fueron limpiados? Y los nueve, ¿dónde están?" ¿No hubo quien volviese y diese gloria a Dios sino este extranjero? Y le dijo: Levántate, vete; tu fe te ha salvado" (Lc. 17:11-17).

Es triste reconocerlo, pero a veces un impío, al igual que el leproso samaritano, es más agradecido que muchos hijos de Dios. Por eso debemos cambiar de actitud y declarar como dice el libro de Daniel: *"Conviene que yo declare las señales y milagros que el Dios Altísimo ha hecho conmigo. ¡Cuán grandes son sus señales, y cuán potentes sus maravillas! Su reino, reino sempiterno, y su señorío de generación en generación"* (Dn. 4:2-3).

Seamos agradecidos. Demos gracias por lo que Dios ha hecho, está haciendo y seguirá haciendo en nosotros, porque con esto agradamos a Dios y edificamos a los que nos escuchan; porque nuestro testimonio y nuestra alabanza motivarán a otros a buscar a Dios y confiar en Él.

"Venid, oíd todos los que teméis a Dios, y contaré lo que ha hecho a mi alma. A él clamé con mi boca, y fue exaltado con mi lengua. Si en mi corazón hubiese yo mirado a la iniquidad, el Señor no me habría escuchado. Mas ciertamente me escuchó Dios; atendió a la voz de mi súplica. Bendito sea Dios, Que no echó de sí mi oración, ni de mí su misericordia" (Sal. 66:16-20).

4) ¿Cómo es la oración de consagración?

Consagrar: Ofrecer, dedicar, bendecir, santificar, hacer sagrado. Dar carácter sagrado, dedicar a Dios.

Consagrarse: Dedicarse, aplicarse, entregarse, perseverar y esforzarse. Lo contrario a todo esto es descuidarse.

Consagración: Acto mediante el cual se dedican a Dios los hombres destinados a su servicio, y aún los objetos y lugares inanimados que para el culto divino deben emplearse.

Este tipo de oración es la que el creyente hace para consagrar a Dios áreas de su vida que le dan problemas y estorban su caminar con el Señor. Por ejemplo la falta de perdón, la ira, los celos, la envidia, la amargura, la pereza, el chisme, la queja, la murmuración, la lascivia, la avaricia, la competencia, etc.

Además podemos orar así las veces que sean necesarias; no porque estemos en incredulidad, sino porque estamos en un proceso de cambios en el cual debemos orar hasta vencer en el área donde tenemos problemas. Le estamos entregando a Dios esa área hasta obtener la victoria y caminar en santidad.

La santificación se obtiene por la obra redentora de Cristo y la presencia del Espíritu Santo dentro de nosotros en una obra que comienza de adentro hacia afuera. Comienza con la regeneración, y se completa cuando vemos o cuando mostramos a Cristo en nosotros.

Un ejemplo de esto es el proceso de la vasija de barro cuando es puesta al horno. Se sabe que la vasija está lista cuando el alfarero abre la puerta del horno y ve reflejado su rostro en ella.

La consagración nos lleva a caminar en santidad.

Santificar significa hacer santo, poner aparte. O separar a una persona o a una cosa para uso sagrado; para considerarlo sagrado.

- ***Hay dos tipos de separaciones:***

  - Separado de: Esto implica ***separado del mundo.***
  - Separado para: Esto implica ***separado para Dios.***

Cuando recibimos a Jesús instantáneamente ya hemos sido separados del mundo, porque aunque estamos en este mundo ya no pertenecemos a él.

Y a medida que vamos conociendo la Palabra y el propósito para el que Dios nos creó, comenzamos a separarnos para Él, con el deseo de caminar en mayor obediencia y santidad, y de cumplir con la intención original para la cual Dios nos creó.

- ***Hay cuatro instrumentos de limpieza que Dios nos ha dado para mantenernos en santidad.***

"Este es el mensaje que hemos oído de él, y os anunciamos: Dios es luz, y no hay ningunas tinieblas en él. Si decimos que tenemos comunión con él, y andamos en tinieblas, mentimos, y no practicamos la verdad; pero si andamos en luz, como él está en luz, tenemos comunión unos con otros, y la sangre de Jesucristo su Hijo nos limpia de todo pecado. Si decimos que no tenemos pecado, nos engañamos a nosotros mismos, y la verdad no está en nosotros. Si confesamos nuestros pecados, él es fiel y justo para perdonar nuestros pecados, y limpiarnos de toda maldad. Si decimos que no hemos pecado, le hacemos a él mentiroso, y su palabra no está en nosotros" (1 Jn. 1:5-10).

Tenemos un pacto de sangre con Dios, y en ese pacto tenemos toda la provisión que necesitamos para arrepentirnos si hemos pecado y recibir el perdón que tanto necesitamos.

Los instrumentos de limpieza que Dios nos ha dado para caminar en santidad son:

- ***Un paño:*** Este paño es el ***ministerio de reconciliación***, del cual debemos apropiarnos para establecer el pacto que tenemos con Dios.
- ***Agua: Es la Palabra de Dios.*** Cristo es el verbo de Dios, la Palabra encarnada y el agua que nos limpia.
- ***Cloro:*** El principal agente de limpieza o cloro espiritual es ***la sangre de Jesús*** que quita todo tipo de manchas.
- ***Jabón: El Espíritu Santo*** que nos redarguye y nos lleva a toda verdad, y que trata con nosotros hasta que crecemos y maduramos.

- ***Cuando pasas por este proceso de limpieza ocurren dos cosas:***

1. Estás ungido con el aceite del Espíritu Santo.
2. Estás listo para vestirte y aplicar o apropiarte de toda la armadura de Dios.

- ***¿Cómo usamos estos instrumentos de limpieza que Dios nos ha dado?***

- El primer agente de limpieza ***(el paño)*** que nos ayuda a limpiarnos es ***el ministerio de reconciliación***.

Por medio del arrepentimiento y la confesión podemos aplicar la sangre. Gracias a que tenemos un pacto con Dios y somos sus hijos, esa sangre está disponible para nosotros, y aunque no somos perfectos, somos perdonados y la culpabilidad no se puede enseñorear de nosotros.

"Pero si andamos en luz, como Él está en luz, tenemos comunión unos con otros, y la sangre de Jesucristo su Hijo nos limpia de todo pecado. Si decimos que no tenemos pecado, nos engañamos a nosotros mismos, y la verdad no está en nosotros. Si confesamos nuestros pecados, Él es fiel y justo para perdonar nuestros pecados, y limpiarnos de toda maldad" (1 Jn. 1:7-9)

Cristo es nuestro abogado, que siempre esta disponible para defender nuestra causa.

"Hijitos míos, estas cosas os escribo para que no pequéis; y si alguno hubiere pecado, abogado tenemos para con el Padre, a Jesucristo el justo. Y Él es la propiciación por nuestros pecados; y no solamente por los nuestros, sino también por los de todo el mundo" (1 Jn. 2:1-2).

A la cruz se le llama el gran intercambio, y hay muchos beneficios de ese intercambio en la cruz, que como creyentes podemos tomar para caminar en libertad. Nunca olvidemos que Cristo nos redimió de la maldición de la ley, y que por lo tanto ya no estamos bajo la ley. Como estamos bajo la gracia, el pecado ya no se puede enseñorear de nosotros, y tenemos todo el derecho a ser libres de la maldición de la pobreza; a ser libres de todas las enfermedades que están escritas en el libro de la ley y de las que no están escritas; a ser libres de las maldiciones generacionales, las cadenas hereditarias y patrones de conducta de nuestros ancestros. Si estamos en Cristo se tienen que romper todas las ataduras, porque tenemos una herencia nueva en Él.

"De manera que nosotros de aquí en adelante a nadie conocemos según la carne; y aun si a Cristo conocimos según la carne, ya no lo conocemos así. De modo que si alguno está en Cristo, nueva criatura es; las cosas viejas pasaron; he aquí todas son hechas nuevas. Y todo esto proviene de Dios, quien nos reconcilió consigo mismo por Cristo, y nos dio el ministerio de la reconciliación; que Dios estaba en Cristo reconciliando consigo al mundo, no tomándoles en cuenta a los hombres sus pecados, y nos encargó a nosotros la palabra de la reconciliación. Así que, somos embajadores en nombre de Cristo, como si Dios rogase por medio de nosotros; os rogamos en nombre de Cristo: Reconciliaos con Dios. Al que no conoció pecado, por nosotros lo hizo pecado, para que nosotros fuésemos hechos justicia de Dios en él" (2 Co. 5:16-21).

- **Cristo nos libró de la maldición de la Ley.**
- **Nos libró del dios de este siglo. Satanás ya no es nuestro Dios.**

- **Nos libró de nosotros mismos. Esto implica que nos ha dado sanidad interior y liberación, porque nuestro mayor enemigo no es el mundo ni el diablo y sus demonios.** ***Nuestro mayor enemigo somos nosotros mismos, porque solo nosotros podemos impedir que nuestro propósito se cumpla.***
- **Dios quiere que caminemos en total libertad. La libertad nos pertenece legalmente, pero tenemos que creerlo y apropiarnos de ella.**

Tenemos que cortar toda ligadura de maldiciones e iniquidades de nosotros, de nuestros padres y ancestros e incluso de nuestras amistades.

En cuanto a las amistades tenemos que tener mucho cuidado, porque una mala compañía puede destruir en meses lo que hemos construido en años.

*"No erréis; las malas conversaciones corrompen las buenas costumbres. Velad debidamente, y no pequéis; porque algunos no conocen a Dios; para vergüenza vues*tra lo digo" (1 Co. 15:33-34).

Como a mí me gusta trabajar en mi jardín, cada cierto tiempo me pongo a cortar las matas que no me gustan y a darle forma a las que la han perdido. Un día, cuando corté unas matas de mi jardín, a pesar de haberlas cortado desde el tronco, no podían desprenderse. Cuando me fijé no podían desprenderse, porque estaban enredadas con las ramas de unas enredaderas de la casa de al lado; éstas se habían extendido por encima de la cerca hasta mi casa. Tuve que cortar las ramas que venían de la casa de mi vecino para poder arrancar las matas de mi propio patio.

Entonces Dios habló a mi corazón y me dijo que muchas veces así pasa en nuestra vida o en la vida de aquellos por los que estamos orando. Cuando creemos que ya hemos cortado toda cadena de herencia y maldiciones generacionales, tanto de nosotros como de nuestros ancestros, nos damos cuenta de que no podemos movernos y avanzar y no entendemos por qué. Pero cuando hacemos un análisis exhaustivo nos damos cuenta de que nuestras amistades y compañías son las que nos mantienen atados, porque ha habido una transferencia de espíritus de ellos hacia nosotros, y hasta que no cortemos y nos separemos no podremos quedar en libertad.

Dios ha provisto en la cruz, por medio de Jesús, todo lo que necesitamos para caminar en total libertad. Debemos aprovechar todos los beneficios que su sacrificio ofrece y no caminar a medias con Él.

"En aquellos días no dirán más: Los padres comieron las uvas agrias y los dientes de los hijos tienen la dentera, sino que cada cual morirá por su propia maldad; los dientes de todo hombre que comiere las uvas agrias, tendrán la dentera. He aquí que vienen días, dice Jehová, en los cuales haré nuevo pacto con la casa de Israel y con la casa de Judá. No como el pacto que hice con sus padres el día que tomé su mano para sacarlos de la tierra de Egipto; porque ellos invalidaron mi pacto, aunque fui yo un marido para ellos, dice Jehová. Pero este es el pacto que haré con la casa de Israel después de aquellos días, dice Jehová: Daré mi ley en su mente, y la escribiré en su corazón; y yo seré a ellos por Dios, y ellos me serán por pueblo" (Jer. 31:29-33).

Estamos en un nuevo pacto y no tenemos por qué tener la dentera de la iniquidad de nuestros padres y nuestros ancestros, y mucho menos la de la gente que nos rodea.

- El segundo agente de limpieza es el ***agua de la Palabra de Dios.***

Debemos renovar nuestra mente por la Palabra de Dios (Ver Ro. 12:2). La Palabra nos limpia y nos hace libres. La Palabra es un espejo. Un espejo nos confronta y nos lleva a hacer cambios, por eso cuando leemos la Palabra y la estudiamos lo que nos es revelado nos santifica.

"Santifícalos en tu verdad; tu palabra es verdad" (Jn. 17:17).

"Para santificarla, habiéndola purificado en el lavamiento del agua por la palabra, a fin de presentársela a sí mismo, una iglesia gloriosa, que no tuviese mancha ni arruga ni cosa semejante, sino que fuese santa y sin mancha" (Ef. 5:26-27).

- El tercer agente de limpieza o ***cloro espiritual*** es ***la sangre de Jesús***.

La sangre de Jesús borra todo tipo de pecado si hay arrepentimiento genuino.

"Venid luego, dice Jehová, y estemos a cuenta: si vuestros pecados fueren como la grana, como la nieve serán emblanquecidos; si fueren rojos como el carmesí, vendrán a ser como blanca lana" (Is. 1:18).

Pecado confesado es igual a pecado perdonado.

"El que encubre sus pecados no prosperará; Mas el que los confiesa y se aparta alcanzará misericordia" (Pr. 28:13).

Cuando confesamos nuestros pecados, la luz de Dios entra y las tinieblas son desplazadas. Entonces quedamos expuestos, y Satanás no puede tomar ventaja de nosotros, manipularnos e inyectarnos temor, y tiene que irse y dejarnos tranquilos. Satanás perdió el control sobre esa área que ha sido expuesta por la luz de Dios; y, como no puede seguir gobernando, tiene que irse.

- El cuarto agente de limpieza es el ***jabón***: Y esa es la obra del ***Espíritu Santo*** en nosotros.

El Espíritu Santo saca todo a la luz, lo revela y lo expone.

"¿Y quién podrá soportar el tiempo de su venida? ¿o quién podrá estar en pie cuando él se manifieste? Porque él es como fuego purificador, y como jabón de lavadores. Y se sentará para afinar y limpiar la plata; porque limpiará a los hijos de Leví, los afinará como a oro y como a plata, y traerán a Jehová ofrenda en justicia.

Y será grata a Jehová la ofrenda de Judá y de Jerusalén, como en los días pasados, y como en los años antiguos. Y vendré a vosotros para juicio; y seré pronto testigo contra los hechiceros y adúlteros, contra los que juran mentira, y los que defraudan en su salario al jornalero, a la viuda y al huérfano, y los que hacen injusticia al extranjero, no teniendo temor de mí, dice Jehová de los ejércitos.

Porque yo Jehová no cambio; por esto, hijos de Jacob, no habéis sido consumidos" (Mal. 3:2-6).

"Yo a la verdad os bautizo en agua para arrepentimiento; pero el que viene tras mí, cuyo calzado yo no soy digno de llevar, es más poderoso que yo; Él os bautizará en Espíritu Santo y fuego" (Mt. 3:11).

El Espíritu Santo es el que escudriña y da convicción de pecado y nos lleva a toda Verdad. El fuego consume lo que no sirve y purifica todo lo que sirve. Cuando tú pasas por el proceso de limpieza, es como si pasaras cruzando por el tabernáculo de Moisés.

Solo cuando el sacerdote estaba limpio, podía entrar al lugar santo para ministrar a Dios e interceder por el pueblo. Una vez al año el sumo sacerdote podía entrar al lugar santísimo, pero Jesús rasgó el velo, para que tú y yo tuviéramos libre acceso al lugar santísimo cuantas veces fuera necesario.

- ***¿Cuales son las condiciones para entrar a la presencia de Dios?***

El **Salmo 24** y **15** tienen un cuadro claro de algunas de las características que debe tener una persona para poder entrar a buscar la presencia de Dios.

"¿Quién subirá al monte de Jehová? ¿Y quién estará en su lugar santo? El limpio de manos y puro de corazón; El que no ha elevado su alma a cosas vanas, Ni jurado con engaño. El recibirá bendición de Jehová, Y justicia del Dios de salvación. Tal es la generación de los que le buscan, De los que buscan tu rostro, oh Dios de Jacob". Selah (Sal. 24:3-6).

"Jehová, ¿quién habitará en tu tabernáculo? ¿Quién morará en tu monte santo? El que anda en integridad y hace justicia, y habla verdad en su corazón. El que no calumnia con su lengua, ni hace mal a su prójimo, ni admite reproche alguno contra su vecino. Aquel a cuyos ojos el vil es menospreciado, pero honra a los que temen a Jehová. El que aun jurando en daño suyo, no por eso cambia; quien

su dinero no dio a usura, ni contra el inocente admitió cohecho. El que hace estas cosas, no resbalará jamás" (Sal. 15).

Después del proceso de limpieza para caminar en santidad debemos vestirnos como hijos de Dios, como sacerdotes de Él, para poder pelear como soldados y caminar como reyes, que declaran su Palabra en esta tierra para que sus decretos se cumplan.

Tenemos que establecer la armadura de Dios sobre nuestra vida y declarar que vivimos lo que cada pieza de la armadura implica (Ef. 6:10-18).

No podemos olvidar que la armadura de Dios cubre y protege todas las áreas vulnerables de nuestra vida. Con la armadura debemos vestirnos de Jesús desde la coronilla de la cabeza hasta la planta de los pies; porque separados de Dios nada podemos hacer (ver Jn. 15:1-8).

Debemos crucificar nuestra carne diariamente, porque aún no ha sido redimida y tenemos que llevarla a sujeción y darle lo que no le gusta. Ante todo, las partes o áreas más débiles de nuestra vida, por donde podemos ser atacados más fácilmente.

Esa guerra no podemos hacerla solos, porque no es en nuestras fuerzas, sino en las de Dios. Por eso tenemos que consagrar esas áreas y entregárselas a Dios, porque el Espíritu Santo solo entrará a donde le demos permiso (ver Zac. 4:6).

5) ¿Cómo es la oración de intercesión?

"Y busqué entre ellos hombre que hiciese vallado y que se pusiese en la brecha delante de mí, a favor de la tierra, para que yo no la destruyese; y no lo hallé" (Ez. 22:30).

Intercesión significa mediación, acto de interceder.

No abundan verdaderos intercesores, pero Dios los está buscando.

Interceder es mediar, intervenir, defender, abogar, respaldar, rogar. Interceder es tomar el lugar de otro, pararse en la brecha o en el espacio para tapar una rotura o daño. Es ponerse en su lugar para suplicar y defender su causa. Esto es motivado por amor, ya que ***una de las características del intercesor es su misericordia y compasión.*** Todos estamos llamados a interceder, aunque no todos somos intercesores; porque otras características de un intercesor son los largos períodos de tiempo que pasa en oración por otros y su determinación a no soltar la carga hasta que Dios se la quite.

Cuando intercedemos, no pedimos gracia y favor para nosotros mismos, sino que oramos y clamamos a favor de otros. Una señal de que estamos madurando y creciendo espiritualmente es que comenzamos a clamar por otros a pesar de nuestras propias necesidades.

Cuando nos paramos en la brecha e intercedemos por alguien, interceptamos los dardos del enemigo y desbaratamos los planes de destrucción que el diablo tiene para destruir esa vida. Nuestra intervención en la oración detiene, interrumpe, entorpece y desbarata los planes de Satanás.

A veces la intercesión es tan fuerte y dolorosa, que lo único que sale de nuestros labios es un gemido lleno de angustia y dolor. Pero aunque muchas veces no entendamos lo que estamos haciendo, Dios, por medio de su Espíritu, nos guía para que hagamos la oración correcta.

"Y de igual manera el Espíritu nos ayuda en nuestra debilidad; pues qué hemos de pedir como conviene, no lo sabemos, pero el Espíritu mismo intercede por nosotros con gemidos indecibles" (Ro. 8:26).

"Acab subió a comer y a beber. Y Elías subió a la cumbre del Carmelo, y postrándose en tierra, puso su rostro entre las rodillas" (1 R. 18:42)

A menudo nuestra oración intercesora es como un parto. Tenemos que parir en el Espíritu aquello por lo que estamos orando, y muchas veces este proceso de intercesión nos toma mucho tiempo de oración. En lo natural, desde que un bebé es concebido hasta que llega el día del nacimiento, atraviesa un proceso largo de nueve meses de embarazo, con todos sus malestares, hasta el momento doloroso del parto. En el mundo espiritual pasa lo mismo; hay cosas por las que vamos a tener que orar e interceder por periodos de tiempo más largos, frustrantes y dolorosos, pero la buena noticia es que el día del parto llegará.

"Hijitos míos, por quienes vuelvo a sufrir dolores de parto, hasta que Cristo sea formado en vosotros" (Gá. 4:19).

"Porque aunque tengáis diez mil ayos en Cristo, no tendréis muchos padres; pues en Cristo Jesús yo os engendré por medio del evangelio" (1 Co. 4:15).

"¿Quién oyó cosa semejante? ¿Quién vio tal cosa? ¿Concebirá la tierra en un día? ¿Nacerá una nación de una vez? Pues en cuanto Sion estuvo de parto, dio a luz sus hijos. Yo que hago dar a luz, ¿no haré nacer? dijo Jehová. Yo que hago engendrar, ¿impediré el nacimiento? dice tu Dios" (Is. 66:8-9).

6) ¿Cómo es la oración que cambia las cosas?

"Por la fe bendijo Isaac a Jacob y a Esaú respecto a cosas venideras" (He. 11:20).

Hay momentos para orar a Dios como sacerdotes, y hay momentos para decretar la Palabra como reyes en contra del diablo y las circunstancias que estamos enfrentando.

Cuando Moisés fue a sacar al pueblo de Egipto mandó a aplicar la sangre sobre las casas de los hebreos, como símbolo del pacto, y Dios los libró de la muerte. La sangre de Jesús nos libra de la muerte y de los peligros diarios.

La vara los libró de los enemigos. La vara es símbolo de la espada del Espíritu. La Palabra de Dios nos libra de los enemigos.

Para el enemigo la Palabra decretada por medio de la vara fue una inundación que les ocasionó la muerte, pero para el pueblo de Israel fue crear un milagro para poder pasar por tierra seca y cruzar hacia su libertad.

"Y Moisés dijo al pueblo: No temáis; estad firmes, y ved la salvación que Jehová hará hoy con vosotros; porque los egipcios que hoy habéis visto, nunca más para siempre los veréis. Jehová peleará por vosotros, y vosotros estaréis tranquilos. Entonces Jehová dijo a Moisés: ¿Por qué clamas a mí? Di a los hijos de Israel que marchen. Y tú alza tu vara, y extiende tu mano sobre el mar, y divídelo, y entren los hijos de Israel por en medio del mar, en seco" (Éx. 14:13-16).

Este tipo de oración se hace ***llamando las cosas que no son como si fuesen***, por medio de la confesión de la Palabra de Dios. Está basada en la fe en Dios y en la promesa que Él nos ha dado sobre algo o sobre alguien. Nuestra mirada no está enfocada en el problema, sino en la promesa y en Aquel que hizo la promesa, porque sabemos que Aquel que prometió no puede mentir, por lo tanto, cumplirá lo que prometió.

"Por tanto, es por fe, para que sea por gracia, a fin de que la promesa sea firme para toda su descendencia; no solamente para la que es de la ley, sino también para la que es de la fe de Abraham, el cual es padre de todos nosotros (como está escrito: Te he puesto por padre de muchas gentes) delante de Dios, a quien creyó, el cual da vida a los muertos, y llama las cosas que no son, como si fuesen. El creyó en esperanza contra esperanza, para llegar a ser padre de muchas gentes, conforme a lo que se le había dicho: Así será tu descendencia. Y no se debilitó en la fe al considerar su cuerpo, que estaba ya como muerto (siendo de casi cien años), o la esterilidad de la matriz de Sara. Tampoco dudó, por incredulidad, de la promesa de Dios, sino que se fortaleció en fe, dando gloria a Dios, plenamente convencido de que era también poderoso para hacer todo lo que había prometido; por lo cual también su fe le fue contada por justicia. Y no solamente con respecto a él se escribió que le fue contada, sino también con respecto a nosotros a quienes ha de ser contada, esto es, a los que creemos en el que levantó de los muertos a Jesús, Señor nuestro, el cual fue entregado por nuestras transgresiones, y resucitado para nuestra justificación" (Ro. 4:16-25).

Tenemos que aprender a usar las armas que Abraham usó y mediante las cuales obtuvo la victoria a pesar de su condición.

7) ¿Cómo es la oración de atar y desatar?

"De cierto os digo que todo lo que atéis en la tierra, será atado en el cielo; y todo lo que desatéis en la tierra, será desatado en el cielo" (Mt. 18:18).

Atar es: Anudar, ligar, amarrar, enlazar, sujetar, asegurar, trabar, unir, inmovilizar.

Implica parar, cerrar; es el poder para prohibir y detener algo o impedirle que continúe en funcionamiento.

Desatar es: Desanudar, desligar, soltar, desunir, desamarrar, liberar, permitir, abrir, dejar libre.

Como creyentes nuestra posición de autoridad ha sido devuelta. Jesús recuperó en el Getsemaní y en la cruz del calvario la autoridad que Adán perdió en el jardín del Edén al entregársela al diablo. Cristo murió como un cordero, pero resucitó como el ***León de la Tribu de Judá***. Ese poder de resurrección está en nosotros, y tenemos que pararnos en esa autoridad para atar las obras del diablo y sus poderes demoníacos y desatar las bendiciones de Dios para establecer su reino en la tierra.

Hay algo muy importante que debemos entender, para poder entrar y poseer una tierra, tenemos que tomar autoridad sobre todo aquello que esté gobernando y usurpando el lugar de Dios. Tenemos que desplazarlo y ocupar nosotros el lugar que el enemigo había ocupado.

Tenemos que sacar esa potestad y tomar autoridad sobre ese hombre fuerte que está gobernando. En el nombre de Jesús, debemos atarlo y echarlo fuera y cortar todo tipo de comunicación de ese hombre fuerte con los poderes demoníacos que operan con él.

"Pero si yo por el Espíritu de Dios echo fuera los demonios, ciertamente ha llegado a vosotros el reino de Dios. Porque ¿cómo puede alguno entrar en la casa del hombre fuerte, y saquear sus bienes, si primero no le ata? Y entonces podrá saquear su casa. El que no es conmigo, contra mí es; y el que conmigo no recoge, desparrama" (Mt. 12:28-30).

Satanás tiene poder, pero su poder es limitado. Mayor es el que está en nosotros que el que está en el mundo.

Todos esos poderes demoníacos funcionan con un

poder desatado por un derramamiento de sangre, ya sea de animales como chivos, bueyes, gallinas, gallos, palomas, e incluso, en un grado mayor de satanismo, de un sacrificio humano. Pero ningún sacrificio de animales o humano es mayor que el sacrificio que hizo Jesús.

A ***mayor sacrificio mayor poder***, y el mayor sacrificio de sangre que ha habido y habrá en la historia de la humanidad es el que hizo Jesús, porque su sangre es sangre pura y sin mancha que tiene todo poder para redimirnos del pecado, y de toda la maldición de la ley.

No hay otro derramamiento de sangre que tenga más poder que la sangre que Jesús derramó en el calvario; por lo tanto, todo lo que está en el cielo, en la tierra y debajo de la tierra, tiene que someterse al Señorío de Cristo.

"Cuando el hombre fuerte armado guarda su palacio, en paz está lo que posee. Pero cuando viene otro más fuerte que él y le vence, le quita todas sus armas en que confiaba, y reparte el botín" (Lc. 11:21-22).

Mira lo que dice Mateo 16:19: *"Y a ti te daré las llaves del reino de los cielos; y todo lo que atares en la tierra será atado en los cielos; y todo lo que desatares en la tierra será desatado en los cielos".*

El problema que tenemos los creyentes es que no nos vemos como Dios nos ve. Dios nos ha puesto en una posición de gobierno y autoridad, y nos ha encomendado una misión en esta tierra. Hay muchas citas bíblicas que respaldan la autoridad que Dios nos ha delegado, que son clave para apropiarnos de esa autoridad que nos ha sido delegada como creyentes, junto al poder de Dios que nos respalda para caminar en autoridad y establecer su reino en la tierra.

Esas citas bíblicas son las siguientes:

"Y cuando les hubo dicho esto, les mostró las manos y el costado. Y los discípulos se regocijaron viendo al Señor. Entonces Jesús les dijo otra vez: Paz a vosotros. Como me envió el Padre, así también yo os envío. Y habiendo dicho esto, sopló, y les dijo: Recibid el Espíritu Santo. A quienes remitiereis los pecados, les son remitidos; y a quienes se los retuviereis, les son retenidos" (Jn. 20:20-23).

"Volvieron los setenta con gozo, diciendo: Señor, aun los demonios se nos sujetan en tu nombre. Y les dijo: Yo veía a Satanás caer del cielo como un rayo. He aquí os doy potestad de hollar serpientes y escorpiones, y sobre toda fuerza del enemigo, y nada os dañará. Pero no os regocijéis de que los espíritus se os sujetan, sino regocijaos de que vuestros nombres están escritos en los cielos" (Lc. 10:17-20).

"Finalmente se apareció a los once mismos, estando ellos sentados a la mesa, y les reprochó su incredulidad y dureza de corazón, porque no habían creído a los que le habían visto resucitado. Y les dijo: Id por todo el mundo y predicad el evangelio a toda criatura. El que creyere y fuere bautizado, será salvo; mas el que no creyere, será condenado. Y estas señales seguirán a los que creen: En mi nombre echarán fuera demonios; hablarán nuevas lenguas; tomarán en las manos serpientes, y si bebieren cosa mortífera, no les hará daño; sobre los enfermos pondrán sus manos, y sanarán" (Mr. 16:14-18).

Así como Jesús se molestó por la incredulidad de los discípulos, también le molesta nuestra incredulidad y nuestra dureza de corazón cuando no creemos en el poder de resurrección que está en nosotros, y no caminamos en esta tierra con la autoridad que Él nos ha delegado y con la que nos ha enviado.

Te pido que uses tu imaginación y visualices cómo opera la policía o un equipo de seguridad nacional cuando encuentran a alguien que está operando en contra del gobierno establecido. Ellos van secretamente, toman posición y, cuando es el momento de intervenir, entran sorpresivamente, y si es necesario tumban la puerta e invaden. Luego van directamente al cabecilla que ya saben quién es, por toda la investigación que ya han hecho, y atan a ese personaje importante. Una vez atado le leen sus derechos y luego lo meten en el automóvil policial y se los llevan arrestados y sometidos a la autoridad a él y a todos los que operan con él.

De igual forma opera este principio en el mundo espiritual. Debemos descubrir cuál es la fuente de aquellos que están usurpando nuestra propiedad. Tenemos que averiguar quién es el hombre fuerte. Con este conocimiento adquirido, nos prepararnos espiritualmente para invadir su territorio con sabiduría y estrategias para atar a ese hombre fuerte y cortarle toda comunicación con los poderes demoníacos que operan con él. Luego debemos leerle sus derechos, declarar la Palabra como hizo Jesús en el desierto cuando dijo: ***"Escrito está"***. Después debemos enviarlo a la cárcel, a los lugares secos y áridos de donde nunca debieron haber salido. También es necesario levantar un cerco de protección con la Palabra de Dios y la oración, y activar ángeles alrededor de ese lugar o alrededor de las personas por quienes hemos orado y han sido libres.

Y por último hay que llenar ese lugar con la Palabra, para no darle lugar al diablo y mucho menos la oportunidad de que regrese con otros demonios peores.

"Cuando el espíritu inmundo sale del hombre, anda por lugares secos, buscando reposo, y no lo halla. Entonces dice: Volveré a mi casa de donde salí; y cuando llega, la halla desocupada, barrida y adornada. Entonces va, y toma consigo otros siete espíritus peores que él, y entrados, moran allí; y el postrer estado de aquel hombre viene a ser peor que el primero. Así también acontecerá a esta mala generación" (Mt. 12:43-45).

Tenemos que llenar nuestro espíritu con la Palabra de Dios y renovar nuestra mente reemplazando toda la información vieja y mundana por la Palabra nueva que es el agua que nos limpia.

8) ¿Cómo es la oración de ponerse de acuerdo?

"Otra vez os digo, que si dos de vosotros se pusieren de acuerdo en la tierra acerca de cualquiera cosa que pidieren, les será hecho por mi Padre que está en los cielos. Porque donde están dos o tres congregados en mi nombre, allí estoy yo en medio de ellos" (Mt. 18:19-20).

Acuerdo es: Convenio, resolución, pacto, compromiso, tratado, negociación, transacción, alianza, arreglo.

Lo contrario a todo esto es discrepancia, disensión, conflicto.

En determinado momento todos vamos a tener que buscar a alguien para que nos ayude a orar como conviene porque, muchas veces, la carga es muy grande.

"Con toda humildad y mansedumbre, soportándoos con paciencia los unos a los otros en amor" (Ef. 4:2).

Todos, sin excepción, necesitamos un compañero de

oración; alguien en quien podamos confiar, por dos buenas razones:

1. **Porque desatamos mayor poder al unir nuestras fuerzas.**
2. **Porque ese compañero nos ayuda a animarnos y a levantarnos cuando decaemos o tenemos problemas.**

"Mejores son dos que uno; porque tienen mejor paga de su trabajo. Porque si cayeren, el uno levantará a su compañero; pero ¡ay del solo! que cuando cayere, no habrá segundo que lo levante. También si dos durmieren juntos, se calentarán mutuamente; mas ¿cómo se calentará uno solo? Y si alguno prevaleciere contra uno, dos le resistirán; y cordón de tres dobleces no se rompe pronto" (Ec. 4:9-12).

En este tipo de oración dos o más creyentes oran al Padre juntos, enfocados hacia una misma dirección con la certidumbre de que Dios los escucha y les responderá.

"Y esta es la confianza que tenemos en él, que si pedimos alguna cosa conforme a su voluntad, Él nos oye. Y si sabemos que Él nos oye en cualquiera cosa que pidamos, sabemos que tenemos las peticiones que le hayamos hecho" (1 Jn. 5:14-15).

- ***¿Cómo hacer este tipo de oración?***

Nos tenemos que poner de acuerdo en dos cosas:

1. **En lo que pedimos.**
2. **En los resultados que esperamos obtener.**

No nos enfocamos en el problema, sino en la solución, o sea que ponemos la petición delante de Dios y

juntos nos ponemos de acuerdo en la solución que estamos esperando por fe. Esto implica hablar lo mismo, confesar lo mismo, ir hacia una misma dirección.

Y para poder hablar lo mismo y no entrar en desacuerdo debemos tener un punto de unión, que es Dios. Esto implica que tenemos que hablar lo que Él habla y tratar de pensar cómo Él piensa. Debemos enfocarnos en decir lo que Dios dice en su Palabra, que esté en armonía y a favor de lo que estamos orando y en contra de lo que el diablo quiere hacer.

Es como si de nosotros saliera una misma música o melodía porque vamos al mismo compás que Dios. La Palabra que sale de nuestra boca es como una espada de dos filos, primero salió de la boca de Dios y ahora sale de nuestra boca con doble impacto, porque detiene y deshace los planes del enemigo.

En otras palabras, es como si fuéramos una sinfonía divina, porque sonamos igual a Dios, y a la misma vez estamos estableciendo su voluntad de traer el cielo a la tierra.

"Os ruego, pues, hermanos, por el nombre de nuestro Señor Jesucristo, que habléis todos una misma cosa, y que no haya entre vosotros divisiones, sino que estéis perfectamente unidos en una misma mente y en un mismo parecer" (1 Co. 1:10).

Recuerda que uno pone a correr a mil, pero dos ponen a correr a diez mil, y no olvides nunca que la batalla no es nuestra sino de Dios.

"¿Cómo podría perseguir uno a mil, Y dos hacer huir a diez mil, Si su Roca no los hubiese vendido, Y Jehová no los hubiera entregado?" (Dt. 32:30).

9) ¿Cómo es la oración unida?

"Cuando llegó el día de Pentecostés, estaban todos unánimes juntos. Y de repente vino del cielo un estruendo como de un viento recio que soplaba, el cual llenó toda la casa donde estaban sentados; y se les aparecieron lenguas repartidas, como de fuego, asentándose sobre cada uno de ellos. Y fueron todos llenos del Espíritu Santo, y comenzaron a hablar en otras lenguas, según el Espíritu les daba que hablasen" (Hch. 2:1-4).

Unidad, según el diccionario bíblico ilustrado Holman, significa estado de indivisión; condición armónica.

- ***Este tipo de oración es la que hace la Iglesia, como Cuerpo de Cristo, cuando se une a orar con un solo propósito y objetivo.***

Satanás tiene una estrategia que siempre le funciona bien: la división. Si él logra influenciar a los cristianos y sembrar división, no habrá acuerdo, ni unión y mucho menos poder; porque en la unión está la fuerza. Tampoco habrá visión, y un pueblo sin visión perece.

Hay un refrán que encierra una gran verdad: **"Divide y vencerás"**.

"Sabiendo Jesús los pensamientos de ellos, les dijo: Todo reino dividido contra sí mismo, es asolado, y toda ciudad o casa dividida contra sí misma, no permanecerá. Y si Satanás echa fuera a Satanás, contra sí mismo está dividido; ¿cómo, pues, permanecerá su reino?" (Mt. 12:25-26).

Si Satanás logra dividirnos, perdemos las batallas y si seguimos con esa actitud de división, tarde o temprano, perderemos la guerra; porque un reino dividido no puede permanecer.

"Y entrados, subieron al aposento alto, donde moraban Pedro y Jacobo, Juan, Andrés, Felipe, Tomás, Bartolomé, Mateo, Jacobo hijo de Alfeo, Simón el Zelote y Judas hermano de Jacobo. Todos éstos perseveraban unánimes en oración y ruego, con las mujeres, y con María la madre de Jesús, y con sus hermanos" (Hch. 1:13-14).

"Y ellos, habiéndolo oído, alzaron unánimes la voz a D ios, y dijeron: Soberano Señor, tú eres el Dios que hiciste el cielo y la tierra, el mar y todo lo que en ellos hay; que por boca de David tu siervo dijiste: ¿Por qué se amotinan las gentes, y los pueblos piensan cosas vanas? Se reunieron los reyes de la tierra, Y los príncipes se juntaron en uno Contra el Señor, y contra su Cristo. Porque verdaderamente se unieron en esta ciudad contra tu santo Hijo Jesús, a quien ungiste, Herodes y Poncio Pilato, con los gentiles y el pueblo de Israel, para hacer cuanto tu mano y tu consejo habían antes determinado que sucediera. Y ahora, Señor, mira sus amenazas, y concede a tus siervos que con todo denuedo hablen tu palabra, mientras extiendes tu mano para que se hagan sanidades y señales y prodigios mediante el nombre de tu santo Hijo Jesús. Cuando hubieron orado, el lugar en que estaban congregados tembló; y todos fueron llenos del Espíritu Santo, y hablaban con denuedo la palabra de Dios" (Hch. 4:24-31).

Podemos hacer este tipo de oración las veces que sea necesario. La oración unida desata una unción corporal poderosa; porque en la unión está la unción y el poder, y cuando la unción y el poder se desatan hacen que los yugos se pudran.

"Acontecerá en aquel tiempo que su carga será quitada de tu hombro, y su yugo de tu cerviz, y el yugo se pudrirá a causa de la unción" (Is. 10:27).

"¡Mirad cuán bueno y cuán delicioso es habitar los hermanos juntos en armonía! Es como el buen óleo sobre la cabeza, el cual desciende sobre la barba, la barba de Aarón, y baja hasta el borde de sus vestiduras; como el rocío de Hermón, que desciende sobre los montes de Sion; porque allí envía Jehová bendición, y vida eterna" (Sal. 133).

Cuando estamos en unidad traemos credibilidad al evangelio y no tenemos que esforzarnos tanto en la evangelización para que las personas crean en Jesús; porque el espíritu de unidad en medio del cuerpo de Cristo trae convicción de pecado y motiva a las personas a querer ser como nosotros. El testimonio habla más que las muchas palabras que puedan salir de nuestra boca.

"Mas no ruego solamente por éstos, sino también por los que han de creer en mí por la palabra de ellos, para que todos sean uno; como tú, oh Padre, en mí, y yo en ti, que también ellos sean uno en nosotros; para que el mundo crea que tú me enviaste. La gloria que me diste, yo les he dado, para que sean uno, así como nosotros somos uno. Yo en ellos, y tú en mí, para que sean perfectos en unidad, para que el mundo conozca que tú me enviaste, y que los has amado a ellos como también a mí me has amado. Padre, aquellos que me has dado, quiero que donde yo estoy, también ellos estén conmigo, para que vean mi gloria que me has dado; porque me has amado desde antes de la fundación del mundo. Padre justo, el mundo no te ha conocido, pero yo te he conocido, y éstos

han conocido que tú me enviaste. Y les he dado a conocer tu nombre, y lo daré a conocer aún, para que el amor con que me has amado, esté en ellos, y yo en ellos" (Jn. 17:20-26).

La unidad desata poder, y en la unión Dios puede habitar y moverse con total libertad para cambiar las vidas y sanar corazones.

"Cuando hubieron orado, el lugar en que estaban congregados tembló; y todos fueron llenos del Espíritu Santo, y hablaban con denuedo la palabra de Dios" (Hch. 4:31).

10) ¿Cómo es la oración de petición o súplica?

"Ella con amargura de alma oró a Jehová, y lloró abundantemente. E hizo voto, diciendo: Jehová de los ejércitos, si te dignares mirar a la aflicción de tu sierva, y te acordares de mí, y no te olvidares de tu sierva, sino que dieres a tu sierva un hijo varón, yo lo dedicaré a Jehová todos los días de su vida, y no pasará navaja sobre su cabeza" (1 S. 1:10-11).

Petición significa acción de pedir, demanda, ruego, solicitud, escrito en que se pide algo a una autoridad.

Súplica significa petición, ruego.

Cuando alguien tiene una petición o súplica no lo hace con altanería y soberbia, sino con humildad, reconociendo que necesita la ayuda de Dios. Es alguien que entiende que separado de Él nada puede hacer.

Podemos hacer nuestras peticiones con nuestros labios o escribirlas en papel.

"Y Jehová me respondió, y dijo: Escribe la visión, y declárala en tablas, para que corra el que leyere en ella.

Aunque la visión tardará aún por un tiempo, mas se apresura hacia el fin, y no mentirá; aunque tardare, espéralo, porque sin duda vendrá, no tardará. He aquí que aquel cuya alma no es recta, se enorgullece; mas el justo por su fe vivirá" (Hab. 2:2-4).

Mi esposo y yo dirigimos un servicio de oración, y tenemos una caja donde el pueblo pone sus peticiones escritas en papel. Después de orar durante el servicio, llevamos la caja a nuestra casa y seguimos orando todos los días por las peticiones hasta que Dios responda y tengamos testimonios.

Cuando la caja se llena, seguimos las instrucciones de lo que Dios nos muestra que debemos hacer con las peticiones, aunque casi siempre nos muestra que las quememos y declaremos palabras proféticas a medida que se van deshaciendo en el fuego.

Hicimos la caja como algo profético. Es una caja grande de zapatos, la pintamos de dorado y azul cielo, y encima tiene una abertura tipo buzón para introducir las peticiones. Y por fuera hemos escrito con letras grandes dos letreros que dicen:

1. ***"Algo que solo Dios puede hacer".***
2. ***"Confía que Él lo hará".***

Eso lo hicimos así para no olvidar que ***nuestras peticiones no están en una simple caja de zapatos, sino ante la presencia de Dios, nuestro Padre Celestial.***

Nuestras peticiones suben como incienso delante del trono de Dios. Él las huele y las recibe como olor grato, y al recibirlas con agrado sopla sobre la tierra su bendición. Dios es galardonador de los que le buscan y confían en Él.

¿Por qué escogimos una caja de zapatos y no otro tipo de caja?

Dios puso en mi corazón que lo hiciera como un acto profético, para recordar a sus hijos que la posición que Él le dio al diablo es debajo de sus pies. Por lo tanto, cada vez que se acerquen a poner una petición Dios quiere que recuerden que Satanás es un enemigo derrotado, Jesús lo venció en la cruz del calvario y está debajo de sus pies. De modo que podemos acercarnos confiadamente en busca del oportuno socorro, porque hay provisión en la cruz para cada una de nuestras necesidades. Como dije anteriormente, si hay algo que el diablo conoce de nosotros es cuánto calzamos y cuánto pesamos, porque está debajo de nuestros pies.

¿Por qué la pintamos de color dorado y azul?

Porque el color dorado representa la adoración, la realeza de nuestro Dios y su presencia manifiesta. Además porque quiere que recordemos que la oración de adoración es el nivel de guerra más alto que existe, donde nos olvidamos de nuestros problemas personales y nos enfocamos en Él, y cuando lo adoramos, Él pelea por nosotros.

Por otro lado, el azul es el color del cielo y el mar, que representa lo celestial. Tiene que ver con el Padre, y así como el cielo y el mar son grandes, más grandes son sus misericordias diariamente para con nosotros sus hijos.

Nunca debemos olvidar que nuestro socorro viene de lo alto, y toda buena dádiva y todo don perfecto descienden de lo alto. Por lo tanto, debemos dejar de mirar la tierra y poner nuestra mirada en el cielo.

- ***Este tipo de oración de petición es la que los creyentes hacemos para pedir por los deseos de nuestro corazón.***

"Deléitate asimismo en Jehová, Y Él te concederá las peticiones de tu corazón. Encomienda a Jehová tu camino, y confía en Él; y Él hará. Exhibirá tu justicia como la luz, y tu derecho como el mediodía" (Sal. 37:4-6).

Esta es una oración que hacemos para pedir por nosotros mismos, por nuestra salud, el deseo de tener un hijo (Ana es un buen ejemplo, Dios le dio a Samuel y cinco hijos más después de Samuel), un trabajo, un carro, una casa, un esposo, un viaje y muchas cosas más que pueden estar como un deseo en nuestro corazón. Pero aunque es un deseo, siempre debemos buscar que ese deseo se ajuste a la voluntad de Dios, para establecer su voluntad y no la nuestra, porque en la perfecta voluntad de Dios está nuestra bendición.

Jesús es el mejor ejemplo de humillación y obediencia a la voluntad de Dios que podemos encontrar en las Escrituras. Cuando fue al Getsemaní a orar, oró tres veces para que, si era posible, Dios lo librara de la copa que tenía que beber; pero no pidió que se hiciera su voluntad sino la del Padre.

"Yendo un poco adelante, se postró sobre su rostro, orando y diciendo: Padre mío, si es posible, pase de mí esta copa; pero no sea como yo quiero, sino como tú... Otra vez fue, y oró por segunda vez, diciendo: Padre mío, si no puede pasar de mí esta copa sin que yo la beba, hágase tu voluntad... Y dejándolos, se fue de nuevo, y oró por tercera vez, diciendo las mismas palabras" (Mt. 26:39, 42, 44).

Si tomamos la decisión de obedecer a Dios, Él nos dará la fuerza para poder someter nuestra carne a la voluntad de Dios a pesar de lo mucho que nuestra carne pueda desear lo contrario. Y para poder llegar a ese nivel de obediencia, debemos renovar nuestra mente con la Palabra de Dios.

"Así que, hermanos, os ruego por las misericordias de Dios, que presentéis vuestros cuerpos en sacrificio vivo, santo, agradable a Dios, que es vuestro culto racional. No os conforméis a este siglo, sino transformaos por medio de la renovación de vuestro entendimiento, para que comprobéis cuál sea la buena voluntad de Dios, agradable y perfecta" (Ro. 12:1-2).

Este tipo de oración de petición se hace una sola vez, y después damos gracias porque creemos que hemos recibido lo que hemos estado pidiendo. Por fe creemos que ya es nuestro; ahora solo tenemos que esperar que suceda en el mundo natural lo que en el espíritu ya recibimos por fe.

"Elí respondió y dijo: Ve en paz, y el Dios de Israel te otorgue la petición que le has hecho. Y ella dijo: Halle tu sierva gracia delante de tus ojos. Y se fue la mujer por su camino, y comió, y no estuvo más triste" (1 S. 1:17-18).

Solo nos queda esperar con la confianza de que la bendición está en camino. Y después de pedir, pasamos a proteger nuestras "oraciones de petición" con "oraciones de acción de gracias" y "oraciones de alabanza y adoración" a Dios. Sobre todo debemos permanecer firmes y llamar las cosas que no son como si fuesen. De esta manera, porque hemos creído, veremos la gloria de Dios en nosotros.

Hay cosas que se pueden resolver con una oración de fe o con sabiduría. Si vemos que la espera se hace larga y la respuesta se está demorando más de lo normal, entonces es tiempo de hacer algo más. Será necesario añadir otros tipos de oración, como por ejemplo, oraciones de intercesión, de guerra, de acuerdo y además podemos añadir ayuno y orar hasta derribar todos los obstáculos y cortar las ataduras para que llegue la bendición. Igual que Abraham debemos fortalecernos en fe y en esperanza contra esperanza sin darle lugar a la duda.

"Por nada estéis afanosos, sino sean conocidas vuestras peticiones delante de Dios en toda oración y ruego, con acción de gracias. Y la paz de Dios, que sobrepasa todo entendimiento, guardará vuestros corazones y vuestros pensamientos en Cristo Jesús. Por lo demás, hermanos, todo lo que es verdadero, todo lo honesto, todo lo justo, todo lo puro, todo lo amable, todo lo que es de buen nombre; si hay virtud alguna, si algo digno de alabanza, en esto pensad" (Fil. 4:6-8).

11) ¿Cómo es la oración en el Espíritu?

"Y de igual manera el Espíritu nos ayuda en nuestra debilidad; pues qué hemos de pedir como conviene, no lo sabemos, pero el Espíritu mismo intercede por nosotros con gemidos indecibles. Mas el que escudriña los corazones sabe cuál es la intención del Espíritu, porque conforme a la voluntad de Dios intercede por los santos" (Ro. 8:26-27).

Cuando oramos en el Espíritu lo hacemos directamente desde lo más profundo de nuestro corazón y en una lengua que no entendemos. Es nuestro espíritu que se comunica con el Espíritu de Dios, sin interferencias y sin que nadie pueda saber qué es lo que estamos hablando o tratando de decir. Ni siquiera nosotros mismos.

"Porque el que habla en lenguas no habla a los hombres, sino a Dios; pues nadie le entiende, aunque por el Espíritu habla misterios. Pero el que profetiza habla a los hombres para edificación, exhortación y consolación. El que habla en lengua extraña, a sí mismo se edifica; pero el que profetiza, edifica a la iglesia" (1 Co. 14:2-4).

Es nuestra forma de comunicarnos íntimamente con nuestro Padre celestial. Siempre comparo este tipo de oración con la comunicación de los padres con sus hijos pequeños. Cuando éstos empiezan a hablar o simplemente a balbucear sonidos, las demás personas no entienden lo que el bebito está pidiendo, y mucho menos lo pueden ayudar; pero sus padres saben inmediatamente lo que el niño quiere, ya sea agua, leche, o su mantita para dormir, o incluso si está molesto o incómodo porque le duele algo. Ese tipo de entendimiento entre el niño y los padres se logra por la cercanía e intimidad que tienen.

Igual pasa con Dios. Cuando somos uno con el Espíritu de Dios, aun nuestros balbuceos, gemidos y oraciones a medias, emitidas por nuestro espíritu, son entendidas por Dios y Él corre a nuestro rescate sin que nada ni nadie pueda interponerse entre Él y nosotros.

Es como si habláramos en códigos con Dios, códigos que nadie más que Dios puede entender. Y como nadie entiende, no hay interferencias, interrupciones, ni manipulaciones de emociones. Tampoco vamos a querer establecer nuestra voluntad, sino que en ese momento nos ponemos como canales para que Dios intervenga como Él quiere. Esto es directo entre nuestro espíritu y

Dios, pero como nuestro espíritu ha sido regenerado, somos sensibles a los deseos de Dios.

"Porque si yo oro en lengua desconocida, mi espíritu ora, pero mi entendimiento queda sin fruto. ¿Qué, pues? Oraré con el espíritu, pero oraré también con el entendimiento; cantaré con el espíritu, pero cantaré también con el entendimiento" (1 Co. 14:14-15).

Nuestra mente queda sin fruto, o sea que no puede controlar ni manipular. Pero también los demonios quedan confundidos, porque no entienden qué está pasando, ni saben qué estamos hablando; por eso no pueden intervenir en contra de nosotros, ni de lo que Dios quiere hacer en ese momento a través de nosotros.

Las lenguas que vienen como evidencia de haber recibido el bautismo del Espíritu Santo solo pueden venir a la vida de una persona si ha recibido a Cristo como su Señor y Salvador personal. Es un revestimiento de poder en la vida del creyente. Un creyente que no ha tenido el bautismo en el Espíritu Santo no se mueve en la misma autoridad y poder que el que ha sido bautizado en el Espíritu y habla en lenguas. Esto no quiere decir que el que no tiene el bautismo en el Espíritu Santo no vaya al cielo ni tengan los mismos derechos de todo hijo de Dios; sino que simple y llanamente está limitado en la manera de moverse y operar en el reino de Dios.

- ***Si una persona habla en lenguas sin haber recibido a Cristo como Señor y Salvador personal, eso no es de Dios, es una imitación o falsificación de lo verdadero. Sabemos que Satanás imita todo lo que es de Dios, porque él se disfraza como ángel de luz.***

Detrás de esas lenguas no está Dios, sino el mismo diablo; por eso no es de extrañarse que personas que operan en el ocultismo, la brujería, la hechicería y el satanismo hablen lenguas extrañas inspiradas por el mismo diablo.

Muchas personas no pueden recibir el bautismo en el Espíritu Santo, e inconscientemente rechazan las lenguas, por haber estado involucrados en alguna práctica del ocultismo en el pasado o quizás por conocer a un familiar o a otros que operan de esa forma y no son cristianos. Ahora las lenguas les recuerdan a esas personas y se bloquean, porque piensan que es lo mismo que ellos hacían antes.

- ***No podemos limitar lo que Dios tiene para nosotros, tan solo porque el enemigo imite lo que es de Dios.***

Piensa que solo hay imitaciones de cosas que son reales. Nunca vamos a ver la imitación de un billete de tres dólares, por la sencilla razón de que no existe; pero sí vamos a ver muchas imitaciones de billetes de uno, cinco, diez, veinte, cincuenta y cien dólares, incluso de dos dólares, porque aunque circulan pocos sí existen. Pero nunca veremos billetes falsos de tres dólares, porque no existen, no los hay. Tampoco vamos a dejar de usar el dinero, porque hay gente que lo falsifica, solo tenemos que ser sabios y examinar bien los billetes.

Asimismo, en lo espiritual, tenemos que caminar como entendidos y no como necios, pues Dios nos ha dejado un manual para saber cómo actuar. En su Palabra nos dice que probemos los espíritus, porque Él sabía que iban a haber muchas falsificaciones sobre su reino. Por eso nos alerta a ser sabios y ver de qué fuente proceden las cosas, para poder disfrutar lo que su reino tiene para nosotros.

"Amados, no creáis a todo espíritu, sino probad los espíritus si son de Dios; porque muchos falsos profetas han salido por el mundo. En esto conoced el Espíritu de Dios: Todo espíritu que confiesa que Jesucristo ha venido en carne, es de Dios; y todo espíritu que no confiesa que Jesucristo ha venido en carne, no es de Dios; y este es el espíritu del anticristo, el cual vosotros habéis oído que viene, y que ahora ya está en el mundo" (1 Jn. 4:1-3).

Entonces, debemos tener en claro que Cristo debe vivir en nosotros para poder hablar en lenguas espirituales como Dios dice en su Palabra.

Después de resucitar Jesús se les apareció a los discípulos durante cuarenta días para darles instrucciones sobre todo lo que tenían que hacer después que Él se fuera. Y una de las cosas que les dijo fue que no se fueran de Jerusalén hasta que fueran bautizados en el Espíritu Santo para que pudieran hacer su trabajo aquí en la tierra y fueran testigos con poder (ver Hch. 1:1-14).

"Pero recibiréis poder, cuando haya venido sobre vosotros el Espíritu Santo, y me seréis testigos en Jerusalén, en toda Judea, en Samaria, y hasta lo último de la tierra" (Hch. 1:8).

Orar en el Espíritu hace nula nuestras emociones, intelecto y voluntad, pero nuestro espíritu se pone en armonía con Dios y llegamos a ser un gran instrumento para que Dios establezca su reino en la tierra. Nada puede oponerse a este tipo de oración, que tiene la capacidad de producir un rompimiento por muy dura que sea la situación.

- ***La oración en el Espíritu es como un martillo eléctrico, que tiene la capacidad de romper y quebrar***

la superficie más dura y desbaratar el más fuerte de los cimientos de concreto.

Hay grandes beneficios de orar en el Espíritu y nos ayuda muchísimo en nuestra vida espiritual; porque recarga nuestra batería espiritual, hablamos directamente con Dios, hacemos la oración correcta sin la intervención de las emociones, el intelecto y la voluntad, y además nos sirve de refrigerio o descanso.

"Porque en lengua de tartamudos, y en extraña lengua hablará a este pueblo, a los cuales él dijo: Este es el reposo; dad reposo al cansado; y este es el refrigerio; mas no quisieron oír" (Is. 28:11-12).

Por eso es muy conveniente ser obedientes y orar en el Espíritu a menudo para poder descansar más en Dios, entrar en su reposo y ser más efectivos en nuestro tiempo de oración.

"Orando en todo tiempo con toda oración y súplica en el Espíritu, y velando en ello con toda perseverancia y súplica por todos los santos" (Ef. 6:18).

12) ¿Cómo es orar hasta....?

Este tipo de oración persevera hasta obtener los resultados esperados sin rendirse.

En Génesis habla de la lucha de Jacob con Dios por su bendición. Él insistió hasta quedar descoyuntado, pero no se soltó de Dios. De modo que Dios le cambió el nombre de Jacob a Israel, que significa "el que lucha o persiste con Dios", y esta persistencia es símbolo de una oración constante.

"Así se quedó Jacob solo; y luchó con él un varón hasta que rayaba el alba. Y cuando el varón vio que no podía con él, tocó en el sitio del encaje de su muslo, y se descoyuntó el muslo de Jacob mientras con él luchaba. Y dijo: Déjame, porque raya el alba. Y Jacob le respondió: No te dejaré, si no me bendices. Y el varón le dijo: ¿Cuál es tu nombre? Y él respondió: Jacob. Y el varón le dijo: No se dirá más tu nombre Jacob, sino Israel; porque has luchado con Dios y con los hombres, y has vencido. Entonces Jacob le preguntó, y dijo: Declárame ahora tu nombre. Y el varón respondió: ¿Por qué me preguntas por mi nombre? Y lo bendijo allí. Y llamó Jacob el nombre de aquel lugar, Peniel; porque dijo: Vi a Dios cara a cara, y fue librada mi alma. Y cuando había pasado Peniel, le salió el sol; y cojeaba de su cadera" (Gn. 32:24-31).

Jacob significa "el que agarra el talón, engañador o suplantador". Nuestra oración perseverante nos hará cambiar nuestra antigua manera de actuar y pensar, para convertirnos en príncipes con Dios; porque en medio de la batalla aprendemos a conocer a Dios y a esperar en Él. Nunca más seremos los mismos; porque habrá una sanidad interior en nosotros y seremos libres. Es necesario tener un encuentro cara a cara con Jesús para poder caminar en total libertad.

Perseverante: Según el diccionario es ser tenaz, constante, firme, insistente, empeñoso, tesonero.

Perseverar: Implica insistir, continuar, proseguir, seguir, reanudar, prolongar, persistir, mantener, perpetuar. Lo contrario de todo esto es abandonar.

Jesús nos instruye a pedir, buscar y llamar.

"Pedid, y se os dará; buscad, y hallaréis; llamad, y se os abrirá. Porque todo aquel que pide, recibe; y el que busca, halla; y al que llama, se le abrirá" (Mt. 7:7-8).

Este pedir, es pedir y pedir, hasta recibir, y el buscar es buscar y buscar hasta encontrar, y este llamar es llamar y llamar hasta obtener la respuesta.

Esto indica una acción continua con una clara conciencia de que hay una necesidad; pero también hay que tener una convicción mayor de que Dios oye la oración y está dispuesto a contestarla. Él tiene todo el poder para hacerlo. Nada hay imposible para Él y, mucho menos, muy difícil.

"Clama a mí, y yo te responderé, y te enseñaré cosas grandes y ocultas que tú no conoces" (Jer. 33:3).

Los niños suelen ser muy insistentes, y muchas veces hacen cosas de las cuales los adultos debemos aprender. Yo tengo cinco nietas mujeres, y cuando Cassandra, la segunda de mis nietas, era más pequeña estaba bien apegada a mí y siempre quería estar en mi casa. Un día, para disciplinarla, su papá le prohibió venir a mi casa, porque cada vez que llegaba la hora de irse se iba llorando y pasaba mucho tiempo así. Mi nieta lloró por muchos días, porque quería regresar a mi casa, pero cuando entendió que con llorar no iba a conseguir nada de su padre, cambió la estrategia y dejó de llorar. Entonces todos los días, antes que su papá se fuera a trabajar, sentadita al lado de la puerta de calle esperaba a su papá para preguntarle cuándo la iba dejar ir a la casa de su abuela china otra vez (a mí me dicen china desde pequeña y todos los que me conocen íntimamente me llaman así, por esta causa cuando mi nieta mayor comenzó a hablar, me decía abuela china y a partir de entonces todas mis nietas me dicen así).

Cassandra le preguntaba a su padre "¿Papito puedo ir a la casa de mi abuela china?" Ella le decía a su padre que se iba a portar bien y que a la hora de irse no iba a llorar más. Mi hijo se mantuvo firme por varios días en los que le decía a la niña que no; pero cada vez que cerraba la puerta sentía dolor en su corazón por decirle que no a su hija. Ella siguió insistiendo persistentemente día tras día, hasta que pudo romper la dureza del corazón de su padre, quien le levantó el castigo y la dejó venir de nuevo a mi casa, con la promesa de que cuando se fuera no volviera a llorar. Y la niña cumplió.

Muchos de nosotros debemos aprender de mi nieta Cassandra y entender que si nos quejamos, lloramos y nos lamentamos no vamos a solucionar nuestros problemas. Tenemos que entender que la solución llega cuando cambiamos de actitud y de estrategia. Cuando comenzamos a ser perseverantes, persistentes y firmes en lo que creemos, obtenemos el resultado de aquello que hemos estado pidiendo.

Jesús habla de una viuda insistente, que logró que se le hiciera justicia de su adversario gracias a su insistencia y perseverancia. Sin mirar el rechazo y la negación a ser escuchada, su insistencia logró quebrantar la indiferencia del juez injusto. Estamos llamados a imitar la actitud de esta viuda y no rendirnos hasta lograr la respuesta de aquello que estamos pidiendo.

"También les refirió Jesús una parábola sobre la necesidad de orar siempre, y no desmayar, diciendo: Había en una ciudad un juez, que ni temía a Dios, ni respetaba a hombre. Había también en aquella ciudad una viuda, la cual venía a él, diciendo: Hazme justicia de mi adversario. Y él no quiso por algún tiempo; pero después de esto dijo dentro de sí: Aunque ni temo a Dios, ni tengo respeto a hombre, sin embargo, porque esta viuda me es molesta, le haré justicia, no sea que viniendo de continuo, me agote

la paciencia. Y dijo el Señor: Oíd lo que dijo el juez injusto. ¿Y acaso Dios no hará justicia a sus escogidos, que claman a él día y noche? ¿Se tardará en responderles? Os digo que pronto les hará justicia. Pero cuando venga el Hijo del Hombre, ¿hallará fe en la tierra?" (Lc. 18:1-8).

Como creyentes debemos orar hasta obtener aquello por lo que estamos creyendo. Pero para eso tiene que estar presente nuestra fe, porque debemos seguir esperando con certeza y convicción aquello que hemos llevado delante de Dios en oración. Él no es un juez injusto como el de la parábola. Él siempre cumple lo que promete. Si le creemos, nuestro galardón está en camino.

"Pero sin fe es imposible agradar a Dios; porque es necesario que el que se acerca a Dios crea que le hay, y que es galardonador de los que le buscan" (He. 11:6).

La Biblia está llena de ejemplos de oraciones persistentes que recibieron lo que estaban esperando. Elías oró por lluvia y no se conformó con ver una nube pequeña, como el puño de la mano de un hombre, sino que siguió insistiendo hasta que llegó una gran lluvia.

En el libro de Lucas hay otro ejemplo de insistencia en la oración:

"Les dijo también: ¿Quién de vosotros que tenga un amigo, va a él a medianoche y le dice: Amigo, préstame tres panes, porque un amigo mío ha venido a mí de viaje, y no tengo qué ponerle delante; y aquél, respondiendo desde adentro, le dice: No me molestes; la puerta ya está cerrada, y mis niños están conmigo en cama; no puedo levantarme, y dártelos? Os digo, que aunque no se levante a dárselos por ser su amigo, sin embargo por su importunidad se levantará y le dará todo lo que necesite.

Y yo os digo: Pedid, y se os dará; buscad, y hallaréis; llamad, y se os abrirá. Porque todo aquel que pide, recibe; y el que busca, halla; y al que llama, se le abrirá" (Lc. 11:5-10).

Y si nuestra batalla es muy dura, Dios nos dará hombres y mujeres que intercedan por nosotros y levanten nuestros brazos en oración, para que podamos resistir hasta lograr la victoria.

Mientras Moisés perseveraba en oración con sus manos levantadas a Dios, los israelitas tenían éxito en su batalla contra los amalecitas. Dios puso a Ur y Aarón para levantar sus brazos y a un guerrero como Josué para que peleara la batalla. De igual manera, Dios nos dará a alguien que nos ayude a resistir hasta que llegue la bendición.

13) ¿Cómo es la oración de guerra?

"Desde los días de Juan el Bautista hasta ahora, el reino de los cielos sufre violencia, y los violentos lo arrebatan" (Mt. 11:12).

No podemos olvidar que desde que nos convertimos en cristianos entramos en una guerra.

La palabra guerra significa contienda, lucha, conflicto, choque, combate, batalla, hostilidades, encuentro, pugna, discordia, pleito violencia, desavenencia, hostilidad, rivalidad.

No hay ninguna afinidad o concordia entre el reino de las tinieblas y el reino de la luz, y como hijos de Dios tenemos que asumir nuestra posición de autoridad en la que Jesús nos puso de nuevo para que podamos establecer su reino en la tierra.

Y como todo tiene su tiempo y todo lo que se quiere debajo del cielo tiene su hora, hay tiempo para la paz y tiempo para la guerra. Cuando estamos en guerra es un tiempo de dar a conocer la multiforme sabiduría de Dios y mostrar o probar que Él reina.

"Para que la multiforme sabiduría de Dios sea ahora dada a conocer por medio de la iglesia a los principados y potestades en los lugares celestiales" (Ef. 3:10).

La multiforme sabiduría de Dios está en su Palabra. Y el poder está en orar la Palabra de Dios sobre las circunstancias, pues es la Palabra de Dios la que ejerce dominio sobre el enemigo y las circunstancias, y esto va a provocar un cambio, una transformación. Aquí oramos con nuestro entendimiento a través de la Palabra escrita de Dios, y es la Iglesia la que tiene que dar a conocer la multiforme sabiduría de Dios por medio de la Palabra decretada con denuedo y atrevimiento, incluso a los principados y potestades en los lugares celestiales.

Estos poderes satánicos dañan ciudades, naciones, personas, iglesias y todo lo que se les presente por delante, y es responsabilidad de la Iglesia pararse en la brecha, en posición de guerra y combate.

Cuando tomamos esa posición, el ejército de ángeles pelea a favor de nosotros, porque son los encargados de ejecutar la Palabra de Dios.

Debemos recordar que estamos sentados con Cristo en los lugares celestiales, y tenemos una posición de gobierno y autoridad por encima de todo lo demás, porque Dios está en el lugar más alto y allí nos ha sentado juntamente con Él (ver Ef. 2:1-6).

"Para que el Dios de nuestro Señor Jesucristo, el Padre de gloria, os dé espíritu de sabiduría y de revelación en el conocimiento de él, alumbrando los ojos de vuestro entendimiento, para que sepáis cuál es la esperanza a que él os ha llamado, y cuáles las riquezas de la gloria de su herencia en los santos, y cuál la supereminente grandeza de su poder para con nosotros los que creemos, según la operación del poder de su fuerza, la cual operó en Cristo, resucitándole de los muertos y sentándole a su diestra en los lugares celestiales, sobre todo principado y autoridad y poder y señorío, y sobre todo nombre que se nombra, no sólo en este siglo, sino también en el venidero; y sometió todas las cosas bajo sus pies, y lo dio por cabeza sobre todas las cosas a la iglesia" (Ef. 1:17-22).

La Iglesia es el cuerpo de Cristo y si Cristo está sentado a la diestra de Dios, nosotros simbólicamente estamos sentados allí juntamente con Él. Todo lo que Dios ha puesto bajo sus pies está también bajo nuestros pies, porque Cristo es la cabeza, y nosotros, la Iglesia, somos el cuerpo de Cristo. Tenemos que vernos como Dios nos ve y en la posición en que Él nos ha puesto.

- ***¿Qué debemos hacer en tiempos de guerra?***

El tiempo de guerra es tiempo de adorar el carácter de Dios, es tiempo de reconocer quién es Él y cómo es Él.

Todas las grandes batallas que el pueblo de Israel ganó se lograron por medio de la adoración. La adoración desata poder, y cuando adoramos a Dios, Él comienza a moverse y a darnos estrategias que decretamos por medio de su Palabra escrita que, en ese momento, viene con revelación a nuestra vida.

Un buen ejemplo en la Biblia es el rey Josafat cuando vino una multitud de enemigos a atacar a su pueblo. Aunque Josafat sintió miedo, no se quedó paralizado sin hacer nada, sino que buscó el rostro de Dios y se humilló delante de Él para buscar su dirección y presentar su causa delante de Él, y para reconocer su grandeza y su poder sobre todos los reinos de la tierra.

"Entonces Josafat se puso en pie en la asamblea de Judá y de Jerusalén, en la casa de Jehová, delante del atrio nuevo; y dijo: Jehová Dios de nuestros padres, ¿no eres tú Dios en los cielos, y tienes dominio sobre todos los reinos de las naciones? ¿No está en tu mano tal fuerza y poder, que no hay quien te resista? Dios nuestro, ¿no echaste tú los moradores de esta tierra delante de tu pueblo Israel, y la diste a la descendencia de Abraham tu amigo para siempre? Y ellos han habitado en ella, y te han edificado en ella santuario a tu nombre, diciendo: Si mal viniere sobre nosotros, o espada de castigo, o pestilencia, o hambre, nos presentaremos delante de esta casa, y delante de ti (porque tu nombre está en esta casa), y a causa de nuestras tribulaciones clamaremos a ti, y tú nos oirás y salvarás. Ahora, pues, he aquí los hijos de Amón y de Moab, y los del monte de Seir, a cuya tierra no quisiste que pasase Israel cuando venía de la tierra de Egipto, sino que se apartase de ellos, y no los destruyese; he aquí ellos nos dan el pago viniendo a arrojarnos de la heredad que tú nos diste en posesión. ¡Oh Dios nuestro! ¿no los juzgarás tú? Porque en nosotros no hay fuerza contra tan grande multitud que viene contra nosotros; no sabemos qué hacer, y a ti volvemos nuestros ojos. Y todo Judá estaba en pie delante de Jehová, con sus niños y sus mujeres y sus hijos. Y estaba allí Jahaziel hijo de Zacarías, hijo de Benaía, hijo de Jeiel, hijo de Matanías, levita de los hijos de

Asaf, sobre el cual vino el Espíritu de Jehová en medio de la reunión; y dijo: Oíd, Judá todo, y vosotros moradores de Jerusalén, y tú, rey Josafat. Jehová os dice así: No temáis ni os amedrentéis delante de esta multitud tan grande, porque no es vuestra la guerra, sino de Dios. Mañana descenderéis contra ellos; he aquí que ellos subirán por la cuesta de Sis, y los hallaréis junto al arroyo, antes del desierto de Jeruel. No habrá para qué peleéis vosotros en este caso; paraos, estad quietos, y ved la salvación de Jehová con vosotros. Oh Judá y Jerusalén, no temáis ni desmayéis; salid mañana contra ellos, porque Jehová estará con vosotros. Entonces Josafat se inclinó rostro a tierra, y asimismo todo Judá y los moradores de Jerusalén se postraron delante de Jehová, y adoraron a Jehová. Y se levantaron los levitas de los hijos de Coat y de los hijos de Coré, para alabar a Jehová el Dios de Israel con fuerte y alta voz. Y cuando se levantaron por la mañana, salieron al desierto de Tecoa. Y mientras ellos salían, Josafat, estando en pie, dijo: Oídme, Judá y moradores de Jerusalén. Creed en Jehová vuestro Dios, y estaréis seguros; creed a sus profetas, y seréis prosperados. Y habido consejo con el pueblo, puso a algunos que cantasen y alabasen a Jehová, vestidos de ornamentos sagrados, mientras salía la gente armada, y que dijesen: Glorificad a Jehová, porque su misericordia es para siempre. Y cuando comenzaron a entonar cantos de alabanza, Jehová puso contra los hijos de Amón, de Moab y del monte de Seir, las emboscadas de ellos mismos que venían contra Judá, y se mataron los unos a los otros. Porque los hijos de Amón y Moab se levantaron contra los del monte de Seir para matarlos y destruirlos; y cuando hubieron acabado con los del monte de Seir, cada cual ayudó a la destrucción de su compañero. Y luego que vino Judá a la torre del desierto, miraron hacia la multitud, y he aquí yacían ellos en tierra muertos, pues ninguno había escapado. Viniendo entonces Josafat y su pueblo a despojarlos, hallaron entre los cadáveres muchas riquezas, así vestidos como alhajas preciosas, que tomaron para sí, tantos, que no los podían llevar; tres días estuvieron recogiendo el botín, porque era mucho. Y al cuarto día se juntaron en el valle de Beraca; porque allí bendijeron a Jehová, y por esto llamaron el nombre de aquel paraje el valle de Beraca, hasta hoy. Y todo Judá y los de Jerusalén, y Josafat a la cabeza de ellos, volvieron para regresar a Jerusalén gozosos, porque Jehová les había dado gozo librándolos de sus enemigos. Y vinieron a Jerusalén con salterios, arpas y trompetas, a la casa de Jehová. Y el pavor de Dios cayó sobre todos los reinos de aquella tierra, cuando oyeron que Jehová había peleado contra los enemigos de Israel. Y el reino de Josafat tuvo paz, porque su Dios le dio paz por todas partes" (2 Cr. 20:5-30).

Dios no solo les dio la victoria sobre sus enemigos, sino que recogieron un gran botín. Beraca significa bendición. Cuatro días estuvo el pueblo de Josafat recogiendo el botín. Aquello que el diablo trae a nuestras vidas para destruirnos, Dios lo torna en nuestro botín o bendición, y lo usa como escalón para llevarnos a otro nivel espiritual y avanzar en su reino.

Cada vez que nos paramos delante de una situación y al conocer la Palabra escrita que puede someter esa circunstancia decimos "escrito está", hay un poder creativo que desata poder. Esa Palabra que viene con revelación nos vivifica y fortalece, pero debilita y vence al enemigo. Además pone en movimiento a su ejército de ángeles, que comienzan a actuar a nuestro favor, que somos herederos de la salvación.

"¿No son todos espíritus ministradores, enviados para servicio a favor de los que serán herederos de la salvación?" (He. 1:14).

"Bendecid a Jehová, vosotros sus ángeles, Poderosos en fortaleza, que ejecutáis su palabra, Obedeciendo a la voz de su precepto. Bendecid a Jehová, vosotros todos sus ejércitos, Ministros suyos, que hacéis su voluntad" (Sal. 103:20-21).

Nuestra confesión puede atar o desatar a los ángeles de Dios para que actúen a nuestro favor. Ellos escuchan todo lo que sale de nuestra boca, y solo obedecen la Palabra de Dios.

Cuando Daniel oraba, Dios envió al arcángel Miguel a pelear por la causa de Daniel, y cuando fue lanzado al foso de los leones, envió a su ángel para cerrar la boca de los leones.

El ángel de Jehová estuvo en medio del horno de fuego, donde fueron lanzados Sadrac, Mesac y Abednego. Allí los desató y los dejó libres en medio del fuego sin dejar que ni un solo cabello se les quemara.

Bastaron dos ángeles para acabar con Sodoma y Gomorra y sacar a Lot y su familia antes que llegara la destrucción.

Y cuando el rey Ezequías presentó su causa delante de Dios, como hizo el rey Josafat, Dios también vino a su socorro y envió su ángel para defenderlo. Y en una noche mató a ciento ochenta y cinco mil en el campamento de los asirios (Ver Is. 37:1-38).

Cuando magnificamos más a Dios que a nuestros problemas y reconocemos su poder y su grandeza, siempre tendremos una voz profética de parte de Dios que cambiará nuestras circunstancias y podremos declarar la derrota de nuestros enemigos. Dios peleará por nosotros y nosotros estaremos seguros.

Y cuando digo enemigos no me refiero a personas de carne y hueso, sino a los poderes demoníacos que hay detrás de las personas para usarlas en contra nuestra.

Pero los ángeles de Dios acamparán a nuestro alrededor y nos defenderán.

"Por tanto, así dice Jehová acerca del rey de Asiria: No entrará en esta ciudad, ni arrojará saeta en ella; no vendrá delante de ella con escudo, ni levantará contra ella baluarte. Por el camino que vino, volverá, y no entrará en esta ciudad, dice Jehová. Porque yo ampararé a esta ciudad para salvarla, por amor de mí mismo, y por amor de David mi siervo. Y salió el ángel de Jehová y mató a ciento ochenta y cinco mil en el campamento de los asirios; cuando se levantaron por la mañana, he aquí que todo era cuerpos de muertos. Entonces Senaquerib rey de Asiria se fue, e hizo su morada en Nínive. Y aconteció que mientras adoraba en el templo de Nisroc su dios, sus hijos Adramelec y Sarezer le mataron a espada, y huyeron a la tierra de Ararat; y reinó en su lugar Esar-hadón su hijo" (Is. 37:33-38).

Por eso la Palabra es como espada de dos filos, hace doble trabajo, tiene doble impacto; porque como pueblo de Dios nos limpia, nos prepara, nos alinea, nos cambia, nos vivifica, nos fortalece, nos protege y pone en movimiento a los ángeles que están a nuestro servicio.

Pero al enemigo los confunde, los esparce, los aniquila, los destruye, los desaparece, los despoja de sus posesiones y entrega el botín a su pueblo.

"Envió sobre ellos el ardor de su ira; enojo, indignación y angustia, un ejército de ángeles destructores" (Sal. 78:49).

Una vez que reconocemos quién es Dios y cómo se mueve, nuestra alabanza y adoración hacia Él nos inyecta denuedo y atrevimiento ***lo cual hace que la oración de guerra sea una oración atrevida, violenta y creativa, que comprende diferentes actos proféticos con banderas, pandaretas y armas de guerra. También comprende diferentes tipos de oraciones*** como intercesión, oración en el espíritu, oración profética y apostólica, oración que cambia las cosas, oración de atar y desatar, adoración y acción de gracias. En conclusión, es una combinación de todos estos tipos de oraciones saturadas de alabanza y adoración con las cuales nos ponemos a la ofensiva, en actitud desafiante para confrontar los poderes del enemigo por haberse atrevido a desafiar a nuestro Dios y subestimar su poder y su grandeza. Reconocemos que la batalla no es nuestra, sino de Dios, y entendemos que aquello que viene en contra de nosotros es en contra de nuestro Dios y del poder de su ejército. Mas dura cosa es ir en contra del Dios vivo, porque Él es varón de guerra y no ha perdido ni una sola batalla.

Otra cosa que podemos hacer en nuestro tiempo de oración de guerra es hacer guerra con las palabras proféticas que nos han sido dadas y todavía no se han cumplido. Es más, esas aguas proféticas que fueron desatadas sobre nuestras vidas, muchas veces están estancadas porque no hemos hecho nada con ellas. Debemos mover las aguas y para ello tenemos que orar y recordarle a Dios lo que habló sobre nosotros, tenemos que decretar esa palabra con autoridad en los aires y establecer que nada ni nadie tiene poder o autoridad para impedir que Dios cumpla lo que prometió. Pero para eso tenemos que creerle a Dios y movernos en fe.

Quiero darte una estrategia para activar las palabras

proféticas que te han dado: Declara que si la persona o el profeta que Dios usó para dar esa palabra sobre ti, tenía su oído puesto en el corazón de Dios, lo que Dios ha dicho de ti se cumplirá en el nombre de Jesús; porque no hay diablo, ni demonio, ni mujer, ni hombre, ni circunstancia que pueda impedir que Dios cumpla lo que prometió en tu vida.

"Pelea la buena batalla de la fe, echa mano de la vida eterna, a la cual asimismo fuiste llamado, habiendo hecho la buena profesión delante de muchos testigos. Te mando delante de Dios, que da vida a todas las cosas, y de Jesucristo, que dio testimonio de la buena profesión delante de Poncio Pilato, que guardes el mandamiento sin mácula ni reprensión, hasta la aparición de nuestro Señor Jesucristo, la cual a su tiempo mostrará el bienaventurado y solo Soberano, Rey de reyes, y Señor de señores" (I Ti. 6:12-15).

14) ¿Cómo es la oración profética?

"Me dijo entonces: Profetiza sobre estos huesos, y diles: Huesos secos, oíd palabra de Jehová. Así ha dicho Jehová el Señor a estos huesos: He aquí, yo hago entrar espíritu en vosotros, y viviréis. Y pondré tendones sobre vosotros, y haré subir sobre vosotros carne, y os cubriré de piel, y pondré en vosotros espíritu, y viviréis; y sabréis que yo soy Jehová. Profeticé, pues, como me fue mandado; y hubo un ruido mientras yo profetizaba, y he aquí un temblor; y los huesos se juntaron cada hueso con su hueso. Y miré, y he aquí tendones sobre ellos, y la carne subió, y la piel cubrió por encima de ellos; pero no había en ellos espíritu. Y me dijo: Profetiza al espíritu, profetiza, hijo de hombre, y di al espíritu: Así ha dicho Jehová el Señor: Espíritu, ven de los cuatro vientos, y sopla sobre estos muertos, y vivirán.

Y profeticé como me había mandado, y entró espíritu en ellos, y vivieron, y estuvieron sobre sus pies; un ejército grande en extremo" (Ez. 37:4-10).

La palabra profética tiene la capacidad de crear en el mundo espiritual para que se establezca, se materialice y ocurra en el mundo natural, en el cual vivimos.

Hay poder en nuestra boca, porque hemos sido creados a la imagen de Dios, y todo lo que Dios creó en esta tierra fue hecho por medio de la Palabra hablada, excepto en la creación del hombre. Cuando Dios creó al hombre tomó polvo de la tierra y agua y formó una figura de barro; luego sopló su aliento de vida, y de uno de los huesos de Adán creó a Eva, su mujer. Pero todo lo demás, Dios lo creó por medio de la Palabra hablada, por eso Dios siempre nos motiva a pedir y a declarar la Palabra sobre nuestra vida y nuestras circunstancias, para crear aquello que necesitamos.

Juan 14:13-14 dice: *"Y todo lo que pidiereis al Padre en mi nombre, lo haré, para que el Padre sea glorificado en el Hijo. Si algo pidiereis en mi nombre, yo lo haré".*

En el original, donde dice "yo lo haré" implica llamar a la existencia algo que todavía no se ha creado.

Dios quiere que nosotros llamemos a la existencia las cosas que necesitamos. De modo que a menos que demos un paso de fe y nos atrevamos a hablar con denuedo y atrevimiento, Él no podrá crear eso que necesitamos, porque no ha sido llamado a la existencia.

Recuerdo que hace muchos años, cuando la ciencia no estaba tan avanzada como ahora, y todo se hacía por teléfono y a mano porque las computadoras todavía no habían ocupado las comunicaciones, pude ver y experimentar qué es dar una palabra de fe y llamar las cosas que no son como si fuesen en una circunstancia por la que estaba atravesando.

- ***La oración profética está llena de oraciones que declaran las cosas que no son como si fuesen.***

En esa circunstancia vi en acción el poder de Dios; lo vi crear algo que no existía solo por el hecho de honrar una palabra de fe desatada.

Mi único hermano estaba muy enfermo. Tenía una enfermedad degenerativa que lo fue incapacitando hasta dejarlo sin movimiento e incluso sin poder hablar para comunicarse. Nuestra situación económica era bastante apretada, y yo lo llevaba al hospital Jackson Memorial de Miami para que lo atendieran neurológicamente.

Como para mí era muy difícil pagar sus gastos médicos, después de salir de una de sus consultas médicas, fuimos a la oficina del hospital para pedir ayuda económica para su tratamiento médico. Después de plantear mi caso y que, por mi insistencia, ellos hicieran varias llamadas a la central de Tallahassee, me dijeron que no podían darme ninguna ayuda, porque mi hermano había entrado ilegal al país y no tenía un estatus migratorio. En ese momento la persona que me estaba atendiendo se fue y me dejó sola con mi hermano en una silla de ruedas. Entonces oré y le hablé al Señor y le dije: "Señor este es tu hijo, porque él te recibió como su Salvador personal, y tú no eres un Padre malo que no se ocupa de sus hijos. Yo no sé cómo, pero tú tienes que resolver su problema, porque yo no puedo, no tengo los medios. Háblame Señor ¿qué debo hacer? Háblame con tu Palabra". Yo llevaba mi Biblia, entonces la abrí en el Salmo 24:1 que dice: *"De Jehová es la tierra y su plenitud; el mundo, y los que en él habitan".*

Esa Palabra me impactó y llenó de fe mi corazón. Entonces le dije: "Si tuya es la tierra y su plenitud, el mundo y todos los que en él habitan, este problema no es mío sino tuyo, y tú tienes todo lo que se necesita para resolverlo. Ellos dicen que no hay una cobertura médica para mi hermano, pero si no la hay la tienen que crear; porque él es tu hijo y no se puede quedar sin la ayuda que tanto necesita. Yo no puedo más con esta carga".

Cuando el hombre de aquella oficina regresó y me vio todavía allí plantada con mi hermano, me dijo un poco molesto: —"Señora, todavía sigue aquí, usted sí que insiste". Por mi insistencia él había hecho como tres llamadas a Tallahassee y la respuesta siempre era la misma "no califica, no tiene derechos médicos".

Entonces le dije al hombre: —Mire señor, no se enoje, pero tiene que llamar de nuevo, porque ***sí, hay una cobertura médica para mi hermano y sí, califica.*** Lo que pasa es que usted no llamó al lugar correcto. Le hablé con tanta seguridad que el hombre volvió a llamar, pero regresó con la misma respuesta: —"no hay ninguna cobertura médica para su hermano".

Lo volví a mirar fijamente y le dije: —Eso es lo que usted dice, pero no es la realidad. Sí, hay una cobertura médica para él, aunque usted diga que no hay ninguna. Y si no la hay, la van a tener que crear, porque él tiene una necesidad que yo sé que va ser suplida. Le di las gracias por tratar de ayudarme y me fui.

En lo natural no había pasado nada, y parecía que yo había perdido el tiempo, pero en el mundo espiritual algo se había llamado a la existencia. Los huesos secos comenzaron a moverse y a transformarse por el poder de la palabra profética desatada.

Un tiempo después, me llegó una carta del hospital Jackson Memorial, para decirme que habían ***creado una cobertura médica para la condición de mi hermano y que le darían la ayuda médica que necesitaba.*** Lo sorprendente es que la ayuda no solo sería en ese hospital, sino en cualquier hospital al que él tuviera que ir. Otra cosa que me mandaron a decir fue que me habían dado la ayuda con fecha retroactiva, ya que había sido aprobada hacía tres meses, y que no tenía que pagar la ultima consulta.

Lo que más me impactó fue la fecha de aprobación de la cobertura médica. Porque la crearon el mismo día que yo declaré la palabra de creación de una cobertura médica para la ayuda médica de mi hermano.

Ese día pude ver en acción las palabras de ***Juan 14:13-14 y el Salmo 24:1***. Estas dos citas bíblicas son muy especiales para mí, porque me mostraron que nada hay imposible y, mucho menos, muy difícil para Dios, si tan solo nos atrevemos a creerle a Él y no a nuestras circunstancias, además de pararnos en fe y usar nuestra boca para profetizar lo que esperamos que Dios haga. Y no solo eso, sino que también me probó que Dios nos da más abundantemente de lo que pedimos o pensamos; porque después de crear esa posición, mi hermano podía ir a cualquier hospital para que lo atendieran.

Mi hermano vivió diecisiete años más, y nunca más tuvimos un problema de atención médica o medicinas ni tampoco le pidieron un papel de inmigración, ¿sabes por qué? Porque su Padre celestial asumió la responsabilidad de suplirle a su hijo todo lo que él necesitaba mientras vivió en esta tierra.

Recuerda que la vida y la muerte están en poder de la lengua, y si la usamos como Dios lo ha establecido, hay un milagro que espera poder ser desatado cada vez que hay una necesidad. Si Dios lo hizo conmigo en la necesidad de mi hermano puede hacerlo contigo, sea cual sea tu necesidad. Todo es posible si puedes creer.

El espíritu de la profecía es Cristo y, si Él mora en nosotros, todos estamos llamados a profetizar; porque el espíritu de la profecía está en nosotros. Aunque eso no nos haga profetas de oficio, podemos profetizar y llamar las cosas que no son como si fuesen y declarar la Palabra de Dios con autoridad, denuedo y atrevimiento. Si hacemos esto, van a empezar a ocurrir cosas.

El mismo Jesús se autodenominó profeta.

"Aquel mismo día llegaron unos fariseos, diciéndole: Sal, y vete de aquí, porque Herodes te quiere matar. Y les dijo: Id, y decid a aquella zorra: He aquí, echo fuera demonios y hago curaciones hoy y mañana, y al tercer día termino mi obra. Sin embargo, es necesario que hoy y mañana y pasado mañana siga mi camino; porque no es posible que un profeta muera fuera de Jerusalén. ¡Jerusalén, Jerusalén, que matas a los profetas, y apedreas a los que te son enviados! ¡Cuántas veces quise juntar a tus hijos, como la gallina a sus polluelos debajo de sus alas, y no quisiste! He aquí, vuestra casa os es dejada desierta; y os digo que no me veréis, hasta que llegue el tiempo en que digáis: Bendito el que viene en nombre del Señor" (Lc. 13:31-35).

Siempre hago esta comparación cuando hablo de la capacidad que tiene todo creyente de profetizar en un momento determinado, y tomo de ejemplo a los caballos.

Todos los caballos pueden correr, pero no todos los caballos son de carrera, ni de paso fino. De igual forma, todos los cristianos podemos profetizar; pero no todos los cristianos somos profetas.

"Yo me postré a sus pies para adorarle. Y él me dijo: Mira, no lo hagas; yo soy consiervo tuyo, y de tus hermanos que retienen el testimonio de Jesús. Adora a Dios; porque el testimonio de Jesús es el espíritu de la profecía" (Ap. 19:10).

- ***El profeta es un vocero de Dios. Los profetas del Antiguo Testamento no interpretaban la voluntad de Dios, ellos emitían las palabras que Dios les indicaba que hablaran. Su trabajo era predecir y anunciar.***

En Joel 2:28-29 hay una promesa para los tiempos que estamos viviendo:

"Y después de esto derramaré mi Espíritu sobre toda carne, y profetizarán vuestros hijos y vuestras hijas; vuestros ancianos soñarán sueños, y vuestros jóvenes verán visiones. Y también sobre los siervos y sobre las siervas derramaré mi Espíritu en aquellos días".

En el Nuevo Testamento Pablo exhorta a la Iglesia a profetizar, porque es de edificación para la Iglesia.

"Pero el que profetiza habla a los hombres para edificación, exhortación y consolación. El que habla en lengua extraña, a sí mismo se edifica; pero el que profetiza, edifica a la iglesia. Así que, quisiera que todos vosotros hablaseis en lenguas, pero más que profetizaseis; porque mayor es el que profetiza que el que habla en lenguas, a no ser que las interprete para que la iglesia reciba edificación" (1 Co. 14:3-5).

Tienes que convertirte en el o la profeta de tu casa. Habla a los huesos secos para que cobren vida, profetiza sobre ellos y habla lo que tú esperas que Dios haga sobre tu vida y la vida de aquellos que amas. Hay un milagro en tu boca que espera ser desatado.

Un ejemplo de una oración profética poderosa fue lo que declaró David contra Goliat antes de enfrentarse a él.

- *¿Qué hizo David?*

La circuncisión era una señal de pacto para el pueblo de Dios, y David sabía y entendía que él era un hombre de pacto.

Nosotros estamos en un nuevo pacto, basado en nuevas y mejores promesas donde la circuncisión no es externa, sino interna, del corazón.

"Pues no es judío el que lo es exteriormente, ni es la circuncisión la que se hace exteriormente en la carne; sino que es judío el que lo es en lo interior, y la circuncisión es la del corazón, en espíritu, no en letra; la alabanza del cual no viene de los hombres, sino de Dios" (Ro. 2:28-29).

"Porque nosotros somos la circuncisión, los que en espíritu servimos a Dios y nos gloriamos en Cristo Jesús, no teniendo confianza en la carne" (Fil. 3:3).

La señal de que tenemos un pacto con Dios es que Cristo vive en nuestro corazón y Él nos ha vuelto a unir al Padre por medio de su sacrificio en la cruz.

Cuando David oyó que Goliat provocaba al ejército de Saúl, su primera reacción fue reconocer quién era él como un hombre de pacto, y quién era Goliat sin un pacto con Dios; por eso lo llamó incircunciso. La otra pregunta que hizo fue cuál sería la recompensa para el que lo venciera. Delante de los ojos de David, Goliat ya estaba en desventaja con él y sabía que había una gran recompensa para él cuando lo venciera.

"Entonces habló David a los que estaban junto a él, diciendo: ¿Qué harán al hombre que venciere a este filisteo, y quitare el oprobio de Israel? Porque ¿quién es este filisteo incircunciso, para que provoque a los escuadrones del Dios viviente?" (1 S. 17:26).

1. Reconoce que eres un hombre o mujer de pacto, y cuando vayas a la guerra averigua cuál será tu botín; porque siempre que tengas victoria en una batalla regresarás con un buen botín. Esto implica un gran testimonio de primera mano de lo que Dios ha hecho contigo y a través de ti.

La segunda cosa que hizo David fue no escuchar la crítica de sus hermanos ni dejarse intimidar por el enemigo que se había levantado. Por el contrario, fue y animó al rey y se ofreció a enfrentarlo.

"Fueron oídas las palabras que David había dicho, y las refirieron delante de Saúl; y él lo hizo venir. Y dijo David a Saúl: No desmaye el corazón de ninguno a causa de él; tu siervo irá y peleará contra este filisteo. Dijo Saúl a David: No podrás tú ir contra aquel filisteo, para pelear con él; porque tú eres muchacho, y él un hombre de guerra desde su juventud" (1 S. 17:31-33).

2. No escuches la crítica de tus hermanos en Cristo, que se creen más fuertes y espirituales que tú, y anima a los que estén atemorizados por las circunstancias que están enfrentando. No te dejes impresionar ni permitas que te bajen tu nivel de fe, ni siquiera aquellos que tengan un rango o una posición mayor que la tuya, y comienza a declarar tu victoria sin mirar lo grande que sea tu enemigo.

La tercera cosa que David hizo fue mantener su posición y no dejarse intimidar por el razonamiento y la lógica del rey. Él estaba seguro de que Dios estaba con él y que anteriormente lo había librado en peleas con osos y leones. Y no dudaba de que también esta vez lo libraría de ese filisteo incircunciso. David vuelve a declarar que su enemigo no tiene pacto con Dios, pero él si.

"David respondió a Saúl: Tu siervo era pastor de las ovejas de su padre; y cuando venía un león, o un oso, y tomaba algún cordero de la manada, salía yo tras él, y lo hería, y lo libraba de su boca; y si se levantaba contra mí, yo le echaba mano de la quijada, y lo hería y lo mataba. Fuese león, fuese oso, tu siervo lo mataba; y este filisteo incircunciso será como uno de ellos, porque ha provocado al ejército del Dios viviente. Añadió David: Jehová, que me ha librado de las garras del león y de las garras del oso, él también me librará de la mano de este filisteo. Y dijo Saúl a David: Ve, y Jehová esté contigo". (1 S. 17:34-37).

3. Mantente firme en lo que crees y trae a memoria bendiciones y victorias pasadas. Testifica de lo que Dios hizo por ti anteriormente, porque la fe viene por el oír de la Palabra de Dios. Al hablarlo en voz alta, tú mismo te vas a oír y te vas a animar, y tu fe se afianzará aun más porque reconoces que sigues siendo hijo de Dios, que tienes un pacto con Él y que Él sigue teniendo el mismo poder. Por lo tanto, no hay lugar para la duda en ti. Porque Él, que te defendió y te libró en batallas pasadas, te librará también ahora. Y los que te escuchen también serán animados y su fe va a comenzar a crecer.

La cuarta cosa que David hizo fue no dejarse manipular para que usara la armadura de otro por muy real que fuera. De modo que fue a la guerra con las armas con las que se había entrenado y con las que había obtenido las victorias pasadas.

"Y Saúl vistió a David con sus ropas, y puso sobre su cabeza un casco de bronce, y le armó de coraza. Y ciñó David su espada sobre sus vestidos, y probó a andar, porque nunca había hecho la prueba. Y dijo David a Saúl: Yo no puedo andar con esto, porque nunca lo practiqué. Y David echó de sí aquellas cosas. Y tomó su cayado en su mano, y escogió cinco piedras lisas del arroyo, y las puso en el saco pastoril, en el zurrón que traía, y tomó su honda en su mano, y se fue hacia el filisteo" (1 S. 17:38-40).

4. Cuando vayas a la guerra usa las armas con las que te has entrenando en tu cámara secreta y con las cuales has obtenido victorias. No te dejes manipular para usar las armas y estrategias de otros, que en ese momento están atemorizados y huyen en terror. Usa tu propio cayado y tu saco pastoril. El cayado era el bastón de los pastores y el báculo de los obispos. A Jesús se le denomina Pastor y Obispo de nuestras almas, porque está con nosotros y por nosotros. Usa también la honda de la oración y las piedras de la Palabra que Dios ha puesto en ti, porque las sacaste del arroyo de Dios y han sido reveladas a tu espíritu en lo secreto y en intimidad con Él, y forman parte de tu arsenal de guerra.

La quinta cosa que David hizo fue confrontar al enemigo y no dejarse intimidar por él. Luego declaró la palabra profética y llamó las cosas que no son como si fuesen, profetizó la derrota de su enemigo y estableció su victoria.

"Y el filisteo venía andando y acercándose a David, y su escudero delante de él. Y cuando el filisteo miró y vio a David, le tuvo en poco; porque era muchacho, y rubio, y de

hermoso parecer. Y dijo el filisteo a David: ¿Soy yo perro, para que vengas a mí con palos? Y maldijo a David por sus dioses. Dijo luego el filisteo a David: Ven a mí, y daré tu carne a las aves del cielo y a las bestias del campo. Entonces dijo David al filisteo: Tú vienes a mí con espada y lanza y jabalina; mas yo vengo a ti en el nombre de Jehová de los ejércitos, el Dios de los escuadrones de Israel, a quien tú has provocado. Jehová te entregará hoy en mi mano, y yo te venceré, y te cortaré la cabeza, y daré hoy los cuerpos de los filisteos a las aves del cielo y a las bestias de la tierra; y toda la tierra sabrá que hay Dios en Israel. Y sabrá toda esta congregación que Jehová no salva con espada y con lanza; porque de Jehová es la batalla, y él os entregará en nuestras manos" (1 S. 17:41-47).

5. Tienes que confrontar al enemigo y no dejarte intimidar por sus amenazas, su tamaño, ni por la compañía de poderes demoníacos que puedan estar acompañándolo. Enfréntalo sin temor, con denuedo y atrevimiento, declara la Palabra de Dios, y deja saber a los aires quién es el que te respalda y quién es el que pelea por ti.

Profetiza la derrota de tu enemigo y declara que la victoria es de Dios, porque Él pelea por ti. Tus armas no son carnales, sino poderosas en Dios para la destrucción de fortalezas.

La sexta cosa que David hizo fue ir a la ofensiva. Él no se defendió cuando vino el ataque, sino que salió a la ofensiva y atacó al gigante, y una vez que lo derribó, le cortó la cabeza con su propia espada. Esto trajo como consecuencia que todo el ejército filisteo saliera huyendo, porque su líder o cabecilla había muerto.

Dios sostuvo su honda y dirigió la piedra para que diera en el lugar preciso para derribar al enemigo.

"Y aconteció que cuando el filisteo se levantó y echó a andar para ir al encuentro de David, David se dio prisa, y corrió a la línea de batalla contra el filisteo. Y metiendo David su mano en la bolsa, tomó de allí una piedra, y la tiró con la honda, e hirió al filisteo en la frente; y la piedra quedó clavada en la frente, y cayó sobre su rostro en tierra. Así venció David al filisteo con honda y piedra; e hirió al filisteo y lo mató, sin tener David espada en su mano. Entonces corrió David y se puso sobre el filisteo; y tomando la espada de él y sacándola de su vaina, lo acabó de matar, y le cortó con ella la cabeza. Y cuando los filisteos vieron a su paladín muerto, huyeron" (1 S. 17:48-51).

6. El creyente no tiene que estar a la defensiva y responder cuando lo atacan, sino a la ofensiva para desplazar al enemigo y recuperar el terreno que éste había invadido, porque mayor es el que está en nosotros que el que está en el mundo. Tú tienes que hacer como David, y enfrentar a tu enemigo en cuanto descubras quién es. Y una vez que logres derribarlo, córtale la cabeza, no lo dejes moribundo, destrúyelo por completo y te aseguro que todos los poderes demoníacos que seguían a ese hombre fuerte tendrán que rendirse como se rindieron los filisteos después de la muerte de Goliat.

Averigua quién es el Goliat que te está intimidando a ti y a tu familia. Usa tu cayado y tu saco pastoril, saca tu honda y las piedras que has sacado del río de Dios, reconoce quién es el que te defiende y quién pelea por ti, y declara la victoria.

Cuando los tuyos vean la victoria que obtuviste, se llenarán de fe y confianza y se involucrarán en la guerra para exterminar a todos los enemigos y despojarlos de todo lo que se han robado.

La séptima cosa que hizo David fue tomar la cabeza del filisteo y llevarla a Jerusalén como testimonio de su victoria. Aquellos que lo criticaron o dudaron de su valor, solo pudieron hacerse una pregunta ¿de quién es hijo este joven?

"Levantándose luego los de Israel y los de Judá, gritaron, y siguieron a los filisteos hasta llegar al valle, y hasta las puertas de Ecrón. Y cayeron los heridos de los filisteos por el camino de Saaraim hasta Gat y Ecrón. Y volvieron los hijos de Israel de seguir tras los filisteos, y saquearon su campamento. Y David tomó la cabeza del filisteo y la trajo a Jerusalén, pero las armas de él las puso en su tienda. Y cuando Saúl vio a David que salía a encontrarse con el filisteo, dijo a Abner general del ejército: Abner, ¿de quién es hijo ese joven? Y Abner respondió: Vive tu alma, oh rey, que no lo sé. Y el rey dijo: Pregunta de quién es hijo ese joven. Y cuando David volvía de matar al filisteo, Abner lo tomó y lo llevó delante de Saúl, teniendo David la cabeza del filisteo en su mano. Y le dijo Saúl: Muchacho, ¿de quién eres hijo? Y David respondió: Yo soy hijo de tu siervo Isaí de Belén". (1 S. 17:52-58).

7. Cuando confrontes a un hombre fuerte, no lo sueltes hasta que le cortes la cabeza y todos los poderes demoníacos, que operaban con él, se rindan y huyan ante el poder y la autoridad del que te envió.

Ve a la iglesia y testifica delante de tus autoridades espirituales de lo que Dios hizo a través de ti. Muéstrales tu trofeo.

Y cuando se asombren de la victoria tan grande que has obtenido (porque no te conocen) y te pregunten ¿de quién eres hijo?

Contéstales que tú eres hijo del Dios Altísimo, porque has sido comprado con precio de sangre y tienes un pacto con el Dios del cielo. Y es ese Dios quien te respalda y pelea por ti y te da todas tus victorias, porque tú sigues sus instrucciones y peleas con las armas y la armadura que Él te ha dado. Por eso tu victoria es segura.

También diles que Dios permitió que fueras a la guerra contra ese Goliat para establecer que Dios reina y para hacerte saber que tú reinas con Él.

El enemigo que David tuvo que confrontar se convirtió en la promoción que lo sacó del rebaño donde cuidaba las ovejas de su padre para darlo a conocer y llevarlo al palacio del rey.

- **Dios usará a tu enemigo para sacarte de la banca entre tus hermanos y ponerte en un lugar de autoridad y gobierno, porque Dios va a mostrar quién eres tú y cuáles son las armas que usas. No te preocupes; tu ascenso y promoción vienen de Dios.**

Él hombre pone, y él hombre quita. Pero cuando Dios pone a alguien, nadie lo puede quitar; porque irrevocables son los dones y el llamamiento que vienen de parte de Dios (Ro. 11:29).

Dios nos prepara para la guerra y nos da instrucciones para motivar a otros a prepararse para batallar.

"¡Mis entrañas, mis entrañas! Me duelen las fibras de mi corazón; mi corazón se agita dentro de mí; no callaré; porque sonido de trompeta has oído, oh alma mía, pregón de guerra" (Jer. 4:19).

15) ¿Cómo es la oración apostólica?

"En aquellos días él fue al monte a orar, y pasó la noche orando a Dios. Y cuando era de día, llamó a sus discípulos, y escogió a doce de ellos, a los cuales también llamó apóstoles: a Simón, a quien también llamó Pedro, a Andrés su hermano, Jacobo y Juan, Felipe y Bartolomé, Mateo, Tomás, Jacobo hijo de Alfeo, Simón llamado Zelote, Judas hermano de Jacobo, y Judas Iscariote, que llegó a ser el traidor" (Lc. 6:12-16) .

Un apóstol es uno que es enviado, un mensajero. Es una persona elegida y enviada para una misión especial, como representante del que lo envía.

Jesús es el apóstol de los apóstoles, porque fue enviado por el Padre a esta tierra para cumplir con una misión.

Así también, todos los cristianos tenemos una unción apostólica sobre nosotros, porque hemos sido enviados por Jesús a hacer una obra en esta tierra. Esto no quiere decir que todos somos apóstoles de oficio, sino que todos tenemos una unción apostólica, porque también hemos sido enviados a esta tierra a cumplir una misión.

"Entonces Jesús les dijo otra vez: Paz a vosotros. Como me envió el Padre, así también yo os envío". (Jn. 20:21).

Y no solo hemos sido enviados por Jesús, sino que tenemos la seguridad de que Él está con nosotros a donde quiera que vayamos.

"Y Jesús se acercó y les habló diciendo: Toda potestad me es dada en el cielo y en la tierra. Por tanto, id, y haced discípulos a todas las naciones, bautizándolos en el nombre del Padre, y del Hijo, y del Espíritu Santo; enseñándoles que guarden todas las cosas que os he mandado; y he

aquí yo estoy con vosotros todos los días, hasta el fin del mundo. Amén" (Mt. 28:18-20).

Debemos tener la confianza y la seguridad de que, desde el día que recibimos a Cristo hasta que partamos de esta tierra, Dios estará con nosotros para ayudarnos y guiarnos en todo lo que hagamos. Aún más allá de la muerte Dios estará con nosotros y su Palabra lo confirma.

"Porque este Dios es Dios nuestro eternamente y para siempre; Él nos guiará aun más allá de la muerte" (Sal. 48:14).

Jesús nos ha enviado, y nos ha dado su autorización y todo su respaldo para poder establecer su reino en la tierra.

"Y les dijo: Id por todo el mundo y predicad el evangelio a toda criatura. El que creyere y fuere bautizado, será salvo; mas el que no creyere, será condenado. Y estas señales seguirán a los que creen: En mi nombre echarán fuera demonios; hablarán nuevas lenguas; tomarán en las manos serpientes, y si bebieren cosa mortífera, no les hará daño; sobre los enfermos pondrán sus manos, y sanarán" (Mr. 16:15-18).

Esto significa que alguien que tiene la revelación de su unción apostólica, es alguien que tiene un espíritu diferente, y se mueve en un nivel espiritual de mayor denuedo y autoridad, porque no solo sabe que tiene una herencia, sino que sale a poseer su tierra y batalla hasta conseguirla. Alguien que reconoce que tiene un espíritu apostólico tiene un espíritu diferente como había en Josué y Caleb.

Cuando Moisés oró e intercedió por el pueblo a causa de su incredulidad y rebeldía Dios le contestó su oración y los perdonó, pero no pudieron librarse de la consecuencia de dudar de Dios.

Solo dos de esa generación, Josué y Caleb, pudieron entrar a poseer la tierra que Dios les había prometido, porque se atrevieron a creerle a Dios y tenían un espíritu diferente. Y los otros que pudieron entrar fueron los niños, porque Dios no tomó en cuenta el pecado de sus padres.

"Entonces Jehová dijo: Yo lo he perdonado conforme a tu dicho. Mas tan ciertamente como vivo yo, y mi gloria llena toda la tierra, todos los que vieron mi gloria y mis señales que he hecho en Egipto y en el desierto, y me han tentado ya diez veces, y no han oído mi voz, no verán la tierra de la cual juré a sus padres; no, ninguno de los que me han irritado la verá. Pero a mi siervo Caleb, por cuanto hubo en él otro espíritu, y decidió ir en pos de mí, yo le meteré en la tierra donde entró, y su descendencia la tendrá en posesión" (Nm. 14:20-24).

"Diles: Vivo yo, dice Jehová, que según habéis hablado a mis oídos, así haré yo con vosotros. En este desierto caerán vuestros cuerpos; todo el número de los que fueron contados de entre vosotros, de veinte años arriba, los cuales han murmurado contra mí. Vosotros a la verdad no entraréis en la tierra, por la cual alcé mi mano y juré que os haría habitar en ella; exceptuando a Caleb hijo de Jefone, y a Josué hijo de Nun. Pero a vuestros niños, de los cuales dijisteis que serían por presa, yo los introduciré, y ellos conocerán la tierra que vosotros despreciasteis. En cuanto a vosotros, vuestros cuerpos caerán en este desierto" (Nm. 14:28-32).

La oración libera el espíritu apostólico, y es también la que sostiene al movimiento apostólico. Porque la oración abre los ojos y trae un despertar espiritual al pueblo.

La iglesia del libro de los Hechos fue una iglesia de oración, que oró hasta que el lugar donde estaba tembló. El resultado de su oración fue una liberación apostólica de gran poder y abundante gracia.

"Cuando hubieron orado, el lugar en que estaban congregados tembló; y todos fueron llenos del Espíritu Santo, y hablaban con denuedo la palabra de Dios" (Hch. 4:31).

Una iglesia apostólica es una iglesia fuerte en la Palabra, en oración, alabanza y adoración, y también es una iglesia próspera, donde hay una gran manifestación de las señales y maravillas de Dios, porque se le permite al Espíritu de Dios moverse en total libertad. Y cuando Dios se mueve en libertad hay sanidades, liberación y sanidad interior, porque el poder de Dios en movimiento sana y liberta al pueblo.

La oración es la fuerza del ministerio apostólico, con la cual obtiene estrategias para establecer el gobierno de Dios con sabiduría para cumplir su propósito, sobre todo, para estos últimos tiempos.

Cuando alguien ora con autoridad apostólica no dispara al aire, sino que va directamente al objetivo como un franco tirador sin errar el blanco. El pueblo apostólico ora con la autoridad que viene de la revelación de la Palabra de Dios.

"Con lisonjas seducirá a los violadores del pacto; mas el pueblo que conoce a su Dios se esforzará y actuará" (Dn. 11:32).

La misma comparación que hice de los caballos para la unción profética la vuelvo a hacer para la unción apostólica.

Porque así como todos los caballos corren, pero no todos son caballos de carrera.

- También todos los cristianos tienen en ellos una unción apostólica, porque Cristo es el apóstol de los apóstoles y vive en cada creyente. Pero eso no quiere decir que todos son apóstoles, sino que la unción apostólica está en cada creyente aunque no la use.

En estos tiempos Dios está levantando hombres y mujeres, que han reconocido que en ellos hay una fuerte unción apostólica, para ser apóstoles en sus ciudades y naciones, y para ejercer dominio y señorío sobre esta tierra y desplazar a las fuerzas del enemigo.

Los apóstoles y las personas con unción apostólica van a ser de gran influencia a dondequiera que lleguen, y no se dejarán influenciar por las circunstancias ni los poderes demoníacos que operan en esos lugares.

Este tipo de creyente se parará como rey con autoridad y atrevimiento, para marcar territorios, decretar la Palabra y hacer que ésta se cumpla al sellarla con la autoridad delegada por el Rey de Reyes y Señor de Señores.

Recuerda que hay varias cosas que identifican a un rey:

1. Tiene un cetro en su mano como símbolo de autoridad.
2. Tiene una capa que representa el manto que está sobre él.
3. Tiene un anillo con el que sella todo lo que decreta.
4. Tiene una corona que lo identifica como rey.

5. Tiene una silla donde se sienta para gobernar y hacer que sus leyes se cumplan en su reino.

Dios nos ha ungido como reyes y sacerdotes; nos ha dado la vara de la Palabra que es la espada del espíritu; su manto está sobre nosotros para guardarnos y protegernos; nos ha puesto de nuevo un anillo de autoridad al estar en Cristo; y nos ha coronado al renovar nuestra mente con su Palabra y darnos la mente de Cristo. Y, como si fuera poco, también nos ha sentado en lugares celestiales con Cristo, para reinar y gobernar con Él y poner a Satanás debajo de nuestros pies.

"Y juntamente con él nos resucitó, y asimismo nos hizo sentar en los lugares celestiales con Cristo Jesús" (Ef. 2:6).

Cuando Moisés se enfrentó al Mar Rojo y tenía todo el ejército del faraón detrás, Dios lo confrontó y lo mandó a actuar.

"Entonces Jehová dijo a Moisés: ¿Por qué clamas a mí? Di a los hijos de Israel que marchen. Y tú alza tu vara, y extiende tu mano sobre el mar, y divídelo, y entren los hijos de Israel por en medio del mar, en seco" (Éx. 14:15-16).

Si la oración es como un árbol, tiene que empezar con una semilla, alguien tiene que sembrar en nosotros un espíritu de oración y de búsqueda de Dios, alguien tiene que motivarnos a orar para que podamos llegar a ser verdaderos guerreros de oración.

Hoy quiero motivarte a que empieces a practicar estos diferentes tipos de oración y los uses en tu tiempo de oración y búsqueda de Dios.

Si lo haces, sé que te servirá para desarrollar un buen árbol de oración que te dará muchos frutos y te permitirá recoger grandes cosechas para ti y para su reino, porque serás un verdadero embajador de Cristo a donde quiera que vayas.

Hoy te hago esta pregunta: ¿Qué ha puesto Dios en tu mano? Usa la autoridad que Él ha puesto en ti, y has todo lo que Él te mande a hacer.

¿Acaso no has sido enviado por Él? Hay una unción apostólica en ti, no la desperdicies, úsala. Y, a partir de hoy, decide que tienes un espíritu diferente, como había en Josué y Caleb. Tú y yo somos los Josué y Caleb de estos tiempos, llamados a poseer la tierra. Y no solo a poseer la tierra, sino también a retenerla hasta que Cristo venga; por eso debemos proteger y guardar el terreno que hemos logrado conquistar.

"Por tanto, así dijo Jehová: Si te convirtieres, yo te restauraré, y delante de mí estarás; y si entresacares lo precioso de lo vil, serás como mi boca. Conviértanse ellos a ti, y tú no te conviertas a ellos. Y te pondré en este pueblo por muro fortificado de bronce, y pelearán contra ti, pero no te vencerán; porque yo estoy contigo para guardarte y para defenderte, dice Jehová. Y te libraré de la mano de los malos, y te redimiré de la mano de los fuertes" (Jer. 15:19-21).

"La oración es como un Árbol"

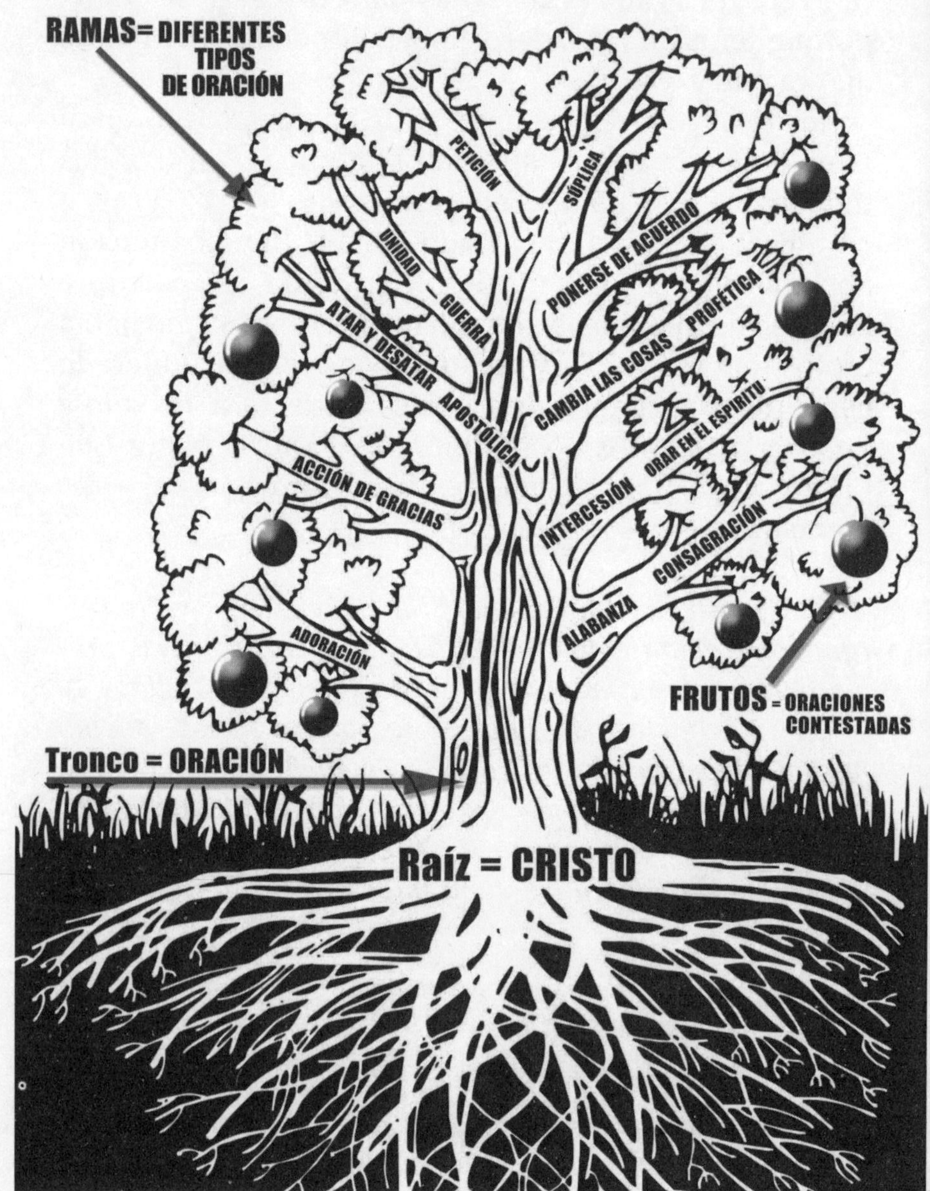

CAPÍTULO 12

CÓMO ORAR EN NUESTRO TIEMPO DE ORACIÓN

"Respondiendo Jesús, les dijo: Tened fe en Dios. Porque de cierto os digo que cualquiera que dijere a este monte: Quítate y échate en el mar, y no dudare en su corazón, sino creyere que será hecho lo que dice, lo que diga le será hecho. Por tanto, os digo que todo lo que pidiereis orando, creed que lo recibiréis, y os vendrá".
Marcos 11:22-24

En el capítulo anterior estuve hablando sobre los diferentes tipos de oración que podemos hacer para enriquecer nuestra vida de oración. También expliqué cuáles son sus características y sobre qué tratan cada uno de estos tipos de oración.

Ya tenemos todos los ingredientes para entrar al capítulo donde vamos a hablar de cómo podemos usar estos ingredientes y combinarlos en nuestro tiempo de oración. En otras palabras, ahora llegó la hora de cocinar nuestro pastel espiritual. Porque si te doy todos lo ingredientes y no te explico cómo usarlos, sólo habrás recibido información, y mi interés no es informarte sino enseñarte algo que puedas poner en práctica.

Como habrás podido observar a través de las páginas de este libro, yo soy una mujer de la Palabra y de oración, y mi deseo es que después de leerlo hayas aprendido algo que marque tu vida espiritual y que lo trasmitas a otros. Anhelo que este libro sea la gasolina o el combustible que ponga en movimiento tu vida de oración, y te dé hambre por la Palabra de Dios; que puedas tener una mayor intimidad con Él y aprendas a conocerlo mejor para que pueda hacerte conocer sus planes para ti y tus seres queridos. No olvides que la oración cambia las cosas y desata la gracia de Dios, que es la que cambia a las personas; porque solo el Espíritu Santo es el que redarguye, da convicción de pecado y puede producir cambios en nuestro corazón, que dejan ver su obra externamente después de haber obrado primero internamente.

Nunca pierdas el tiempo en quejarte por tus circunstancias o en juzgar y criticar a alguien. Trata ambas cosas en oración; de este modo, tus circunstancias cambiarán y esas personas serán transformadas por el poder de la oración.

La oración es la llave maestra que abre todas las puertas cerradas que se encuentran en el camino.

"Viniendo Jesús a la región de Cesarea de Filipo, preguntó a sus discípulos, diciendo: ¿Quién dicen los hombres que es el Hijo del Hombre? Ellos dijeron: Unos, Juan el Bautista; otros, Elías; y otros, Jeremías, o alguno de los profetas. Él les dijo: Y vosotros, ¿quién decís que soy yo? Respondiendo Simón Pedro, dijo: Tú eres el Cristo, el Hijo del Dios viviente. Entonces le respondió Jesús: Bienaventurado eres, Simón, hijo de Jonás, porque no te lo reveló carne ni sangre, sino mi Padre que está en los cielos. Y yo

también te digo, que tú eres Pedro, y sobre esta roca edificaré mi iglesia; y las puertas del Hades no prevalecerán contra ella. Y a ti te daré las llaves del reino de los cielos; y todo lo que atares en la tierra será atado en los cielos; y todo lo que desatares en la tierra será desatado en los cielos. Entonces mandó a sus discípulos que a nadie dijesen que él era Jesús el Cristo" (Mt. 16:13-20).

Jesús le dijo a Pedro que le daría las llaves para atar y desatar o, en otras palabras, para abrir y cerrar. ¿Por qué se lo dijo a Pedro y no a los otros discípulos? ¿Sabes por qué? Los que no seguían a Jesús no sabían quién era Él en realidad y estaban adivinando, y ni siquiera los discípulos que caminaban con Él sabían qué responder. Pero Pedro tuvo la revelación de parte de Dios Padre de que Jesús era el Cristo, el Hijo del Dios viviente. Y esa revelación marcó una gran diferencia en la vida de Pedro y también en la era de la historia sobre lo que sería la Iglesia. Una Palabra revelada puede cambiar la vida para siempre.

Cuando Dios le dio la revelación a Simón de que Jesús era el Cristo, el hijo del Dios Viviente, su vida cambió de Simón a Pedro, y esta revelación lo convirtió de un hombre indeciso en una roca y en un apóstol clave para la historia de la Iglesia en el Cuerpo de Cristo.

Para que el infierno no prevalezca en contra de la Iglesia tiene que tener un espíritu diferente, que conozca a Cristo íntimamente y se mueva en la revelación de la Palabra de Dios. Asimismo debe usar esa Palabra revelada para abrir y cerrar en el mundo espiritual y pararse firme con la autoridad que le ha sido delegada, con el poder que la respalda de parte de Dios por medio de la oración y la Palabra revelada, que su Espíritu ponga en nuestro espíritu.

Estas herramientas están disponibles para todos los creyentes; pero solo tendrán las llaves para abrir y cerrar aquellos que conozcan a Cristo en espíritu y verdad, que mantengan una línea de comunicación con Dios por medio de la oración y que sean un canal disponible para que Él los use como Él quiera en esta tierra.

"La comunión íntima de Jehová es con los que le temen, y a ellos hará conocer su pacto" (Sal. 25:14).

Si quieres que Dios te dé a conocer sus planes y te use con poder y autoridad, tienes que dejar de ser un cristiano nominal, que de cristiano solo tiene el nombre, o un cristiano del montón, y convertirte en un cristiano apasionado por Dios y su Palabra.

¿Cuáles son las motivaciones de tu corazón para que Dios te use? Hay varias preguntas clave que todos debemos hacernos, pero no es solo cuestión de preguntarnos, sino también de responder a estas preguntas con total sinceridad:

1. ¿Por qué quiero servir a Dios?
2. ¿Cuál es la verdadera motivación de mi corazón?
3. ¿Quiero servirle por agradecimiento y amor a Él?
4. ¿Es porque quiero darlo conocer y establecer su reino en la tierra?
5. ¿O por puro interés personal?
6. ¿Será por vanagloria?
7. ¿Será por el deseo de ser conocido?
8. ¿O será porque lo que quiero es establecer mi propio reino en la tierra?

Si respondemos con sinceridad a todas estas preguntas, podremos hacer una evaluación o chequeo certero de nuestra vida espiritual bajo la luz del Espíritu Santo y obtendremos un diagnóstico genuino de nuestras motivaciones. De acuerdo a lo que encontremos, podremos hacer los cambios necesarios para ordenar nuestras prioridades y motivaciones.

De esta manera agradaremos a Dios y saldremos como obreros aprobados que no tienen de qué avergonzarse.

"Jesús les respondió y dijo: Mi doctrina no es mía, sino de aquel que me envió. El que quiera hacer la voluntad de Dios, conocerá si la doctrina es de Dios, o si yo hablo por mi propia cuenta. El que habla por su propia cuenta, su propia gloria busca; pero el que busca la gloria del que le envió, éste es verdadero, y no hay en él injusticia" (Jn. 7:16-18).

Para ser como Pedro, a quien Dios entregó las llaves del reino, tenemos que pagar un precio y tenemos que convertirnos en amigos de Dios.

"Nadie tiene mayor amor que este, que uno ponga su vida por sus amigos. Vosotros sois mis amigos, si hacéis lo que yo os mando. Ya no os llamaré siervos, porque el siervo no sabe lo que hace su señor; pero os he llamado amigos, porque todas las cosas que oí de mi Padre, os las he dado a conocer. No me elegisteis vosotros a mí, sino que yo os elegí a vosotros, y os he puesto para que vayáis y llevéis fruto, y vuestro fruto permanezca; para que todo lo que pidiereis al Padre en mi nombre, Él os lo dé. Esto os mando: Que os améis unos a otros" (Jn. 15:13-17).

Para ser amigo de Dios tenemos que estar dispuestos a entregarle nuestra vida por completo y dejar que sea Él quien reine y gobierne en ella.

Para eso tenemos que estar en obediencia, porque Dios no quiere sacrificios, sino obediencia. Y debemos prestarnos como canales para que Dios pase todo lo que Él es y lo que Él tiene a través de nosotros.

Después humildemente, con gozo y agradecimiento por escogernos como vasijas para ser usadas, darle toda la gloria y no quedarnos con nada de lo que le pertenece. Porque toda la gloria, la honra, la adoración y la alabanza son para Él.

En este capítulo quiero dar varios ejemplos de oración, para que aquellos que quieren incrementar su tiempo de oración, pongan en práctica. Son oraciones y decretos que podemos hacer para levantar un vallado o muro de protección alrededor de las personas por las que estamos orando, o por nuestras necesidades, y a través de estas oraciones y decretos de palabras declaradas con autoridad y atrevimiento podemos estar haciendo un cerco o un muro de protección.

No quiere decir que tienes que repetir palabra por palabra de las oraciones que te dé como ejemplo; pero pueden servirte de guía para tu tiempo de oración, según tu necesidad, en situaciones que a veces no sabes cómo orar. Así como yo he aprendido de otros, tú puedes aprender de mí y de otras mujeres y hombres de Dios que Él use para ayudarte en tu crecimiento espiritual.

Yo te doy los ingredientes y mi estilo personal, pero después la receta puede tener tu toque y estilo propio. La cuestión es que hagas algo con todos los ingredientes que he puesto en tus manos a través de las páginas de este libro.

Solo te recomiendo que recibas lo que sea para ti y que deseches o pongas a un lado lo que creas que no es para ti. Como dice la Palabra aprende a sacar lo precioso de lo vil, no deseches todo este material si hay algo que no te gusta o con lo que no estás de acuerdo, porque no se alinea o no se ajusta con lo que te han enseñado antes.

No olvides que hay alguien que siempre te puede ayudar en cualquier duda que tengas, y ese es el Espíritu Santo. Pídele que te guíe, te enseñe y te lleve a toda verdad. Pídele que te confirme lo que puedes o no puedes recibir de estas enseñanzas y Él te dará convicción. Pero enfócate en lo que puedes usar y sacarle el mayor provecho que puedas, y te aseguro que tu vida de oración cambiará.

Otra cosa que te quiero recomendar es que siempre que vayas a orar trates de tener algún versículo de la Palabra que respalde aquello por lo que estás orando. Creo con todo mi corazón, que la oración debe ir respaldada por la Palabra de Dios, porque si algo Dios va a honrar y confirmar, es su Palabra.

Recuerda que cuando Jesús fue tentado por el diablo en el desierto, Él le citó la Palabra de Dios y le dijo "escrito está". ¿No crees que si Jesús lo hizo es porque es importante y porque quiso dejarlo de ejemplo para que nosotros también lo hagamos?

Una cosa es presentarse delante de Dios con mucha palabrería vana y vacía, y otra muy diferente es hacerlo con oraciones que tengan el peso espiritual de estar respaldadas y apoyadas por la Palabra de Dios.

"Alegad por vuestra causa, dice Jehová; presentad vuestras pruebas, dice el Rey de Jacob" (Is. 41:21).

Preséntate siempre con alguna prueba de la Palabra para que puedas decirle a Dios: "Señor mira lo que está pasando, pero tu Palabra dice esto...", y ahí declaras la Palabra acorde a tu circunstancia; y te aseguro que Dios va a honrar su Palabra y algo va a suceder a favor tuyo.

La Palabra es dinamita; por lo tanto, va a producir una explosión y habrá un rompimiento seguro en aquello por lo que estás orando.

Cuando entres a tu tiempo de oración, recuerda siempre preparar un ambiente favorable para que la Presencia de Dios descienda y tú puedas fluir con total libertad. Pon una música inspiradora, con la que te sientas cómodo para orar, y muévete conforme a lo que Dios te pida que hagas en ese tiempo de oración.

Habrá muchos momentos en los cuales no podrás hablar, sino solo hacer silencio para poder escuchar lo que Dios te quiere decir. Eso también es parte de la oración.

"Estad quietos, y conoced que yo soy Dios; Seré exaltado entre las naciones; enaltecido seré en la tierra. Jehová de los ejércitos está con nosotros; Nuestro refugio es el Dios de Jacob". Selah (Sal. 46:10-11).

Recuerda que la oración no es un monologo, sino un diálogo en el que dos personas hablan, se comunican y comentan sus opiniones. Permite que Dios te hable, ya sea por su Palabra, por su Espíritu, por el testimonio interior de tu corazón, o si es necesario con su voz audible. Y prepara tu corazón para que siempre puedas estar en comunión con Él; a eso yo lo llamo tener una actitud de oración, porque nos mantenemos en sintonía con Él, no importa el lugar, la hora, ni con quien estemos.

Esto es igual a tener un amigo íntimo con quien hablamos por la mañana, pero al poco rato nos damos cuenta de que se nos olvidó decirle algo; entonces simplemente lo volvemos a llamar y con toda sinceridad reanudamos la conversación sin ningún tipo de protocolo, ni disculpas por habernos olvidado de decirle algo, sino que vamos directamente al grano porque como amigos tenemos suficiente confianza.

Así pasa cuando tenemos una actitud de oración, dependencia y comunión con Dios. De continuo estamos diciéndole algo al Señor, porque estamos adaptados a hablar con Él y lo hacemos partícipe de todo. Fluimos espontáneamente, porque ese es nuestro estilo de vida con Dios.

Ahora te voy a enseñar lo que yo hago. Te lo recomiendo, porque hasta ahora a mí me ha funcionado y me ha servido para ser un canal disponible para que Dios use cuando hay una alerta de oración, porque estoy preparada ante cualquier emergencia en el mundo espiritual.

Visualízate como si formaras parte del equipo de rescate del Señor y entrara una llamada al 911 espiritual. Dios despacha sus ángeles que se unen a sus hijos aquí en la tierra como paramédicos espirituales para ir a socorrer a sus otros hijos que están en problemas.

¿Te imaginas lo que ocurriría si cuando la llamada de pedido de ayuda entrara para que los ángeles del cielo fueran despachados y Dios nos llamara, nosotros siguiéramos durmiendo o simplemente no respondiéramos porque no estamos listos ni nos hemos preparado espiritualmente? ¿Crees que Dios puede usar a alguien así? ¿Verdad que no?

Por eso tenemos que estar listos, con una actitud como la que tuvo el profeta Isaías.

"Después oí la voz del Señor, que decía: ¿A quién enviaré, y quién irá por nosotros? Entonces respondí yo: Heme aquí, envíame a mí" (Is. 6:8).

Por ejemplo esta sería una de las formas en las cuales entro en oración por la mañana cuando voy a encontrarme con Dios.

1. Entra en alabanza, en acción de gracias y adoración.

Señor te doy gracias por este día, porque este es el día que tú has hecho; por tanto me alegraré y me gozaré en él. Gracias porque es un nuevo día de vida, un día en que tengo una nueva oportunidad de cambios. Gracias Señor porque cuando hay tantos que pasan del sueño a la muerte, tú has permitido que yo amanezca viva y con salud, vitalidad y esperanza. Gracias por el privilegio de tenerte, por el aire que respiro sin necesidad de tener que hacerlo a través de una maquina. Gracias porque puedo ver, hablar, oír, caminar. Gracias porque estoy en mi casa y con mi familia y no en la cama de un hospital o en la celda de una cárcel alejada de todo lo que amo y sobre todo sin la libertad que todo ser humano se merece. Gracias por tu creación, que recrea mi vista y me grita a cada instante que tú eres Dios, que eres real. Gracias por la paz que hay en mi corazón, gracias por Jesús, el autor y consumador de mi fe. Gracias Espíritu Santo porque tú eres quien me ayudas a orar como conviene, me guías y me llevas a toda verdad. Gracias por todas las bendiciones que desatas diariamente sobre mí y los míos. Gracias por mi familia, por mi esposo, por mis hijos, las esposas de mis hijos, por mis nietas, por mi padre porque le has dado larga vida y una vida de calidad. Gracias por mis mascotas, mis pájaros y mis perros, porque así como cuidabas de los animales de Jacob cuidas también de los míos. Gracias por cada una de las personas que son parte de mi vida, mis hermanos en Cristo, mis pastores, mi iglesia, mis amigos.

Señor, en este día, bendigo a cada uno de ellos y te pido que tu mano esté sobre sus vidas. Que tus ángeles acampen alrededor de ellos para guardarlos y protegerlos en todos sus caminos. No permitas que nada, ni nadie, les haga daño, y cumple tu propósito en cada uno de ellos.

Yo vengo delante de ti, con alabanza y agradecimiento, en adoración, reconociendo que solo tú eres Dios, solo tú eres digno de ser alabado y adorado, solo tú eres fiel y verdadero, tú eres el Todopoderoso, el más que suficiente, el gran Yo Soy, Él que tiene vida en sí mismo, y tu fidelidad es para siempre. Gracias porque tus misericordias son nuevas cada mañana, la misericordia de hoy no es la de ayer, y la misericordia de mañana no es la de hoy. Gracias porque soy tu hija y tú eres mi padre y, como hija, puedo entrar con confianza a buscar mi maná escondido y el oportuno socorro para mí, para los míos y para aquellos que tú quieres que ore e interceda. Gracias porque rasgaste el velo para que yo pudiera entrar libremente a tu presencia las veces que sean necesario. Gracias por el privilegio de tenerte en mi corazón y ser el templo, no hecho por mano de hombres, que tú escogiste para morar en esta tierra. Gracias porque puedo decir como dice tu Palabra 'mi embrión vieron tus ojos' y en tu libro están todas las cosas que tú determinaste que son para mí. Gracias Señor porque yo no soy un accidente ni un error de mis padres; porque tú permitiste que yo naciera; porque me creaste con un propósito divino. Estoy tan agradecida que no terminaría nunca de agradecerte, alabarte y adorarte.

Hay agradecimiento en mi corazón para ti mi Dios, por eso quiero servirte. Gracias Señor por tu amor infinito y tu gran misericordia; porque sé que tú nunca echarás fuera a un corazón agradecido y humillado, que viene delante de tu presencia en busca de tu gracia, tu misericordia y tu favor".

2. ***Reconoce que eres una mujer o un hombre de pacto. Ven a la sangre de Jesús y aplícala sobre ti y sobre los tuyos.***

"Señor después de entrar por tus puertas como dice tu Palabra con regocijo, con alabanza, con acción de gracias y adoración, vengo a tu sangre reconociendo que soy una mujer de pacto. Gracias por el poder de la sangre de Jesús derramada en la cruz del calvario por mí. Gracias porque en este día como hija de Dios me cubro con tu sangre y aplico el poder de tu sangre sobre mí, sobre mi matrimonio, sobre la vida de mi esposo, sobre mis hijos, las esposas de mis hijos, sobre mis nietas (los menciono uno a uno por nombre), sobre cada uno de mis familiares y personas que viven en mi casa y fuera de ella.

Declaro que así como la sangre de los corderos protegieron al pueblo de Israel cuando pasó el ángel de la muerte en Egipto, el poder de la sangre de Jesús que yo aplico diariamente es mayor que la sangre de los corderos. Porque a mayor sacrificio hay mayor poder, y la sangre de Jesús es el mayor sacrificio de sangre que se ha hecho en toda la historia de la humanidad, y al tener un pacto con Dios, esa sangre nos limpia, nos guarda y nos protege de todo espíritu inmundo, todo espíritu de muerte, todo espíritu de muerte prematura, de accidente y destrucción que hayan salido del mismo infierno en este día para traer destrucción a nuestra vida.

Declaro que el poder de la sangre de Jesús está sobre nuestras propiedades, nuestros carros, nuestras cuentas bancarias, nuestras tarjetas de créditos y nuestras identidades, que todas nuestras pertenencias están guardadas y protegidas por tu sangre y que tus ángeles acampan alrededor de ellas y las defienden.

Yo creo por fe que Dios me protege y protege a mi familia y a mi casa por el pacto de sangre que tengo con Él. El poder de la cruz se activa sobre mi vida y mi casa; porque cuando mi vida se alinea a la Palabra de Dios y camino en obediencia, el enemigo no tiene parte ni suerte conmigo, y puedo levantarme como atalaya y vigilante. Además, como profeta de mi casa, llamo las cosas que no son como si fuesen, hasta que todo se ajuste y entre en obediencia a la Palabra de Dios".

3. *Consagra tu vida delante de Dios para que puedas ser un canal que Él use de verdad.*

Como he dicho en varias partes de este libro, andar en esta tierra nos contamina, por eso es necesario que de continuo saquemos el oprobio de Egipto, o sea todo lo mundano que se nos va pegando y contaminando. Para eso tenemos que ofrecernos en sacrificio vivo en el altar de Dios, sin caretas, con el deseo de cambiar genuinamente y entregando cada área de nuestro ser que necesita ser tratada con la sangre y la Palabra de Dios.

Por eso la oración de consagración es tan importante en la vida del creyente, porque es la que nos va a preparar para poder ser un vaso limpio para orar efectivamente en la intercesión, la guerra y los demás tipos de oración que van a traer el cielo a la tierra.

Quizás en este tipo de oración es donde pasemos más tiempo y nos demoremos más en nuestro tiempo de oración, porque es donde somos confrontados por el Espíritu de Dios; pero una vez que salimos de ahí ya estamos listos para pararnos como reyes y sacerdotes para establecer el reino de Dios en la tierra.

La oración de consagración no es un lavado en seco (lavado de tintorería) como muchos acostumbran a hacer; sino un baño en tina con suficiente agua, jabón y cloro espiritual, sumergidos en la Presencia de nuestro Redentor, para obtener una limpieza profunda y ser ungidos con el aceite del Espíritu Santo de Dios.

4. ¿Cómo puedo hacer esta oración de consagración?

Recuerda que tu boca es un arma de guerra y con ella atas o desatas tu vida, porque con el corazón se cree para justicia, pero con la boca se confiesa para salvación. Cuando nos presentamos con un corazón sincero, y abrimos nuestros labios y confesamos nuestras faltas y nos arrepentimos, Dios siempre viene a nuestro socorro. Por eso podemos ir a su presencia confiadamente y decir:

"Señor, vengo a buscar tu ayuda, porque sé que sola no puedo. En este día, te pido perdón por haberte fallado. Vengo de nuevo a tu sangre y te pido perdón ***por todo pecado de comisión*** (lo que hago conscientemente y a sabiendas de que está mal, que a ti no te agrada y entristece tu corazón, pero aun así lo hago). Por todo ***pecado de omisión*** (lo que hago inconscientemente, sin darme cuenta, pero lo hago y eso puede traerme consecuencias). Por todo ***pecado oculto*** (aquellos que ni siquiera yo misma sé que están en mí, ya sean míos o arrastrados de mis padres y mis ancestros), que traigo a tu sangre para que tu Espíritu revele. El pecado confesado es pecado perdonado, y donde entra tu luz, las tinieblas son desplazadas, pero mientras no sean desplazadas Satanás tiene el derecho legal de molestarme y destruirme. Por eso expongo mis pecados para que el maligno se vaya en el nombre de Jesús y las consecuencias de esos pecados no me afecten más.

Y confieso que no solo se van a ir de mi vida, sino que tampoco van a seguir teniendo el derecho de ser una cadena de herencia que traiga maldición a la vida de los míos. En Cristo Jesús tengo herencia nueva, y esa herencia nueva es la que ahora le pertenece a mis hijos, mis nietas y mis generaciones futuras, y esa herencia en Cristo es la que ellos van a heredar".

"No te inclinarás a ellas, ni las honrarás; porque yo soy Jehová tu Dios, fuerte, celoso, que visito la maldad de los padres sobre los hijos hasta la tercera y cuarta generación de los que me aborrecen, y hago misericordia a millares, a los que me aman y guardan mis mandamientos" (Éx. 20:5-6).

"Te pido perdón ***por todo pecado de juicio, de condenación y murmuración*** (por las veces que he juzgado y juzgo a las personas por su actitud o por lo que me han hecho), en vez de moverme en misericordia y bendecirlos y no hacerles a ellos lo que ellos me han hecho a mí. Perdóname por no poner mi causa en tus manos y cederte mis derechos para que seas tú el que me defienda, y seas Dios en mis circunstancias.

En este momento decido bendecir a cada enemigo que se levante en mi contra, ya sean enemigos ocultos (aquellos que no sé quiénes son), o enemigos declarados (aquellos que sí sé quiénes son) y también hermanos equivocados (hermanos en Cristo que han cambiado su actitud para conmigo y se han convertido en un instrumento maligno en las manos de Satanás, quien está usando sus lenguas para maldecir en lugar de bendecir como Dios ordena en su Palabra).

Cancelo en este día toda palabra desatada sobre mi vida y la vida de los míos que no se alinee a tu Palabra. Declaro que toda semilla que no ha sido plantada por ti es arrancada ahora y que nada que no sea tuyo puede venir a nuestra vida y tener éxito. Declaro que toda oración de brujería, hechicería, manipulación y control es neutralizada y queda sin ningún tipo de poder, porque mayor eres tú que estás en nosotros que el que está en el mundo. Incluso declaro que toda oración hecha con buena intención, pero fuera de tu voluntad, es cancelada ahora en el nombre de Jesús. Nada que no esté en armonía con la voluntad de Dios para nuestra vida, podrá tener éxito en contra de nosotros, porque, Señor, tu Palabra dice que tú bendecirás a aquellos que nos bendigan y maldecirás a aquellos que nos maldigan.

Todos aquellos que vienen en contra de un hijo de Dios se ponen bajo maldición. Conforme a la semilla que salga de sus bocas recibirán una cosecha de bendición o de maldición de parte de Dios. Señor, tu Palabra dice que debemos bendecir a nuestros enemigos y orar por ellos, y yo tomo la decisión de obedecerte a ti y no a lo que mi lógica o mi carne puedan querer. Pongo a todos mis enemigos delante de ti; Señor, si no te conocen a ti como Señor y Salvador personal, tú sabrás cómo lidiar con tu creación porque tú los creaste en la palma de tus manos. Y si te conocen porque son tus hijos, tú sabes como corregirlos. Tu Palabra dice 'no toquéis a mis ungidos', porque de tus ungidos te encargas tú. Y cada uno de tus hijos es un ungido tuyo, porque Cristo, el ungido, vive en su corazón.

Señor te pido que tengas misericordia de mis enemigos, sean quienes sean, perdónalos, porque no saben lo que hacen. Abre sus ojos y su corazón para que vean y entiendan que soy tu hija y tú juzgas mi causa, porque la he puesto en tus manos para que me defiendas. Señor, que puedan tener la revelación de que cuando vienen en mi contra están viniendo en tu contra; porque mi causa está delante de ti y dura cosa es venir en contra del Dios vivo. Tú eres varón de guerra y no has perdido ni una sola batalla.

Enséñales, Señor, que no hay arma forjada contra mí y los míos que pueda prosperar, porque yo estoy en obediencia a ti y con mi actitud condeno toda lengua que se levanta en contra de mí. Porque yo bendigo a quienes me maldicen, y mi bendición me mantiene bajo tu bendición, y si Dios es por mí, ¿quién contra mí?

Permite que mis enemigos se arrepientan y den un cambio de dirección, y que cambien la semilla que están poniendo en mi contra y en contra de los míos; porque si no se arrepienten de todo lo que han hecho y han establecido en contra de nosotros, lo que ellos han desatado y establecido para nosotros, será la cosecha que ellos reciban.

Padre, así como hay una ley de siembra y cosecha y uno siempre recoge lo que siembra, yo te doy gracias por mi cosecha; porque lo que he pedido para mis enemigos será el tipo de cosecha que yo recogeré para mí y los míos; por lo tanto, sé que mi cosecha será de oración, perdón, misericordia, intercesión, revelación y bendición.

Gracias, Señor, por abrir mis ojos y no permitir que caiga en la trampa del enemigo, porque entendí que mi lucha no es contra sangre ni carne, sino contra los poderes demoníacos que se mueven detrás de las personas que encuentro en mi camino.

Por eso te pido que limpies mi corazón de todo: orgullo, soberbia, altivez, amargura, falta de perdón, mentira, celo, envidia, competencia y todo sentimiento que pueda separarme de ti.

Padre, así como David te dijo: "escudriña mi corazón y mira si hay en mí algo de iniquidad" y como dice tu Palabra que "engañoso es el corazón más que todas las cosas" y solo tú lo conoces, te pido que limpies mi corazón con tu sangre, que es el detergente espiritual que puede borrar toda mancha, lávame con el agua de tu Palabra, muéstrame lo que está mal en mí y ayúdame a vencerlo. Crea en mí un corazón recto y puro, envuelve mi vida con el perfume de tu presencia y que la gente pueda sentir el olor de Cristo en mí.

Te pido que me cambies, Señor. Me postro en tu presencia, me ofrezco como sacrificio vivo en tu altar para que tu fuego consumidor queme todo lo que no sirve en mi vida. Que al pasar tu fuego purificador quede solo lo que sirve y tú quieres usar, y también te pido que restaures todo aquello que pueda ser restaurado en mí.

Quiero ser transformada para que puedas cumplir tu propósito en mi vida, quiero que formes el carácter de Cristo en mí, aunque tenga que pasar por cambios y procesos dolorosos. Tú sabes que lo que más anhelo en mi vida es agradarte y poder ser tu amiga. Cámbiame Señor".

Después de pasar por este proceso de limpieza, estamos listos para ajustarnos la armadura y vestirnos para fluir en las dos unciones que Dios nos ha dado: Reyes y Sacerdotes, y poder entrar al lugar de la intercesión con denuedo, atrevimiento y autoridad.

5. Cómo aplicar la armadura.

"Señor, ahora te pido que me escondas debajo de tus alas, porque tú eres escudo alrededor de mí. Escóndeme como el armadillo, para que cuando Satanás y sus poderes demoníacos quieran venir a atacarme no puedan tocarme porque estoy escondida en ti y revestida de tu poder; porque estoy vestida de Jesús desde la coronilla de la cabeza hasta la planta de los pies.

En este momento como soldado tuyo me apropio de la armadura que tú has provisto para el creyente. Me ajusto cada pieza de esa armadura y declaro tu protección en cada área de mi vida".

Ciño mis lomos con tu verdad: Señor declaro que tú me guardas del espíritu de engaño que ha sido desatado sobre esta tierra y que camino bajo la revelación de tu verdad. Establezco que mis lomos están guardados y protegidos por la verdad de tu Palabra, que es la que ajusta toda la armadura, y que proteges todas mis áreas de desecho y mis áreas sexuales. Tú me libras de todas las enfermedades que se relacionan con esas áreas, y no recibo ningún reporte que no venga de ti. Declaro que aunque venga algún ataque de enfermedad a mi colon, riñones, áreas sexuales y órganos reproductivos, me apropio de mi herencia en Cristo Jesús. Tu herencia dice que por la llaga de Cristo hemos sido curados, me apropio del tiempo pasado de la Palabra de Dios y me declaro sana desde la coronilla de la cabeza hasta la planta de los pies.

Cubro mi pecho con la coraza de justicia: Señor, tu Palabra dice que sobre toda cosa guardada, guarde mi corazón porque de él mana la vida. Te doy gracias porque tú me has justificado y cada día puedo venir a tu sangre y buscar tu presencia para que limpies mi corazón de todo pecado y de toda amargura, falta de perdón, celos, envidias, odios, resentimientos y todo aquello que pueda impedir tu fluir en mí. Declaro que tú has cambiado mi corazón endurecido por el pecado, por uno de carne sensible a ti y a tu Palabra, y que esa coraza guarda órganos vitales como el corazón y los pulmones. Mi corazón está limpio y tu sangre fluye a través de mí como un río lleno de la vida Zoe; tu vida en mí que lleva a cada órgano de mi cuerpo todos los nutrientes de tu Palabra que necesito para caminar en salud divina. Me niego a respirar otro aire que no sea el viento de tu espíritu. Mantén limpio mi corazón y mis pulmones de toda enfermedad física y espiritual.

Calzo mis pies con el apresto del evangelio de la paz: Señor, en este día te doy gracias porque estoy calzada con Jesús, y no hay un lugar al que vaya en este día que no tenga la seguridad y la paz de que tú estás conmigo. Jesús es el príncipe de paz, y su paz ha sido derramada en mi corazón. Por eso no importa cuán difícil resulte mi jornada en el día de hoy, porque podré caminar en paz aún en medio de la guerra. Si Dios está conmigo ¿quién o qué puede venir en mi contra y tener éxito? Gracias por tu paz que sobrepasa todo entendimiento humano y que la gente del mundo no lo puede entender, pero para mí es una realidad.

Establezco sobre mi cabeza el yelmo de la salvación: Señor te doy gracias por mi salvación, porque gracias a ella puedo decir en este día que tengo un pacto de sangre contigo y que tu sangre está en mí. Por eso puedo llevar todo pensamiento cautivo a tu obediencia y me declaro con la mente de Cristo. Confieso que mis ojos, mis oídos, mi boca y mis pensamientos están protegidos por el yelmo, y no dejaré que la corriente y los temores de este mundo contaminen mis pensamientos con temores y tensión, y causen algún tipo de enfermedad o ansiedad en mí. Declaro que puedo descansar en ti y pensar en todo lo amable, lo bueno, lo puro y lo que es de buen nombre, porque mi cabeza está guardada y protegida por mi Salvador. Tú me libras de todos los dardos que sean lanzados en este día para destruirme física, mental y espiritualmente, porque estoy caminando en obediencia y estoy bajo tu protección.

Levanto el escudo de la fe: Señor, en este día, levanto a Jesús, el autor y consumador de mi fe como un escudo en mi mano izquierda. Al levantarlo delante de mí, cada dardo que el enemigo envíe es apagado por el agua de tu Palabra que has puesto en mí. Esto impide que el dardo siga encendido, y mucho menos que pueda hacer blanco en mi mente, en mis pensamientos y en mis emociones. Estoy escondida en Cristo, estoy protegida por ti, y nada que no sea tuyo puede venir a mi vida y tener éxito en este día.

Desenvaino la espada del Espíritu: Señor, ahora tomo en mi mano derecha la espada del Espíritu que es tu Palabra revelada. Ahora, Espíritu Santo, toma esa Palabra revelada, esa Palabra especifica que has puesto en mi corazón para desatarla con sabiduría, estrategia y discernimiento. Que salga de mi boca como espada de dos filos, y que tus ángeles, que son quienes ejecutan tu Palabra, tomen esa Palabra y la pongan en movimiento en cada situación que se pueda presentar en este día en mi contra o en contra de aquellos por los que tú me pidas que ore.

"Bendecid a Jehová, vosotros sus ángeles, Poderosos en fortaleza, que ejecutáis su palabra, Obedeciendo a la voz de su precepto. Bendecid a Jehová, vosotros todos sus ejércitos, Ministros suyos, que hacéis su voluntad" (Sal. 103:20-21).

Gracias, Señor, porque tu Palabra dice que con sabiduría se hace la guerra, y tú me darás esa Palabra revelada para cada batalla que tenga que enfrentar en este día.

Gracias porque la oración en el Espíritu me ayuda a orar como conviene y además edifica mi vida y la mantiene en movimiento y en fortaleza para ser un instrumento efectivo en tu reino. Me ayuda a orar con estrategia y produce rompimientos, porque son oraciones certeras y precisas. ***La oración es como una lanza que atraviesa los aires, y sale como saeta encendida*** que llega a todo lugar donde tú quieres obrar. Usa mi boca con poder y autoridad en este día y que la Palabra que salga de mi boca confunda a mis enemigos y a los enemigos de aquellos por quienes voy a orar. Declaro la victoria ahora, y sé que toma lugar en el nombre de Jesús.

"El sol y la luna se pararon en su lugar; a la luz de tus saetas anduvieron, y al resplandor de tu fulgente lanza. Con ira hollaste la tierra, con furor trillaste las naciones. Saliste para socorrer a tu pueblo, para socorrer a tu ungido. Traspasaste la cabeza de la casa del impío, descubriendo el cimiento hasta la roca. Selah. Horadaste con sus propios dardos las cabezas de sus guerreros, que como tempestad acometieron para dispersarme, cuyo regocijo era como para devorar al pobre encubiertamente" (Hab. 3:11-14).

Cuando nos ajustamos la armadura y vivimos lo que la armadura implica estamos listos para orar, interceder y guerrear de acuerdo a lo que el Espíritu de Dios nos guíe.

Es muy importante orar en lenguas, sobre todo por situaciones o personas difíciles, porque al orar en lenguas evitamos que nuestra mente, emociones y voluntad intervengan. Cuando oramos en el Espíritu hacemos la oración correcta, con la cual mandamos una clave a Dios de la verdadera necesidad, y recargamos nuestra batería espiritual, porque mientras oramos somos edificados. De esta manera, Satanás no puede meter sus garras y no puede intervenir, porque no sabe qué está pasando, y la persona por la que estamos orando recibirá lo que verdaderamente está necesitando en ese momento.

- ***¿Cómo hago una oración en el Espíritu por una persona difícil?***

Entras en oración y dices: "Padre, en este momento te presento esta situación con (dices el nombre de la persona); pero, Señor, no quiero ser un estorbo en tus planes, ni mucho menos, que Satanás use mi boca para orar incorrectamente; porque me envuelven mis emociones y quiero hacer mi voluntad, lo cual es un estorbo para que tú puedas establecer la tuya. Por eso, ahora Espíritu Santo, me ofrezco como canal para que tú me uses para orar por la necesidad de (esta persona), y te pido que uses mi boca y las lenguas que tú me has dado" Y ahí empiezas a orar en lenguas según el Espíritu te guíe, y el tiempo que sea necesario. Si Dios te da alguna instrucción para orar y declarar en tu lengua natural, lo haces; si Él abrió tu discernimiento y te mostró qué hacer en la situación por la que estabas orando, hazlo; y si no te mostró nada, cuando termines le das gracias a Dios por haberte usado y declaras por fe un rompimiento en la necesidad por la que estuviste orando. Al final, agradece que tu copa ahora esté rebosando, porque has estado orando en el Espíritu.

Recuerda que Dios nos ha ungido como Reyes y como Sacerdotes, y estas dos unciones funcionan de diferentes formas.

- ***Como sacerdote vengo en humildad delante de Dios para interceder a favor de su pueblo.***

Busco el oportuno socorro, clamo por misericordia, por gracia y favor, y sé que no saldré con mis manos vacías, porque Dios me escucha y me responde; por lo tanto sé que me dará aquello que vine a buscar si se ajusta a su voluntad perfecta.

- ***Ejemplo de una oración de intercesión.***

"Señor, en este momento me paro en la brecha por (la persona por quien vas a orar), y te pido perdón por él/ella, Señor yo sé que él/ella está actuando mal. Sé que te ha dado la espalda y no se merece tu perdón, pero clamo por tu misericordia y me niego a que se pierda. Vengo como una hija, que tiene un pacto de sangre contigo, y así como en este momento tú miras la sangre de tu Hijo que está sobre mí, te pido que abras sus ojos para que te vea y pueda reconocer que necesita de ti, de tu perdón y de tu misericordia. Señor arráncale la venda de sus ojos para que pueda verte a ti y que lo que está haciendo está mal. Espíritu Santo inquiétalo/a y permite que tenga una revelación de la cruz, muéstrale el cielo y el infierno si es necesario; pero redarguye su corazón y dale convicción de pecado, mas no permitas que se pierda.

Rodéalo/la de hombres y mujeres tuyos con buen testimonio, que puedan hablarle de ti; sana su corazón herido y quebrantado, trae la paz que tanto necesita, pon ángeles que lo/a guíen por la senda correcta y sepáralo/a de las malas compañías. Por fe declaro que (dices el nombre de la persona por la que estás orando) no se pierde y regresa de nuevo a ti Señor".

- ***Ahora nos paramos como reyes a decretar la Palabra, no con súplica como cuando vinimos delante de Dios, sino con autoridad y atrevimiento porque vamos a confrontar el reino de las tinieblas.***

"Y decimos: diablo, en el nombre de Jesús te ordeno ahora que sueltes a (dices el nombre de la persona por quien estás orando), él/ella no te pertenece. Te recuerdo que la sangre de Jesús está sobre él/ella; es cierto que pecó y cayó, pero te recuerdo también que aunque pecó sigue siendo un/a hijo/a de Dios. Aunque ha caído sigue siendo hijo/a y no te pertenece, Jesús pagó con su sangre por él/ella y tú no tienes derecho sobre su vida. Te ordeno que lo/a sueltes ahora mismo, en este momento, en el nombre de Jesús de Nazaret, el que te venció en la cruz del calvario, el que murió y resucitó al tercer día y ahora está sentado a la diestra de Dios Padre intercediendo por (esta persona) y recordándole al Padre que Él pagó por él/ella en la cruz con su sangre.

Ato al hombre fuerte que está operando y atormentando su mente en este momento, y te ordeno que salgas de su vida junto con todos los poderes demoníacos que operan contigo. Sal fuera y no regreses más, ahora lo/a declaro libre en el nombre de Jesús. Y establezco que al que el Hijo del hombre libertare, será verdaderamente libre. Declaro un vallado de ángeles alrededor de (el nombre de la persona) para guardarlo/a en todos sus caminos. Y declaro un cambio de dirección, que, como el hijo prodigo, regresa a la casa de su padre.

Ahora llamo las cosas que no son como si fuesen y establezco que (el nombre de la persona) está de nuevo en tus caminos, caminando en autoridad, predicando tu Palabra, sirviéndote, Señor, con gozo y alegría y restaurado/a por completo. Y que este ataque, que vino para destruir su vida, Dios, tú lo tornas para llevarlo a otro nivel espiritual, y que en esa área donde fue tan atacado es donde tú más lo vas a usar. Lo declaro por fe, en el nombre que es sobre todo nombre, en el nombre de Jesús está establecido."

"Tú, enemiga mía, no te alegres de mí, porque aunque caí, me levantaré; aunque more en tinieblas, Jehová será mi luz. La ira de Jehová soportaré, porque pequé contra él, hasta que juzgue mi causa y haga mi justicia; Él me sacará a luz; veré su justicia. Y mi enemiga lo verá, y la cubrirá vergüenza; la que me decía: ¿Dónde está Jehová tu Dios? Mis ojos la verán; ahora será hollada como lodo de las calles" (Mi. 7:8-10).

Cuando nos paramos como reyes vamos a decretar la Palabra de Dios con autoridad, denuedo y atrevimiento, para declararle la guerra a Satanás y a todos los demonios que operan con él, con todo tipo de oración y con estrategia.

Aquí es cuando entramos en guerra, en una intercesión fuerte y hacemos decretos proféticos y apostólicos. Es cuando llamamos las cosas que no son como si fuesen, hasta que llega el momento de hacer actos proféticos, usar música de guerra, hacer sonar el *shofar* (si lo tenemos y lo sabemos tocar); sino tocaremos panderetas, usaremos mantos de diferentes colores y entraremos en un nivel mayor de adoración, y llegaremos al punto en que ya no pelearemos nosotros, porque solo adoraremos convencidos de que Dios ya nos has dado la victoria; porque en nuestro corazón hemos recibido la señal de que ha habido un rompimiento. Porque en medio de toda esa alabanza y adoración, Dios comienza a moverse con todo lo que Él es y tiene.

Cuando un hijo de Dios lo adora de una manera extravagante, con un corazón sincero, Dios se derrama y toma control de esa guerra, pelea por sus hijos y les da la victoria.

Pídele a Dios que se revele a tu vida como Jehová Nissi, el Dios de guerra, el que pelea por ti y levanta estandarte o bandera alrededor de tu familia, alrededor de tu casa.

Hace muchos años que Él se reveló a mi vida como Jehová Nissi. Fue un jueves por la noche en el servicio de adoración de la iglesia, en medio de la adoración, cuando Dios me dio una visión donde el Señor entraba de golpe al templo con su ejército detrás y lo seguían muchos hombres que tocaban tambores con música de marcha o guerra. Al ver y oír esto, comencé a cantar en lenguas fuertemente, y después empecé a entonar una especie de cántico, que escribí en el sobre de una hermana que estaba sentada a mi lado. Como yo no quería perder lo que estaba recibiendo en ese momento y no tenía donde escribir, tomé su sobre, con lo cual ella se vio obligada a preparar otro sobre con su diezmo u ofrenda.

Yo pensaba que aquel cántico se me iba a olvidar y me apresuré a escribirlo, pero hasta el día de hoy lo recuerdo como aquella primera vez. Quedó prendido en mi espíritu, y hoy quiero dártelo a conocer. Dice así:

Yo Soy Jehová,
quien guarda tu camino,
Yo Soy Jehová,
quien pelea por ti,
Yo Soy Jehová,
quien libra tu batalla,
Yo Soy Jehová,
Jehova Nissi,
Yo Soy Jehová,
Jehová Nissi.
Yo Soy Jehová,
quien levanta estandarte,
Yo Soy Jehová,
quien guerrea por ti,
Yo Soy Jehová,
Mía es la victoria,

y esa victoria,
es para ti.
Porque Yo Soy Jehová,
Jehová Nissi,
Mía es la victoria,
y esa victoria es para ti,
¡Porque Yo soy Jehová!
¡Jehová! ¡Nissi!

Quiero que sepas que cada vez que se presenta una situación difícil en mi vida y tengo que pararme en la brecha, lo primero que viene a mi mente es que el Dios de guerra, Jehová Nissi, el que planta bandera en mi campamento, está de mi lado. Y puedo decirte que no he entrado nunca en una guerra, en la cual no recuerde que Él es el que pelea por mí y que además es quien me da la victoria.

Deseo que Jehová Nissi se revele a tu vida como se reveló a la mía, y produzca en ti el mismo impacto que produjo en mí, al convertirme de una mujer temerosa y llena de dudas, en una mujer guerrera, llena de fe, que ha aprendido a desarrollar un estilo de vida de oración.

Recuerda que tu casa y toda tu familia y el medio ambiente donde tú te mueves es tu campo de entrenamiento. Aprovecha todo lo que esté a tu alrededor para que Dios se glorifique en tu vida.

Yo tengo dos hijos, y creo que todos los que tienen hijos están de acuerdo conmigo, en que no hay nada que duela más que un hijo. El dolor por un hijo tiene el poder de llevarnos a caminar la milla extra para sacar valentía en donde no la hay, y llevarnos a hacer hasta lo imposible por tratar de ayudarlos y protegerlos.

Por mis hijos fue que comencé a buscar ayuda de Dios de una forma diferente. La rebeldía de uno de ellos me obligó a entrar en intercesión y en guerra para buscar la misericordia de Dios sobre él, y pararme en la brecha por él, para arrebatárselo de las manos al diablo e insistir hasta que lo soltara.

Y la falta de comunicación de mi otro hijo, su silencio continuo, fue lo que me presionó a buscar la guía del Espíritu Santo y establecer una relación más profunda con Dios. Esta situación me ayudó a aprender a discernir por el Espíritu lo que estaba pasando con mi hijo menor, porque como él siempre ha sido tan reservado nunca sabía lo que le estaba pasando, o lo que ocurría a su alrededor, tampoco sabía qué estaba pensando, a menos que Dios me lo revelara o me lo mostrara. Tuve que buscar la ayuda del Espíritu Santo para poder orar por mi hijo menor de la manera correcta y así poder pararme en la brecha por él.

Quiero que sepas que cada hijo es diferente y no puedes tratarlos a todos de la misma manera. Aunque sean hijos del mismo padre y los críes de la misma forma, cada uno se comporta de una manera diferente; porque cada uno de ellos es único en su clase, no son iguales y ninguno sustituye el lugar del otro. Los hijos son como los dedos de las manos, aunque todos son hermanos y parecen iguales, todos tienen algo diferente que los distingue y cada uno tiene una función diferente en el cuerpo.

Dios usó a mis dos hijos con sus defectos y virtudes para entrenarme, desarrollar mi vida de oración y crear una buena amistad entre Él y yo.

Como Dios todo lo torna para bien, usó sus caracteres y personalidades para que yo me acercara más a Él en busca de su ayuda, o simplemente para que le contara cómo me sentía por lo que estaba pasando a mi alrededor; porque aprendí que Él es alguien confiable con quien yo podía desahogarme y hablar.

El Señor también usó la incredulidad de mi padre y su ignorancia en las cosas de Él. Mi padre se convirtió en una piedra en mi zapato, que me retaba continuamente para que tomara una decisión, o agradaba a Dios y lo que Él decía en su Palabra, o desobedecía a Dios y quedaba bien con mi padre. Como me decidí por Dios, esto fue un reto continuo para mí, lo cual me llevó a convertirme en una mujer desafiante que aprendió a caminar y a vivir por fe, sin mirar lo que pasaba a mi alrededor, porque entendí que todo estaba sujeto a cambios. Quiero que sepas que hoy por hoy, mi padre es salvo y asiste con nosotros a la iglesia, y su mala actitud cambió. Yo decidí ser de influencia para mi familia y no permití que ellos me influenciaran a mí de una manera negativa, ni en contra de los principios de Dios y su Palabra.

Él usó la condición de mi hermano enfermo para que yo pudiera aprender a llamar las cosas que no son como si fuesen y ganar grandes batallas. Me enseñó a confiar que Él es un Dios que sana, sin importar si mi hermano se sanaba o no. Creo por convicción que Dios es un Dios que sana, porque su Palabra lo dice, además porque muchas veces lo he experimentado en mi propia vida y en la vida de otros por los que he orado. No voy a cuestionar cuando alguien no se sana, no voy a preguntar cuál es la causa o a reclamar por qué no se sanó. Pero tengo algo claro y es que si el propio Jesús, con toda su unción, no pudo hacer muchos milagros entre su pueblo por causa de la incredulidad de ellos, no es raro que nosotros también pasemos por situaciones y experiencias similares. Por lo tanto, cuando veas un enfermo, ora por él; has tu parte, y Dios hará la suya.

Dios usó la bondad y mansedumbre de mi madre para hacerla mi confidente de todas las cosas raras que me pasaban y que Él me mostraba. Eran cosas que yo no podía hablar con todo el mundo, porque la mayoría de la gente no me iba a entender; y aunque la mayoría de las veces ella tampoco me comprendía, me escuchaba y se sonreía, y no se burlaba de mí. Tampoco me criticaba, ella confiaba en mí, y que Dios me usaba, y nos llevó a tener una relación muy íntima y linda, donde llegué a conocerla tanto, que aunque no me dijera lo que le pasaba, el Señor me inquietaba y me hablaba de ella, para que yo pudiera ayudarla.

Mi madre y mi hijo menor me ayudaron a crecer grandemente en el discernimiento de espíritu por su manera de ser cayados y reservados, con lo cual aprendí a obedecer lo que Dios me decía que hiciera, cada vez que me mostraba algo de ellos. La personalidad de mi madre y mi hijo menor me hicieron entrenarme en esa área.

Y mi esposo, aunque es un hombre manso, es de un carácter bien fuerte y explosivo cuando se sale de sus casillas, y como cuando nos casamos él era cristiano y yo no, él oro nueve años por mí hasta que yo me convertí, y luego yo oré nueve años por él para que Dios lo levantara y lo usara para su gloria.

Recuerdo que cuando Dios empezó a lidiar conmigo y yo me quejaba de mi esposo, yo le reclamaba a Dios y le decía "este marido me lo diste tú", porque él era cristiano y yo no, "enséñame a lidiar con él porque no sé qué hacer, encárgate tú de él", y me quejaba de continuo, porque quería que Dios lo cambiara. Un día Dios me confrontó y me dijo: "no me pidas más que lo cambie, empieza por cambiar tú".

Esto me impactó de tal forma que a partir de ahí mi oración cambió, y en vez de decirle cámbialo, empecé a orar para que Dios me cambiara a mí, y el cambio en mí lo fue transformando a él.

Él sembró en mi vida de oración y yo he sido su escudera de oración por treinta y un años, y ya llevamos cuarenta años de casados.

Hemos tenido etapas buenas, malas y regulares; pero puedo decirte como el profeta Samuel, "Ebenecer, hasta aquí nos ha traído Jehová". ¿Sabes qué significa Ebenezer? Piedra de ayuda.

Dios ha sido nuestra piedra de ayuda, y si nos ha traído hasta aquí, por su gracia y misericordia, significa que seguirá con nosotros hasta terminar nuestra jornada.

Hoy mi esposo Ismael y yo servimos al Señor juntos, predicando, enseñado y sirviendo a su pueblo a donde quiera que vamos. Y nuestro mayor deseo es poder agradar a Dios en todo lo que hagamos y poder dejar un legado a nuestros hijos y nuestras nietas, y cuando ya no estemos aquí porque hemos partido con el Señor, que ellos puedan seguir la obra que Él empezó con nosotros; que ellos sigan estableciendo el reino de Dios en esta tierra con denuedo, atrevimiento y poder. Y que la unción de Dios se incremente en sus vidas para que ellos hagan el doble o más de lo que hayamos podido hacer nosotros.

Así que si estás en la familia correcta y con las personas correctas, la familia donde Dios te ha puesto es tu campo de entrenamiento, y es ahí donde Él va a usar a todas las personas que te rodean para formarte, pulirte y sacar lo mejor de ti.

No te quejes más de lo difícil que es tu esposo o tu esposa, o de la rebeldía de tus hijos, o tus suegros. ***Deja de quejarte y míralos como el precio de tu unción.***

Si lo haces, tu actitud va a cambiar. Cuando veas a alguien muy ungido, piensa que ha sido procesado, y entrenado en la familia y en el medio ambiente donde Dios lo puso. Ha sido machacado y prensado como el olivo, por eso ahora brota tan buen aceite de unción de él o de ella.

Las uvas se pisotean o se aplastan para sacar el jugo, que

producirá un buen vino bajo un proceso de fermentación y separación, en el cual se lo deja mucho tiempo en la oscuridad hasta que el proceso es terminado. De la misma manera, muchos de nosotros somos humillados, pisoteados y procesados en lo secreto de Dios, hasta que el buen vino de su presencia es formado en nosotros, y ese vino es bien tangible que puede tocar la vida de otros y embriagarlos con el poder de su Presencia, al punto que esa Presencia que emana de nosotros los puede cambiar y transformar en otras personas.

No hay atajos en el evangelio; si quieres unción y Presencia de Dios en tu vida, tienes que pagar un precio, tienes que ser procesado como el fruto de la vid y el olivo, de los cuales solo bajo presión se saca el mejor vino y el mejor aceite.

Dios quiere formar su carácter en ti por medio de su Espíritu Santo y, si se lo permites, Él no te soltará hasta que no termine su obra en ti.

Y no tienes que preocuparte por ir a una universidad cristiana o un buen instituto bíblico, porque tu mayor campo de entrenamiento es tu casa; ahí es donde Dios puede sacar lo mejor de ti si te dejas moldear por el Espíritu Santo.

Y no me malinterpretes, es bueno estudiar, es bueno ir a un buen instituto bíblico y aprender más de Dios; pero Dios quiere que pongamos en práctica lo que vamos aprendiendo de Él, porque si no sólo tenemos información. Recuerda que la Palabra dice que la letra mata, pero el Espíritu vivifica.

Una Palabra revelada nos puede cambiar para siempre. Cambió la vida de Simón, y lo convirtió en Pedro; cambió la vida de Saulo de Tarso, y lo convirtió en Pablo; cambió la vida de Jacob, y lo convirtió en Israel; y puede cambiar la vida de cualquier hijo de Dios, que se deje procesar como barro en sus manos y se deje dar la forma que Él quiere.

Los cambios duelen, pero son necesarios. Ponte en las manos del Alfarero y deja que te dé la forma que Él quiere. La oración es clave para dejar que el Alfarero trabaje en nosotros.

Te recomiendo también que, en tu tiempo de oración, siempre ores por la nación donde vives y por los gobernantes que la representan, para que la gobiernen de una manera sabia y justa. Porque Dios es el que quita y pone reyes (gobernantes), y toda autoridad ha sido puesta o permitida por Él para cumplir con un propósito. Él lo ha creado todo, aún al hombre malvado para el día del castigo. Acaso ¿no usó a faraón para lidiar con su pueblo? Tu oración puede cambiar tu país, sus gobernantes y sus leyes.

"Exhorto ante todo, a que se hagan rogativas, oraciones, peticiones y acciones de gracias, por todos los hombres; por los reyes y por todos los que están en eminencia, para que vivamos quieta y reposadamente en toda piedad y honestidad. Porque esto es bueno y agradable delante de Dios nuestro Salvador" (1 Ti. 2:1-3).

"Jehová hace nulo el consejo de las naciones, y frustra las maquinaciones de los pueblos. El consejo de Jehová permanecerá para siempre; los pensamientos de su corazón por todas las generaciones. Bienaventurada la nación cuyo Dios es Jehová, el pueblo que él escogió como heredad para sí. Desde los cielos miró Jehová; vio a todos los hijos de los hombres; desde el lugar de su morada miró Sobre todos los moradores de la tierra" (Sal. 33:10-14).

Ora también por la nación de Israel y bendícela para que Dios mantenga su bendición sobre ti.

"Y haré de ti una nación grande, y te bendeciré, y engrandeceré tu nombre, y serás bendición. Bendeciré a los que te bendijeren, y a los que te maldijeren maldeciré; y serán benditas en ti todas las familias de la tierra" (Gn. 12:2-3).

"Pedid por la paz de Jerusalén; sean prosperados los que te aman. Sea la paz dentro de tus muros, y el descanso dentro de tus palacios. Por amor de mis hermanos y mis compañeros diré yo: La paz sea contigo. Por amor a la casa de Jehová nuestro Dios buscaré tu bien" (Sal. 122:6-9).

No te olvides también de orar por aquellos que enseñan o instruyen, o sea por los maestros y por las escuelas de tus hijos y tus nietos, y por las escuelas en general, aunque no tengas a nadie en edad escolar.

Mantén un cerco de protección alrededor de los niños y los jóvenes, para que Dios los guarde, los proteja y cumpla su propósito en cada uno de ellos; porque si Cristo se demora en venir, ellos serán la próxima generación que levantará el nombre de Jesús y establecerá su reino en la tierra.

Ora por los diferentes llamados y unciones que Dios usa para edificar a los santos; ora por los ministros, los maestros, los pastores, los misioneros, los evangelistas, los profetas, los apóstoles.

Ora por los que curan, por los médicos y las enfermeras para que sean un instrumento de bendición en las manos de Dios y ayuden a la humanidad, y no sean un arma de destrucción en las manos de Satanás.

En fin, hay muchas cosas que podemos hacer o cambiar por medio de la oración, ¿estás disponible para que a partir de ahora Dios te use?

Espero que sí, y que en este tiempo seas un instrumento poderoso en las manos de Dios.

Deseo que te conviertas en un canal que Él pueda usar con poder, para que las oraciones suban en busca del oportuno socorro, y sus bendiciones desciendan a esta tierra con poder, para transformar este mundo y suplir las necesidades de su pueblo.

"Jehová, a ti he clamado; apresúrate a mí; escucha mi voz cuando te invocare. Suba mi oración delante de ti como el incienso, el don de mis manos como la ofrenda de la tarde" (Sal. 141:1-2).

CAPÍTULO 13

MÁS QUE VENCEDORES

"Y sabemos que a los que aman a Dios, todas las cosas les ayudan a bien, esto es, a los que conforme a su propósito son llamados".
Romanos 8:28

Estamos llegando al final de este libro ***y hay varias cosas que quiero que se graven en tu mente y en tu corazón***, porque no quisiera que éste sea un libro más en tu colección de los que has leído; sino un libro que marque tu vida espiritual, te ayude a pasar a otro nivel como creyente y sea una herramienta efectiva para tu vida de oración y comunión con Dios. Y no solo eso, sino que lo que aprendas por medio de estas páginas puedas comunicárselo a otros y ayudarlos a crecer en su vida de oración y en su relación con Dios; porque enseñando es como verdaderamente se aprende.

"Y sabemos que a los que aman a Dios, todas las cosas les ayudan a bien, esto es, a los que conforme a su propósito son llamados. Porque a los que antes conoció, también los predestinó para que fuesen hechos conformes a la imagen de su Hijo, para que él sea el primogénito

entre muchos hermanos. Y a los que predestinó, a éstos también llamó; y a los que llamó, a éstos también justificó; y a los que justificó, a éstos también glorificó. ¿Qué, pues, diremos a esto? Si Dios es por nosotros, ¿quién contra nosotros? El que no escatimó ni a su propio Hijo, sino que lo entregó por todos nosotros, ¿cómo no nos dará también con él todas las cosas? ¿Quién acusará a los escogidos de Dios? Dios es el que justifica. ¿Quién es el que condenará? Cristo es el que murió; más aun, el que también resucitó, el que además está a la diestra de Dios, el que también intercede por nosotros. ¿Quién nos separará del amor de Cristo? ¿Tribulación, o angustia, o persecución, o hambre, o desnudez, o peligro, o espada? Como está escrito: Por causa de ti somos muertos todo el tiempo; somos contados como ovejas de matadero. Antes, en todas estas cosas somos más que vencedores por medio de aquel que nos amó. Por lo cual estoy seguro de que ni la muerte, ni la vida, ni ángeles, ni principados, ni potestades, ni lo presente, ni lo por venir, ni lo alto, ni lo profundo, ni ninguna otra cosa creada nos podrá separar del amor de Dios, que es en Cristo Jesús Señor nuestro". Romanos 8:28-39

- ***La primera cosa que quiero que graves en tu mente y en tu corazón es: "Que nunca se te olvide que eres un vencedor", incluso eres más que eso; porque en realidad "eres más que vencedor en Cristo Jesús".***

Para eso, tienes que entender que nada viene a tu vida por casualidad, aún aquello malo que te ha sucedido, Dios, que no es el culpable ni fue quien lo ocasionó, lo permitió con un propósito. Él tiene la habilidad de tornar todo lo malo para bien, y Satanás, a la larga o la corta, trabaja para que se cumplan los planes de Dios para nuestra vida.

Este libro ha sido escrito por inspiración. He llevado a estas páginas vivencias y experiencias de casi 30 años de mi búsqueda de Dios y de mi relación con Él; y quizás ahora tú te puedes identificar conmigo y entender muchas de las cosas por la que has pasado o que puedes estar viviendo en este momento, cosas que antes no entendías pero ahora las puedes ver de manera diferente.

Soy una mujer de oración y amo la Palabra de Dios, y soy de las que cree firmemente que la oración y la Palabra van tomadas de la mano para tener una buena comunión con Dios. Y desde que me convertí, a principios de 1982 hasta el día de hoy, siempre he tenido hambre de la Palabra de Dios y el deseo de conocerlo íntimamente. Lo primero que vino a mi corazón desde el día que me convertí en cristiana fueron tres cosas:

1. ***Yo quería ser amiga de Dios.***
2. ***Yo quería ser como Jesús.***
3. ***Yo quería hablar como Él hablaba.***

Había una fijación en mi mente y en mi corazón que permanece hasta el día de hoy, y es que quiero parecerme a Cristo, mi meta es llegar a ser como Él. Admiro y respeto a muchos hombres y mujeres de Dios que han sido de inspiración para mí y me han ayudado a crecer espiritualmente para poder ser la mujer de Dios que soy hoy. Los amo y los respeto muchísimo, pero nunca he intentado imitarlos y mucho menos ser como ellos; porque sé lo que quiero y hacia donde voy. Lo que quiero es parecerme a Cristo; ese es mi modelo y mi meta. Hoy te digo a ti, como dijo el apóstol Pablo, no es que lo haya alcanzado ya, ni que ya sea perfecta; pero prosigo a la meta, al premio del supremo llamamiento de Dios en Cristo Jesús. Seguiré tratando hasta que Cristo venga por su Iglesia o hasta el día que me toque partir de esta tierra; pero no me voy a dar por vencida ya que sé que cada día es una nueva oportunidad de Dios para poder hacer cambios (ver Fil. 3:12-14).

Recuerdo que siempre le he dicho a Dios: "Señor yo quiero hablar como Jesús hablaba, con ese denuedo y atrevimiento que tanto lo caracterizaban, que nunca dejó de decir la verdad de una forma que todos podían entender, desde la persona más complicada hasta la más simple". Mi petición siempre ha sido ésta: quiero hablar como Él hablaba; y Dios empezó a ministrarme por medio de comparaciones e ilustraciones. Nunca olvidaré la primera vez que prediqué, porque después de largos días de estudio y preparación de mi prédica, la noche antes, Dios me cambió el mensaje; me dio un mensaje nuevo donde me comparaba el cuerpo humano con un carro. Yo le dije: "Señor ¿cómo voy a predicar esto?" Y Dios habló bien claro a mi corazón con estas palabras: "Tú siempre me has dicho que querías parecerte a Jesús. Él hablaba en parábolas para enseñar al pueblo, ¿qué piensas hacer ahora?".

Desde entonces, ésta ha sido mi forma de hablar, predicar y compartir las verdades que Dios pone en mi corazón para trasmitir a su pueblo. Por eso has podido ver tantas ilustraciones en este libro, porque simplemente ésta es mi manera de fluir. Cada cual tiene su estilo y éste es el mío. Sé que las comparaciones traen más luz y hacen que se les quede gravada la enseñanza de una manera más fuerte, porque se pueden identificar mejor con lo que Dios les está tratando de decir o enseñar.

Recuerda que si estás en Cristo, formas parte de su Cuerpo, y cada miembro tiene una función diferente. Como miembro del cuerpo al cual perteneces, sé auténtico, sé original, sé tú mismo y no trates de imitar a otros.

Si Dios hubiera querido que seas diferente y que funciones de manera diferente, te hubiera hecho diferente; porque nada hay imposible para Él y mucho menos muy difícil.

- ***La segunda cosa que te recomiendo es: "Que seas original, sé tu mismo y nunca quieras parecerte a nadie por bueno que éste sea".***

Porque aquí el único bueno de verdad es Dios. No quieras ser como tu pastor, ni como tu mentor y ni siquiera como yo; porque quizás te caigo bien. ¿Sabes por qué? Porque tú no eres copia de nadie, no eres un clon, no eres producto de una clonación, eres autentico, eres un poema de Dios; porque Él se inspiró a la hora de crearte para que fueras diferente. Dios te creó original, eres único en tu clase. Puedes decir que cuando Dios te creó, después de hacerte rompió el molde, porque ni aún tus hermanos, por mucho que se parezcan a ti, son iguales que tú, y aunque tengas rasgos de tus padres o características de ellos tampoco eres una copia al carbón de tus padres, porque eres único en tu clase. Piensa que hasta los hermanos gemelos, que son casi idénticos, tienen pequeñas marcas o diferencias entre ellos, que los identifican y los hacen diferentes.

Solo mira la cantidad de seres humanos que existen en esta tierra y verás que todos tienen huellas digitales diferentes, y rasgos diferentes. Ahí puedes ver la grandeza de nuestro Dios y la originalidad y exclusividad de su creación.

Dios te creó en la palma de sus manos, tu embrión vieron sus ojos, y te creó para cumplir con un propósito y llegar a un destino. Por lo tanto, niégate a ser otra cosa que no sea cumplir con la intención original de lo que

Dios tenía en su corazón el día que te creó en el vientre de tu madre y puso su soplo de vida en ti.

"No fue encubierto de ti mi cuerpo, Bien que en oculto fui formado, y entretejido en lo más profundo de la tierra. Mi embrión vieron tus ojos, y en tu libro estaban escritas todas aquellas cosas que fueron luego formadas, sin faltar una de ellas" (Sal. 139:15-16).

"¿Se olvidará la mujer de lo que dio a luz, para dejar de compadecerse del hijo de su vientre? Aunque olvide ella, yo nunca me olvidaré de ti. He aquí que en las palmas de las manos te tengo esculpida; delante de mí están siempre tus muros" (Is. 49:15-16).

Tu modelo debe ser Cristo, y debes seguir a los hombres mientras éstos sigan a Cristo. Tu meta no es ser como tu papá, tu mamá, tus hermanos, algunos de tus amigos, tu pastor o tal o cual predicador del momento; tu meta no debe ser otra que parecerte a Jesús y poder llegar a ser como Él. Y para eso tienes que ser procesado para que Dios pueda formar el carácter de Cristo en ti, y eso no es una obra de un día, hay que pagar un precio. Es un proceso muchas veces doloroso, pero vale la pena intentarlo, y con la ayuda de Dios se puede lograr.

- **La tercera cosa que te recomiendo es: "Decídete a ser un amigo de Dios".**

"Y se cumplió la Escritura que dice: Abraham creyó a Dios, y le fue contado por justicia, y fue llamado amigo de Dios" (Stg. 2:23).

Y para eso tienes que pasar tiempo a solas con Dios, por medio de la oración y pasar tiempo en la Palabra. Tienes que conocer cómo Dios piensa y qué espera y desea de ti. Tienes que buscar la voluntad de Dios para ti, y su voluntad se encuentra en su Palabra.

Muchas personas quieren las bendiciones que Dios tiene, pero no quieren pasar tiempo de calidad con Él ni buscar su rostro para llegar a conocerlo íntimamente. Quieren ser bendecidas, quieren las bendiciones; pero no quieren buscar al bendecidor, y así no funciona el reino de Dios. Tenemos que poner los ojos en el dador y en lo que Él quiere hacer con nosotros, y no en la dádiva.

"Porque el reino de Dios no es comida ni bebida, sino justicia, paz y gozo en el Espíritu Santo. Porque el que en esto sirve a Cristo, agrada a Dios, y es aprobado por los hombres" (Ro. 14:17-18).

"No os afanéis, pues, diciendo: ¿Qué comeremos, o qué beberemos, o qué vestiremos? Porque los gentiles buscan todas estas cosas; pero vuestro Padre celestial sabe que tenéis necesidad de todas estas cosas. Mas buscad primeramente el reino de Dios y su justicia, y todas estas cosas os serán añadidas. Así que, no os afanéis por el día de mañana, porque el día de mañana traerá su afán. Basta a cada día su propio mal" (Mt. 6:31-34).

Dios quiere que depositemos nuestra confianza en Él, y que lo busquemos en espíritu y en verdad, y para eso tenemos que tener intimidad con Él. Porque es a través de esa intimidad que Él puede darnos a conocer sus planes para nosotros, y junto con esos planes viene la provisión de todo lo que necesitamos como sus hijos. Dios quiere que aprendamos a identificar su voz, y no seamos confundidos por otras voces que nos hablan continuamente.

Para que me entiendas, te voy a dar un ejemplo que te va a dar más luz sobre esto. Piensa en alguien con quien has establecido una gran amistad (estoy segura de que ya habrás pensado en alguien determinado). ¿Verdad que cuando conociste a esa persona no sabías nada de ella, de cómo actuaba, ni de las cosas que le gustaban? ¿Sabes por qué? Por la sencilla razón de que anteriormente no se conocían.

Pero al comenzar la amistad y empezar a hablar, ya sea en persona o por teléfono, poco a poco comenzaste a conocer a esa persona hasta el punto de convertirse en buenos amigos y, más tarde, confidentes. Es más, llegaste a conocer a esa persona tan bien, que de solo levantar el teléfono y sin siquiera mirar el visor de identificación de llamadas sabes que es esa persona. Y más aún, con solo oír su voz, por el tono de su voz, puedes identificar si algo anda mal con ella, porque has aprendido a conocer su voz a fuerza de oírla.

Pero supongamos que por alguna causa, hubo un mal entendido entre esa persona y tú, lo cual produjo un distanciamiento que hizo que dejaran de hablarse y comunicarse. Y pasa el tiempo hasta que, un día, esa persona te vuelve a llamar; cuando la escuchas no reconoces su voz en el primer momento, y cuando te dice quién es te da vergüenza porque no la reconoces. Es que como ha habido un distanciamiento y has dejado de oír esa voz, ya no te resulta familiar. ¿No te ha pasado esto alguna vez? A mí me ha pasado.

En toda relación, para poder llegar a una intimidad, hay que tratarse, hablar y compartir tiempo de calidad, hasta que se forme un vínculo profundo y lleguen a conocerse íntimamente.

Con Dios pasa igual, aprendes a conocer su voz a fuerza de oírlo y pasar tiempo a solas con Él. Sé sabio, no dejes que nada ni nadie se convierta en un estorbo o en un tabique entre tú y Dios.

Defiende tu amistad con Él y no dejes que nadie te corte la comunicación. Nada ni nadie es tan importante como para que tu comunicación con Dios se corte, y que el distanciamiento sea tan grande que cuando Él te hable no puedas reconocer su voz.

- ***La cuarta cosa que te recomiendo es: "Busca tu lugar en el cuerpo de Cristo, averigua cuál es tu propósito".***

Cuando desconocemos cómo se usa o funciona un objeto, terminamos por hacer dos cosas:

- Lo ponemos en un rincón y no lo usamos, porque no sabemos para qué sirve.

- Lo usamos, pero como no sabemos para qué sirve, lo empleamos mal.

Yo soy cubana y, hace muchos años cuando todavía vivía en Cuba, vi algo que se aplica muy bien a esto de usar mal una cosa por desconocer su uso.

Cuando comenzaron lo viajes de la comunidad cubana del exilio a ir y enviar paquetes a Cuba, llevaban muchas cosas que los cubanos de la isla no conocían, porque nunca las habían visto. Recuerdo que fuimos a la casa de unos amigos, a quienes les habían mandado un paquete con muchas cosas, y entre las cosas, había llegado algo que, por la forma que tenía, pensaban que era un tipo de gorra o boina. Pero estaban desconcertados porque a nadie le quedaba bien; aparte de ser un poco rara por el material con que estaba hecha, a todo el mundo le quedaba grande, por muy cabezón que fuera.

Nunca supe si llegaron a enterarse para qué servía la supuesta gorra o boina, pero lo que me dio mucha risa fue que cuando vine a los Estados Unidos y entré a una tienda, vi qué era en realidad la supuesta boina o gorra. ¿Sabes qué era? El forro de adorno para la tapa del inodoro, pero como en Cuba los inodoros no tienen tapa, ellos no tenían ni idea para qué era aquello; por eso, como era redondo y tenía un elástico, que estiraba y recogía, pensaron que era una boina y se la probaron a cuanta cabeza se les puso por delante.

Quizás, para ti esto suene cómico o ridículo, porque siempre has vivido en un país avanzado; pero no para alguien que nunca había visto cuál era el uso de ese objeto. Ellos no sabían qué era, por eso lo estaban empleando mal.

Pues bien, igual pasa con nosotros; si no sabemos para qué nos creó Dios, vamos a emplear mal nuestra vida, o quizás sencillamente nunca hagamos nada para su reino y permanezcamos toda una vida sentados en un banco de la iglesia. Y quiero que sepas que Dios no crea nada que no sea con un propósito y para cumplir una función; por eso nos creó para relacionarnos, porque nos necesitamos los unos a los otros. Tú tienes algo que yo necesito y me puedes bendecir, y yo tengo algo que tú necesitas y te puede bendecir.

Averigua ¿para qué te creó Dios? Encuentra tu lugar en el Cuerpo de Cristo, y una vez que lo averigües prepárate para que puedas desarrollar al máximo tu potencial. No te conformes con ser un cristiano mediocre o del montón.

"Además, el cuerpo no es un solo miembro, sino muchos. Si dijere el pie: Porque no soy mano, no soy del cuerpo, ¿por eso no será del cuerpo? Y si dijere la oreja: Porque no soy ojo, no soy del cuerpo, ¿por eso no será del cuerpo? Si todo el cuerpo fuese ojo, ¿dónde estaría el oído? Si todo fuese oído, ¿dónde estaría el olfato? Mas ahora Dios ha colocado los miembros cada uno de ellos en el cuerpo, como él quiso. Porque si todos fueran un solo miembro, ¿dónde estaría el cuerpo? Pero ahora son muchos los miembros, pero el cuerpo es uno solo" (1 Co. 12:14-20).

Una de las formas de averiguar tu propósito es por medio de la oración. Si no sabes qué eres en el Cuerpo de Cristo, empieza por hacerte esta pregunta ¿dónde está mi pasión? Y en donde esté tu pasión será donde seas bueno y efectivo en el Cuerpo de Cristo.

Volvemos a otra comparación, porque si no te hablara así dejaría de ser yo.

Hace muchos años, cuando llevaba poco tiempo de convertida, yo decía esto: Yo no sé qué soy en el Cuerpo de Cristo, pero sé que soy parte de su Cuerpo. No sé si soy una uña o una pestaña, pero sé que soy parte del Cuerpo de Cristo.

Esto lo repetía de continuo, y un día, mientras se lo decía a alguien, Dios habló tan fuerte a mi corazón, que me paralizó. Esto fue lo que me dijo:

"Nunca más digas que eres una uña o una pestaña en el cuerpo de Cristo, porque las uñas se cortan y las pestañas se caen. Tú eres un miembro activo, porque el miembro que no se usa se atrofia. Tú eres un miembro activo, importante y necesario en mi Cuerpo".

Aquello me impactó, y le dije a la persona con quien estaba hablando: "Oye, Dios me acaba de hablar y me ha corregido. Yo no soy uña, porque las uñas se cortan y mucho menos pestaña, porque las pestañas se caen. Yo soy un miembro activo, porque también los miembros que no se usan se atrofian. Yo soy un miembro activo, importante y necesario en el cuerpo de Cristo.

Puedo asegurarte que aprendí muy bien mi lección, y desde ese día empecé a averiguar quién era yo y qué quería Dios para mí por medio de la oración, el estudio de su Palabra y la lectura de libros de personas que habían pasado tiempo con Dios y contaban lo que Dios les había mostrado.

Por eso ahora, lo que he aprendido, quiero compartirlo contigo para que puedas ser bendecido como yo lo fui a través de esos hombres y mujeres de Dios.

- ***La quinta cosa que te recomiendo es: "Cuando ya sepas cuál es tu propósito, lucha por cumplir tus sueños".***

No dejes que nada ni nadie te mate o te robe el sueño que Dios ha puesto en ti.

"Si anduviere yo en medio de la angustia, tú me vivificarás; contra la ira de mis enemigos extenderás tu mano, y me salvará tu diestra. Jehová cumplirá su propósito en mí; tu misericordia, oh Jehová, es para siempre; no desampares la obra de tus manos". (Sal. 138:7-8).

Satanás vino a robar, matar y destruir, y él usa personas, situaciones y cosas para hacerte oposición, ya sea a tu visión, a tus sueños o a tu llamado.

El diablo va a usar lo que se deje usar para tratar de desanimarte, detenerte y cambiar el rumbo de tu destino.

Pero Dios vino para dar vida y dar vida en abundancia, Él va a usar situaciones, circunstancias y cosas con la diferencia que te va a rodear de hombres y mujeres llenos de su Espíritu y de su poder, que estén disponibles para trasmitirte un mensaje de su parte y darte una impartición de vida y fuerza para que sigas luchando por tus sueños y tu llamado y llegues a tu destino (ver Jn. 10:10).

Sé sabio, tienes que aprender a conocer cómo funciona tu enemigo y también tienes que aprender a destruirlo.

- ***La sexta cosa que te recomiendo es: "Toma una actitud militante y vístete de soldado, porque estás en medio de una guerra y perteneces a un ejército".***

¿Has visto alguna vez a un cosmonauta viajar al espacio sin su traje de cosmonauta? ¿Verdad que no? Porque perecería en cuanto cambiara de atmósfera.

Él no solo se viste de la manera correcta, sino que tiene que ser muy bien entrenado y familiarizarse bien con todo lo que su nave tiene, antes de salir a la misión que tiene que cumplir.

Como buen soldado de Jesucristo debes mantenerte en forma, debes estar de continuo en entrenamiento y mantener siempre tus armas de guerra en buen estado; porque tienes que estar disponible y adiestrado para cuando Dios te necesite en la guerra que estamos librando en esta tierra, ya que cuando menos lo piensas estás envuelto en algún tipo de batalla.

Usa toda la armadura de Dios para que puedas estar firme y resistir en el día malo.

"Tú, pues, sufre penalidades como buen soldado de Jesucristo. Ninguno que milita se enreda en los negocios de la vida, a fin de agradar a aquel que lo tomó por soldado" (2 Ti. 2:3-4).

- ***La séptima cosa que te recomiendo es: "Decídete a conocer el corazón del Padre, y a caminar en seguridad por ser un hijo de Dios".***

Conocer el corazón del Padre te mantendrá seguro y te ayudará a caminar en autoridad. El temor no podrá enseñorearse de ti, porque cuando peques no saldrás como Adán a esconderte de Dios; sino que como el perfecto amor (Dios) ha sido derramado en tu corazón, el perfecto amor echará fuera el temor, y en vez de huir de Dios correrás hacia Él.

Porque ahora tus ojos han sido abiertos. Has tenido revelación del corazón del Padre, y ahora te das cuenta de que el Padre quiere que le busques y regreses a su casa. Eso te dará confianza, denuedo y atrevimiento.

Qué bueno es saber que los ángeles se gozan y que hay fiesta en los cielos cuando un pecador se arrepiente. Esto es bueno y motivo de gran alegría, porque hubo un nuevo nacimiento en el Cuerpo de Cristo y ahora hay que cuidar y alimentar bien ese bebe que ha llegado a la familia. Esto es un gran motivo de alegría.

Pero cuando tú entiendes qué ocurre verdaderamente cuando un hijo de Dios, que se había apartado, regresa a casa; cuando tienes la revelación de que algo mayor ocurre cuando el hijo perdido se arrepiente y regresa de nuevo a la casa del Padre, es cuando te das cuenta de que aquí la fiesta es aún mayor y te gozas mucho más.

Porque es el propio Padre el que sale a recibir al hijo, es el Padre el que manda a hacer la fiesta, es el Padre el que se ocupa de organizar los preparativos para la fiesta, es el Padre el que se encarga de vestir al hijo de nuevo con vestiduras nuevas, y es el Padre el que le da la bienvenida de nuevo a su casa, porque quiere que su hijo recupere de nuevo su identidad y autoridad como hijo y heredero.

Cuando tú entiendes esto, es cuando de verdad comprendes que nada ni nadie puede separarte del amor de Dios.

"¿Quién nos separará del amor de Cristo? ¿Tribulación, o angustia, o persecución, o hambre, o desnudez, o peligro, o espada? Como está escrito: Por causa de ti somos muertos todo el tiempo; somos contados como ovejas de matadero. Antes, en todas estas cosas somos más que vencedores por medio de aquel que nos amó. Por lo cual estoy seguro de que ni la muerte, ni la vida, ni ángeles, ni principados, ni potestades, ni lo presente, ni lo por venir, ni lo alto, ni lo profundo, ni ninguna otra cosa creada nos podrá separar del amor de Dios, que es en Cristo Jesús Señor nuestro" (Ro. 8:35-39).

De una vez por todas, entiende que el Padre, al hijo que ama, lo disciplina, porque si no lo hiciera entonces sería un bastardo. No huyas de la disciplina de Dios, y no permitas que nada, ni nadie, te separe del plan de Dios para ti.

Deseo que este libro te ayude a caminar en seguridad y a enfocarte a cumplir tus sueños para que llegues a tu destino.

Te bendigo con toda bendición de lo alto, y declaro que esta palabra será como agua que te limpiará y que también sanará tus heridas. Será como un martillo que romperá toda dureza de tu corazón, será como espada que llegará hasta tus tuétanos y cortará todo concepto de hombres, y te libertará para que te puedas apropiar de todo lo que te pertenece como hijo de Dios. Será un espejo que reflejará tu condición actual, pero también te enseñará a donde Dios te quiere llevar para que camines con seguridad y llegues a tu destino, será como fuego que marcará tu vida para siempre; porque llevarás las marcas del Rey de reyes y Señor de señores, y encenderá tu espíritu para buscar una mayor intimidad y comunión con Dios.

Declaro que nunca más serás el mismo, porque, si has leído en voz alta, has oído suficiente Palabra con revelación, porque la fe viene por el oír de la Palabra de Dios. Por lo tanto, tu fe no es la misma y, si solo has leído en silencio, también has visto suficiente Palabra con revelación que puede cambiar tu vida.

Dice la Biblia: "Conocerán la verdad, y la verdad los hará libres", pero solo la verdad que viene con revelación es la que puede liberarte.

Una Palabra revelada te puede cambiar la vida y puede cambiar tus generaciones futuras. Este es el tipo de verdad que puedes decirle a tu enemigo cuando venga a atacarte: "Escrito está".

Tus generaciones futuras serán como tú o mejor que tú, porque tendrán una doble unción sobre sus vidas, como pasó con Eliseo que tuvo la doble porción de unción de Elías.

Te recomiendo algo que yo declaro de continuo sobre mis hijos y nietas, y sé que Dios va a apresurar su Palabra para ponerla por obra y ellos harán el doble o mucho más que lo que hemos hecho nosotros.

"Y este será mi pacto con ellos, dijo Jehová: El Espíritu mío que está sobre ti, y mis palabras que puse en tu boca, no faltarán de tu boca, ni de la boca de tus hijos, ni de la

boca de los hijos de tus hijos, dijo Jehová, desde ahora y para siempre" (Is. 59:21).

Yo sé que Dios no me dejará en vergüenza y todas mis oraciones serán contestadas, porque a su tiempo segaremos si no desmayamos.

No lo olvides; la letra mata, pero el Espíritu vivifica.

"El cual asimismo nos hizo ministros competentes de un nuevo pacto, no de la letra, sino del espíritu; porque la letra mata, mas el espíritu vivifica" (2 Co. 3:6).

Que Dios te bendiga y añada cada día a tu espíritu Palabra buena, Palabra revelada, que revolucione tu vida y entres a poseer tu tierra, y tú y tu casa puedan servir al Señor.

"Y si mal os parece servir a Jehová, escogeos hoy a quién sirváis; si a los dioses a quienes sirvieron vuestros padres, cuando estuvieron al otro lado del río, o a los dioses de los amorreos en cuya tierra habitáis; pero yo y mi casa serviremos a Jehová" (Jos. 24:15.)

BIBLIOGRAFÍA

• Biblia Reina Valera 1960 (tomada de la Internet biblegateway.com), publicada por Sociedades Bíblicas Unidas.

• Biblia de estudio Ryrie (versión Reina Valera 1960), publicada por Editorial Portavoz.

• Biblia Dios habla hoy (La Biblia versión popular), publicada por Sociedades Bíblicas Unidas.

• Bullinger, E. W, Cómo entender lo números de la Biblia, publicado por Editorial CLIE.

• Diccionario Bíblico Ilustrado Holman, publicado por B&H Publishing Group.

• Tenney, Merrill C., Diccionario Manual de la Biblia, publicado por Editorial Vida.

• Diccionario Larousse del Español Moderno, publicado por Penguin Group (USA) Incorporated.

• Diccionario Larousse de sinónimos y antónimos de la lengua española, publicado por Increíble Enciclopedia.

• Gran Diccionario Enciclopédico Visual, Océano, Librosteca.com

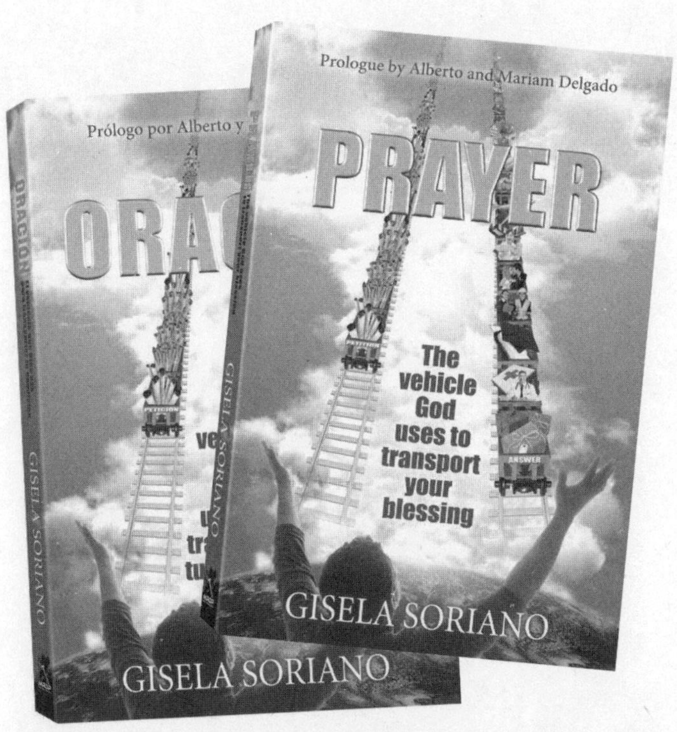

Disponible también en INGLÉS

PRAYER:

THE VEHICLE GOD USES TO TRANSPORT YOUR BLESSING

ISBN: 978-1-4675-3567-0

www.reparadoresdeportillos.net